Christiane Reuter-Boysen

Vorreiter für die Hochschulreform?

Planung, Gründung und Entwicklung der Universität der Bundeswehr München

Nomos Verlagsgesellschaft
Baden-Baden

Die Deutsche Bibliothek – CIP-Einheitsaufnahme

Reuter-Boysen, Christiane:
Vorreiter für die Hochschulreform?: Planung, Gründung und Entwicklung der Universität der Bundeswehr München / Christiane Reuter-Boysen. – 1. Aufl. – Baden-Baden: Nomos Verl.-Ges., 1995
ISBN 3-7890-3635-8

1. Auflage 1995

Vorwort

Am 1. Oktober 1993 feierten die Universitäten der Bundeswehr in München und Hamburg ihr 20jähriges Bestehen - Grund genug, den Blick auf die Geschichte ihrer Entstehung zu richten!
Diese Studie, deren Gegenstand die Münchner Hochschule ist, wurde im wesentlichen auf der Basis der Akten der im Bundesverteidigungsministerium mit der Hochschulgründung befaßten Akteure erstellt. Hierbei handelt es sich um den dem Generalinspekteur direkt unterstellten Beauftragten für Erziehung und Bildung (BEBGenInsp), General Friedrich sowie um das Referat 7 (später 15) "Grundsatzangelegenheiten, Erziehung, Bildung" in der Stabsabteilung I "Innere Führung, Personal, Ausbildung" beim Führungsstab der Streitkräfte (FüS I 7/15) mit seinem Leiter Oberst Hahn. Die Akten liegen im Bundesarchiv-Militärarchiv Freiburg, Bestand Bw 2 (BAMA Bw 2) und haben sich, wenngleich noch weitgehend unarchiviert, als außerordentlich reichhaltig erwiesen. So konnte das Manko, daß die für die Gründung relevanten Akten des Bayerischen Staatsministeriums für Unterricht, Kultus, Wissenschaft und Kunst nicht eingesehen werden durften, durch Gegenüberlieferungen im Bestand BAMA Bw 2 ausgeglichen werden.
Ganz besonders möchte ich daher an dieser Stelle Herrn Ministerialrat Hans Eberhard Radbruch danken, der mir nicht nur den Weg für die Einsicht in diese Bestände geebnet hat, sondern mir zusätzlich einen kleinen, aber konzisen Bestand an von ihm persönlich geführten Handakten (HASdB) zur Verfügung stellte. Vor allem konnte er sich, wie nur wenige andere, als Bonner Akteur von der Planungsphase an bis heute und somit als wichtiger Zeitzeuge an die Überlegungen und Diskussionen über die Gründung in all ihren Facetten erinnern und war unermüdlich bereit, mir Auskunft zu geben.
Über wichtige, allerdings ebenfalls unarchivierte Aktenbestände verfügt die Universität der Bundeswehr München (Archiv UniBwM). Hier habe ich für die vorliegende Studie insbesondere die Akten des Präsidialbereichs und des Senatssekretariats ausgewertet.
Die einzigen Akten, die ich von seiten der bayerischen Staatsregierung einsehen konnte, waren einige wenige, gleichwohl aufschlußreiche Dokumente aus den Handakten von Herrn LtdMinRat Dietrich Pause, der in der Frühzeit als Mitarbeiter in der Bayerischen Staatskanzlei an den Verhandlungen zwischen Bonn und Bayern teilnahm. Ihm sei hierfür gedankt.
Mein herzlicher Dank gilt Frau Britta von Schubert, die mir den schriftlichen Nachlaß ihres Mannes zugänglich machte.
Eine unerläßliche Ergänzung zu den Akten stellen bei der Erforschung der

Neuesten Geschichte immer auch die sog. "lebenden Quellen", die Zeitzeugen, dar. Auch wenn das Gedächtnis selektiv ist, können aus der Erinnerung manche Detailvorgänge transparent gemacht werden, die entweder nicht schriftlich fixiert wurden, weil es sich um informelle Gespräche auf einer Vertrauensbasis handelte, die jegliche schriftliche Aufzeichnung ausschloß oder deren Niederschriften in der Fülle der Aktenbestände untergegangen sind. Viele Gesprächspartner haben mir auf diese Weise weitergeholfen. Ihnen allen möchte ich einen globalen Dank aussprechen. Namentlich danke ich den Professoren Thomas Ellwein, Kurt Knobling, Alfred Kraut, Eberhard Pikart, Armin A. Steinkamm, Dieter Straub und Peter Zimmermann. Ich danke dem Gründungspräsidenten, Prof. Dr. Horst Engerth, für die große Mühe, der er sich unterzogen hat, um mir bestimmte Sachverhalte aus seiner Sicht schriftlich darzulegen. Weiterhin danke ich den Altpräsidenten Prof. Dr. Jürgen Frhr. von Kruedener und Prof. Dr. Rudolf Avenhaus für ihre Unterstützung. Dank sei Dr. Ekkehard Lippert vom Sozialwissenschaftlichen Institut der Bundeswehr und Dr. Kurt Ulbricht von der Universität der Bundeswehr München für diverse Auskünfte.

Umfangreiche Hilfestellung bei der Sichtung der Akten wurde mir im Bundesarchiv-Militärarchiv in Freiburg zuteil, wofür ich den Herren Hoeg und Dr. Krüger dankbar bin.

Nicht zuletzt danke ich der Universität der Bundeswehr München für die Finanzierung der Studie und dem NOMOS-Verlag für ihre Aufnahme in seine Produktion.

Inhaltsverzeichnis

Einleitung

In einer Atmosphäre allgemeiner Aufbruchstimmung im Hochschulbereich in der Bundesrepublik der späten 60er Jahre, die in den 70er Jahren unter der Soziallliberalen Koalition in eine wahre Bildungseuphorie mündete, erblickten die beiden Hochschulen der Bundeswehr in München und Hamburg das Licht der Welt. Während im zivilen Bereich unter dem Motto "von der Ordinarien- zur Gruppenuniversität" über die Neuorientierung und Umstrukturierung der traditionellen Lehranstalten in Bezug auf Studieninhalte und Selbstverwaltungsmechanismen hin zu modernen Universitäten nachgedacht wurde, plante man auch in den Streitkräften eine grundlegende Reform von Bildung und Ausbildung. Hauptantriebskraft war dabei der starke Schwund an längerdienenden Zeitsoldaten in den Streitkräften. Ihm sollte durch eine profunde akademische Ausbildung der Offiziere entgegengewirkt werden, die den wachsenden Anforderungen in technischer wie in sozialwissenschaftlicher und pädagogischer Hinsicht gerecht wurde und gleichzeitig den Zeitoffizieren nach dem Ausscheiden aus der Bundeswehr den Wiedereinstieg in das zivile Berufsleben erleichterte. Dies konnte nur ein von den Länderkultusministerien anerkanntes und damit auch im zivilen Beruf anwendbares Hochschulstudium leisten.
Ziel der vorliegenden Studie ist es, vor diesem politischen Hintergrund die überaus facettenreiche Entstehungsgeschichte der Institution "Hochschule der Bundeswehr München" im Kontext sowohl der allgemeinen hochschulpolitischen als auch der bundeswehrspezifischen, die Reform der Offizierausbildung betreffenden Diskussionen der späten 60er und der 70er Jahre in der Bundesrepublik darzustellen. Vorteil einer Institutionengeschichte ist es dabei, daß das komplexe Gebilde einer wissenschaftlichen Einrichtung unter dem Aspekt seiner Institutionalisierung als Ganzes betrachtet werden kann. Das bringt den Nachteil mit sich, daß die Darstellung einzelner Bereiche, vor allem die wissenschaftlicher Einzeldisziplinen, entweder ganz unterbleiben muß oder nur oberflächlich gestreift werden kann.
Thematisiert wird die Gründungsgeschichte nicht nur deshalb, weil der zur Verfügung stehende Quellenbestand dies nahelegte, sondern, weil gerade zum Zeitpunkt von Planung und Gründung einer Institution die durch die politischen und gesellschaftlichen Konstellationen bedingten, für ihren weiteren Bestand entscheidenden Weichenstellungen auf den verschiedenen Ebenen stattfinden. Auch lassen sich anhand des Verlaufs des Gründungsprozesses die unterschiedlichen Ziele, Motive, Interessenlagen und Machtpositionen der an der Gründung Beteiligten besonders gut nachzeichnen.

Die Bundeswehrhochschulen stellten nicht nur ein Novum in der bundesrepublikanischen Hochschullandschaft dar, ihnen wurde von den politischen Akteuren eine Art Vorreiterrolle mit Modellcharakter bei der von Bund und Ländern unter großen Mühen eingeleiteten allgemeinen Hochschulreform zugedacht. "Nach meiner Ansicht hast Du die einmalige, nur jetzt bestehende Chance, den Kultusministern nach ihrer jahrelangen, ergebnislosen Diskussion vorzuexerzieren, wie eine Hochschulreform aussehen kann", schrieb der damalige Chef des Bundespräsidialamtes, Dietrich Spangenberg, im Februar 1973 an Bundesverteidigungsminister Georg Leber.[1] Während eines Besuchs an der Hochschule der Bundeswehr München im Juni 1974 erinnerte er erneut daran: Die HSBw könnten "als Modell für die künftige Entwicklung im Hochschulbereich" und als "Aushängeschild für Universitäten und Hochschulen der Bundesrepublik" dienen. Sie seien die "einzige Chance für die Bundesrepublik, die Hochschulbildung zu erneuern". Daher würde die "Bundesregierung (...) den Ehrgeiz haben, dem von ihr eingeleiteten Projekt zum Erfolg zu verhelfen".[2] Speziell im Hinblick auf das Kurzstudium stellte Thomas Ellwein 1975 fest, hier seien die Bemühungen der Bundesrepublik im Jahre 1972 "mangels ausreichender Mittel" gescheitert, so daß "das BMVg mit dieser Absicht seither allein stehe".[3]
Inwieweit am Ende tatsächlich neue Formen des Hochschulbetriebs exemplarisch für die zivilen Hochschulen realisiert werden konnten, wird im Detail zu untersuchen sein. Jedenfalls wurden die Hochschulen der Bundeswehr in Betrieb genommen, bevor das Hochschulrahmengesetz verabschiedet war. Den Verhandlungen um ihre Errichtung hatte der jeweils aktuelle Entwurf des HRG und der Bildungsgesamtplan der Bundesregierung zugrundegelegen. Sowohl die im Gutachten der vom Verteidigungsminister eigens eingesetzten Bildungskommission vorgesehene Gliederung des Studiums in Trimester, als auch die curriculare Gliederung der Studiengänge und die Seminararbeit in kleinen Gruppen zu 10 - 15 Studenten waren Ziele der allgemeinen Bildungs- und Hochschulreform.
Um eine weitere Besonderheit handelt es sich auch bei dem zusätzlich zum Fachstudium gedachten integralen Anleitstudium, das dem speziellen Bedürfnis der Offizierstudenten nach Berufs- und Gesellschaftsbezug der akademischen Ausbildung zur Bewältigung sozialer und pädagogischer Anforderungen entgegenkam, indem es das Verständnis für komplexere Zusam-

---

1 Brief Spangenbergs an Leber vom 16.2.1973, BAMA Bw 2/14359.

2 Vermerk des Leiters der Hochschulgruppe beim BEBGenInsp vom 24.6.74 über den Besuch Spangenbergs an der HSBwM am 21.6.74, Seiten 5, 7 und 10, BAMA Bw 2/8896.

3 Notiz Ellweins vom 14.4.75, BAMA Bw 2/8566. - Kurzbiographie Ellweins weiter unten, Kap. I.

menhänge schärfte und die Reflexionsfähigkeit in bezug auf das eigene politische Handeln stärkte. Der Anspruch an dieses Anleitstudium ging damit weit über das herkömmliche Studium generale hinaus.
Auf Probleme stieß die Durchsetzung des in dieser kompakten Form konzipierten Studiums nicht nur bei manchen Professoren, die insbesondere angesichts der strengen Gliederung der Studiengänge um die Freiheit ihrer Lehre wie um die zeitlichen Möglichkeiten für ihre Forschung fürchteten und die eine Verschulung des Studiums kommen sahen. Kritik erfolgte auch aus den Kreisen der Militärs, die eine Ideologisierung der Inhalte und ein Abdriften der Offiziere in Positionen der Infragestellung des Auftrags der Bundeswehr prognostizierten. Dagegen wurde in politisch eher links einzuordnenden Kreisen der Assistenten und Studenten an den zivilen Universitäten das Menetekel einer Militarisierung der bundesdeutschen Wissenschaft an die Wand gemalt.
Ungewöhnlich war die kurze Zeitspanne, die für die Errichtung der Bundeswehrhochschulen zur Verfügung stand. Nur ein Jahr und fünf Monate lagen zwischen der positiven Entscheidung des Bundeskabinetts im Mai 1972 und der Inbetriebnahme der Institutionen im Oktober 1973. Verteidigungsminister Schmidt hatte deshalb unumstößlich den 1.10.1973 festgelegt, weil er aufgrund der gesamtpolitischen Stimmung die "Gunst der Stunde" sah und im Falle eines Hinauszögerns ein Scheitern des gesamten Projekts fürchtete. Schon wegen dieser Terminierung wurden einzelne Zielvorstellungen des erst am 26.1.1976 erlassenen Hochschulrahmengesetzes automatisch antizipiert.
Im Detail hatte diese Eile überaus nachteilige Auswirkungen. Nicht alle Professuren konnten sofort besetzt werden, es mangelte an Stellen für wissenschaftliche Mitarbeiter und auch der Gesamtbedarf an Lehr- und Laborgebäuden sowie Laborpersonal konnte bis zum 1. Oktober 1973 nicht annähernd gedeckt werden. Man war so in den Anfangsjahren gezwungen, weitgehende Zugeständnisse an die Qualität der Ausbildung zu machen. Bis Ende der 70er Jahre (manche behaupten bis heute) konnte ein gleichmäßiger personeller Aufwuchs nicht erreicht werden. "Dieser Zeitablauf", betonte später der erste Präsident der Hochschule der Bundeswehr München, Engerth, "ist im Rahmen der vielen Universitätsneugründungen in Deutschland einmalig und war nur durch eine Arbeitsleistung ohnegleichen möglich, die von allen Mitarbeitern dieser Hochschule erbracht wurde. Daß es hierbei Fehler gegeben hat, ist wirklich nicht verwunderlich, und deren Beurteilung muß im Zusammenhang mit diesem Gründungsvorgang gesehen werden." [4]

4 Prof. Dr. Horst Engerth anläßlich des Festaktes zur Übergabe der Neubauten der HSBwM am 3.11.1977.

Um das politische Gleichgewicht zu erhalten und politisch nicht erpreßbar zu sein - weniger wegen der dort vorhandenen Infrastruktur - wählte Schmidt die Sitzländer Bayern (CSU) und Hamburg (SPD) für die Hochschulen. Daß Planungen und Gründung der Hochschulen in den beiden Ländern unterschiedlich verlaufen würden, war ihm dabei vermutlich klar gewesen. Daß aber letztlich zwei gleiche und doch so unterschiedliche Institutionen entstehen würden, die es bis heute schwer haben, immer wie "ein Herz und eine Seele" aufzutreten, sah er möglicherweise nicht voraus.
Ganz ungewöhnlich kompliziert und langwierig - z. T. für beide Seiten unerfreulich - verliefen vor allem die Verhandlungen zwischen dem Bund und dem Land Bayern um die Gründung der Münchner Hochschule. Dabei waren die Divergenzen so beträchtlich, daß zeitweise mit einem Scheitern des Projekts in München und der Errichtung nur einer Hochschule in Hamburg gerechnet wurde. Erst ein ausgiebiges Aktenstudium macht die Ursachen transparent.
Ausschlaggebend war die dezidiert föderalistische Haltung des Landes Bayern, das sich verständlicherweise gegen die Einflußnahme des Bundes auf einem Gebiet sträubte, das qua Grundgesetz ausschließlich Sache der Länder ist - der Kulturhoheit. Wie schon im Zusammenhang mit der Gründung von überwiegend bundeseigenen Großforschungseinrichtungen Anfang der 60er Jahre, fühlte sich das Land insbesondere durch die Gründung einer Bundeshochschule bedroht und fürchtete um seine Autonomie. Schließlich stellte eine Hochschule des Bundes gewissermaßen ein "Bundes-Kuckucksei im bayerischen Landesnest" dar. Das Land konnte daher auch keinen Gründungs- und Hochschulpräsidenten akzeptieren, der gleichzeitig Berater des Bundesministers und von diesem entsandt war. Angesichts der Bedeutung eines Gründungspräsidenten konnten Bund und Land erst kurz vor der Inbetriebnahme der Hochschule eine Kompromißlösung in dieser Frage finden.
Unmittelbar damit zusammen hing das Problem der Anerkennung der Hochschule durch den Freistaat Bayern, die nur erfolgen konnte, wenn alle Bedenken des Landes ausgeräumt waren. Unabdingbare Voraussetzung für die Anerkennung war neben den strukturellen Bedingungen die Gleichwertigkeit des Studiums mit dem an zivilen bayerischen Universitäten. Berufungssystem, Prüfungsanforderungen und Curricula mußten daher der hochgehängten bayerischen Meßlatte entsprechen. Insbesondere in Bezug auf strukturelle Fragen konnte Bayern bei den Verhandlungen über die Bundeswehrhochschule nicht oder nur schwer Positionen aufgeben, die es während der Diskussionen zwischen Bund und Ländern über das Hochschulrahmengesetz "mit Zähnen und Klauen" verteidigte. Nur die Tatsache, daß Bayern grund-

sätzlich an der Errichtung einer Bundeswehrhochschule überaus interessiert war, stellte einen Trumpf in den Händen des Bundes dar. Unter diesen Voraussetzungen wurden die Verhandlungen von beiden Seiten mit aller diplomatischen Härte geführt.

1. Planung

1.1. Die Rahmenbedingungen

Gegen Ende der 60er Jahre trat das Personalproblem in der Bundeswehr, das sich schon länger vorher abgezeichnet hatte, deutlich zutage. Es fehlten 26000 Unteroffiziere, 3500 längerdienende Mannschafts- und ungefähr 2600 Zeitoffiziere.[5] Außerdem plante die sozial-liberale Koalition, den Friedensumfang der Bundeswehr von 464000 auf 495000 Mann zu erhöhen, um - wie Alt-Verteidigungsminister Georg Leber erst kürzlich bekanntgab - die zu schwachen konventionellen Kräfte in der NATO zu stärken und so den Einsatz nuklearer Waffen als ultima ratio zu vermeiden. Hierfür wurden noch zusätzlich Offiziere gebraucht.[6]
Welches waren nun - so muß gefragt werden - die Ursachen für die dramatische Entwicklung in der Personalausstattung der Bundeswehr? - Auch wenn sich zunächst vordergründig das Erklärungsmuster aufdrängt, nach dem in Zeiten ansteigender Konjunktur automatisch die Zahl der Bewerber in die Armee zurückgeht, weil die Berufschancen in der freien Wirtschaft besser sind, so zeigen sich doch in diesem Fall bei näherer Betrachtung sehr viel komplexere Zusammenhänge, deren Wurzeln in der politischen Entwicklung und der Situation der Gesellschaft der Bundesrepublik in den 50er und 60er Jahren liegen.

Vor allem war im Verlauf der 60er Jahre die Kluft zwischen der noch in den Traditionen des vorigen Jahrhunderts verhafteten, eher ständisch-obrigkeitsstaatlich strukturierten Bundeswehr und der Gesellschaft der Bundesrepublik, die angesichts eines enormen Wertewandels in der Folge von Krieg und Nationalsozialismus in nahezu allen Bereichen, vor allem aber in Staat und Universitäten, nach Reformen rief, merklich gewachsen.
Aber nicht nur die Last der jüngsten Vergangenheit, auch neuere innenpolitische Entwicklungen wie die Rezession der Jahre 1966/67 und außenpolitische Niederlagen wie das Scheitern der USA in Vietnam und die Niederschlagung des 'Prager Frühlings' durch die Staaten des Warschauer Paktes, vor allem aber ein merklicher Umbruch in der Bildungslandschaft der Bun-

---

5 "Dies stellte Verteidigungsminister Helmut Schmidt während der Beratungen des " Weißbuchs 1970 zur Sicherheit der Bundesrepublik Deutschland und zur Lage der Bundeswehr" vom 20.5.1970 fest. Stenographische Berichte, Deutscher Bundestag (künftig: StenBerBT), 6. Wahlperiode, 54. Sitzung am 2.6.1970, S. 273.

6 20 Jahre Universität der Bundeswehr München - Festvortrag des Bundesministers a.D. Dr. h.c. Georg Leber an der UniBwM am 5.11.1993.

desrepublik, hatten zur Folge, daß sich immer weniger Anwärter für die Laufbahn des Offiziers auf Zeit bzw. des Berufsoffiziers in der Bundeswehr entschieden und die Zahl an Kriegsdienstverweigerern zunahm. Immer mehr Abiturienten strebten eine akademische Ausbildung an, 90% aller männlichen Abiturienten wollten studieren.[7] Sie waren allenfalls bereit, ihren obligatorischen Grundwehrdienst abzuleisten, nicht aber Willens, sich längerfristig einer Institution zu verpflichten, deren isoliertes Dasein sie abschreckte und deren Ertrag an Ausbildung sie nach Ableistung der Dienstzeit für keinen der zeitgemäßen zivilen Berufe qualifizierte. Insbesondere im Heer, wo die Offizierausbildung im Gegensatz zu Marine, Luftwaffe und den technischen Gattungen des Heeres, keine Fachhochschulausbildung umfaßte, konnte das Rekrutierungsziel seit 1969 zu 70% nicht mehr erreicht werden.[8]
Schon frühzeitig hatte es Bestrebungen gegeben, die auf eine Reform der Bundeswehr insgesamt und der Ausbildung der Offiziere im besonderen hinwirkten. Bereits im Dezember 1951, ein halbes Jahr nach seinem Eintritt in die "Dienststelle Blank", der Vorläuferin unseres Verteidigungsministeriums, hatte Wolf Graf Baudissin das Konzept des "Staatsbürgers in Uniform" oder "wehrdienstleistenden Bürgers" als einem eigenverantwortlichen, gewissenhaft gehorchenden, mündigen Soldaten und Offizier propagiert und damit eine, wie Rolf Dahrendorf es nannte, "neue Sozialfigur" geschaffen.[9]
"Nur eine Bundeswehr mit Offizieren, die Friedenswahrung als ihre Aufgabe verstehen, wird auf den Respekt der - zum Engagement für eine freiheitlich-friedliche Zukunft bereiten - Jugend rechnen können", betonte Baudissin und führte weiter aus: "Die Verhältnisse des totalen Krieges und unser demokratisches Staatsbild widersprechen einer Sonderstellung des Soldaten und führen zum freien waffentragenden Staatsbürger, der diesen Dienst als einen Teil seiner politischen Verantwortung ableistet".[10]
Die so zukunftweisende Idee konnte sich jedoch nicht durchsetzen. Die Traditionalisten stellten Baudissin als "Schwarmgeist oder Traumtänzer" hin und zogen das Konzept - heute Leitbild und Etikett der Bundeswehr - mit der Bezeichnung "Inneres Gewürge"[11] ins Lächerliche. Die bis dahin praktizierte Form der Ausbildung nach herkömmlichem Muster wurde beibehalten und das Offizierskorps versuchte, die zunehmend schwierige Aufgabe der Menschenführung und die Anforderungen, die eine moderne hochtechnisier-

7 Ulrich de Maizière, Zur Vorgeschichte der Bundeswehrhochschulen, S. 2.
8 Nach Radbruch, Das Ausbildungs- und Bildungssystem der Bundeswehr, S. 127.
9 Zit. nach Baudissin, Soldat, S. 35.
10 Baudissin, Soldat, S. 21 und 25. - Zum pädagogischen Aspekt des Konzepts vgl. v. Rosen, Die Baudissin'sche Konzeption.
11 Theo Sommer, Soldat für den Frieden - Zum Tode von Wolf Graf Baudissin, in: "Die Zeit" vom 11.6.1993.

te Armee an den Soldaten stellte, durch Pochen auf Amtsautorität und ein übersteigertes Statusdenken zu meistern. Die Folge war eine zunehmende Isolierung von der Gesellschaft.[12] Zusätzliche publizistische Rückenstärkung fand diese Entwicklung durch ein 1967 erschienenes Buch mit dem Titel "Rettet die Bundeswehr!", in dem Hans-Georg von Studnitz neben anderer harscher Kritik die seiner Meinung nach mangelnde Beachtung traditioneller Werte in der Bundeswehr beklagte und ihre stärkere Pflege forderte.[13]

Daß er damit die Einschätzung einer größeren Mehrheit artikuliert hatte, zeigt die Reaktion. Nicht nur Mitglieder der älteren Generation, auch junge Offiziere stimmten ihm begeistert zu und lehnten jede Kritik empört ab.

Dagegen gehörte der damalige Oberleutnant und spätere Professor für Sicherheitspolitik an der Hochschule der Bundeswehr München, Klaus von Schubert,[14] der die Studnitz'schen Thesen als Restaurationsversuch ablehnte und in einem entsprechend scharfen Artikel in der "Zeit" vehement kritisierte, zur Minderheit. Er sah das Offizierskorps als "Staatsbürger unter freien Staatsbürgern [...] Gleiche unter Gleichen und nicht (ersten) Stand im Staate".[15] "Die einhellige und erbitterte Ablehnung" seiner Studnitz-Kritik im Kreis der jüngeren Offiziere, die in den empörten Schreiben auf seinen Beitrag zum Ausdruck kam, löste daher "einen regelrechten Schock" bei ihm aus. Gleichzeitig sah er die Reaktion aber als Bestätigung früherer Beobachtungen und als Symptom für die in der Bundeswehr immer deutlicher hervortretende Tendenz einer "Rückkehr zum militärischen Denken der vergangenen Epoche und damit die zunehmende Entfremdung innerhalb der eigenen Gesellschaft [...]. In zunehmendem Maße wird das Formale zum Selbstzweck erhoben, werden die Führungs- und Ausbildungsmethoden von einem

---

12 Hierzu ausführlich Kutz, Reform.

13 Hans-Georg von Studnitz, Rettet die Bundeswehr, Stuttgart 1967.

14 Klaus von Schubert (1941-1989); Studium der Politikwissenschaft, Neueren Geschichte und Politischen Soziologie; Promotion zum Dr. phil.1969 mit einer Arbeit zur Wiederbewaffnungsdiskussion in der frühen Bundesrepublik; 1963-1973 aktiver Offizier, bes. Engagement in der Frage der Inneren Führung, der partizipatorischen Lehrmethoden der Politischen Bildung und für Modellversuche zur Realisation der Führungsprinzipien; Zusammenarbeit mit Graf Baudissin auf den Gebieten der Friedensforschung und der Inneren Führung; 1970-1973 Assistent Ellweins im WInstEBSK; Beteiligung an der Reorganisation des Bildungssystems der Bundeswehr (1970/71 Sekretär der Bildungskommission des BMVg); ab 1974 Prof. für Politikwissenschaft/Fachgebiet Sicherheitspolitik und Rüstungskontrolle an der HSBwM. Zunehmendes Engagement in der internationalen Friedens- und Konfliktforschung sowie inneruniversitär Auf- und Ausbau des EGA-Studiums; Mitarbeit in zahlreichen wissenschaftlichen und politischen Gremien und Organisationen; ab 1984 wiss. Leitung der 'Forschungsstätte der Evangelischen Studiengemeinschaft e.V.' (FEST) in Heidelberg.

15 "Die Zeit" vom 12.1.1968.

vortechnischen Verständnis abgeleitet".[16] Auch Thomas Ellwein, der in der Anfangszeit seiner Tätigkeit für den Verteidigungsminister (1970) "durchs Land reiste" und sich Bundeswehreinrichtungen anschaute, stellte fest, "daß viele junge Offiziere in schwer verständlicher Weise unter bestimmten gesellschaftlichen Entwicklungen gelitten haben. Manche haben persönlich und körperlich darunter gelitten, wenn ihre jungen Soldaten mit langen Haaren rumliefen".[17]

Nur wenige Offiziere waren dabei in der Lage, die für sie unbefriedigende Situation intellektuell zu verarbeiten und dem vermeintlichen Mangel an Status eine umso größere fachliche Kompetenz entgegenzusetzen. "Der Leutnant ist seiner Aufgabe in vieler Hinsicht nicht gewachsen und spürt das", schrieb Klaus von Schubert. "Seine technische Ausbildung ist unzureichend und in der Menschenführung, die Kernstück der Ausbildung sein sollte, ist er kaum unterwiesen, weil das Fach "Innere Führung" sich an den Offizier- und Truppenschulen im Wehrrecht erschöpft. Die eigentliche Menschenführung wird weitgehend als "unlernbarer Teil der Inneren Führung" bezeichnet und damit ausgeklammert." Und er plädierte für eine Offizierausbildung, die neben dem fachlichen Wissen auch Bildung vermittelte, damit die Soldaten die "Phänomene und geistigen Bewegungen ihrer Zeit" besser verstehen lernten.[18]

Besonders gravierende Probleme kamen auf die Zeitsoldaten zu, die am Ende ihrer Dienstzeit ins zivile Leben zurückkehrten. Sie hatten angesichts der einseitigen Ausbildung größte Schwierigkeiten, mit den an den Universitäten oder anderen Ausbildungsstätten ausgebildeten Gleichaltrigen und vor allem den Jüngeren zu konkurrieren. Mit 30 oder 35 Jahren gerieten sie dann in die Situation des beruflichen Scheiterns - manche Unteroffiziere sogar erst mit 40 Jahren. Ellwein betont in der Rückschau, es sei seinerzeit bei der Entwicklung des neuen Ausbildungskonzepts für die Bundeswehr "im Grunde nur um eine einzige wichtige Entscheidung" gegangen, auf der dann alles weitere konsequent aufgebaut habe. "Das ganze Geheimnis war eigentlich, alle denkbaren, zivil nutzbaren Ausbildungsbestandteile (innerhalb der Gesamtdienstzeit) nach vorn zu ziehen, damit das Lebensrisiko geringer wird".[19]

---

16 v. Schubert an Graf Baudissin vom 31.10.68, Nachlaß (NL) Klaus von Schubert. Baudissin hatte ihm am 16.1.68 zu dem Artikel gratuliert und die ruhige Selbstverständlichkeit seiner Argumentation als den besten Weg bezeichnet, "solche antiquierten Vorstellungen abzutun".

17 So seine Auskunft 1990 gegenüber Dr. Volker Stanslowski/UniBwM, in: "Nachdenkliches zu den Töchtern", Hochschulkurier 17 (1990), S. 15-17, hier S. 16.

18 Ebd. - Zum Prinzip der Inneren Führung vgl. L. Schulte, Innere Führung.

19 Ellwein in: Hochschulkurier 17 (1990), S. 15.

Während also in der Bundeswehr erste Anzeichen kommender Reformen erkennbar wurden, war die bundesdeutsche Bildungslandschaft bereits in Bewegung geraten. Studenten und Assistenten an den Universitäten gingen daran, den "Muff" aus ihren, ebenfalls in den Traditionen des vorigen Jahrhunderts verhafteten, Bildungsanstalten zu entfernen und sie auf den Stand der neuen gesellschaftlichen Entwicklung zu bringen. An die Stelle der alten Ordinarien- sollte die neue Gruppenuniversität treten, in der Mittelbau und Studenten mehr Möglichkeiten zur Mitbestimmung und -verantwortung eingeräumt wurde. Gleichzeitig vertraten einige ihrer Gruppierungen angesichts der zunehmenden Bedeutung der Kernenergie und des Anwachsens der Atomwaffenarsenale in Ost und West dezidiert anti-militärische bis pazifistische Positionen. Damit verstärkte sich der "ideologische Graben",[20] der bereits während der Diskussionen um die Wiederbewaffnung in der Bundesrepublik der 50er Jahre deutlich zutage getreten war.[21] "Der heutige Soldat ist Teil der revoltierenden Jugend und muß sich einer Ordnung eingliedern, die dazu in striktem Gegensatz steht".[22]
Einer der Vordenker jener Zeit, Karl Jaspers, der in seinem berühmten Buch "Wohin treibt die Bundesrepublik?"[23] die Befindlichkeiten des Landes beschrieb, sprach im bezug auf die Bundeswehr von einer bei manchen vorhandenen unterschwelligen Angst vor dem "Staat im Staate". Dabei sah er durchaus die Notwendigkeit der Armee für das Bündnis mit Amerika ("das uns schützt"). Angesichts des Atomzeitalters und der neuen gesellschaftlichen Strukturen kämen aber völlig neue Aufgaben auf sie zu, die neue Verhaltensmuster erforderten. "Durch die neue Aufgabe der Armee für die innere Verfassung des demokratischen freien Bürgers" sei ein Wandel in der militärischen Gesinnung gefordert. Der für die militärische Formierung notwendige Beruf der Offiziere und Unteroffiziere sei notwendig. Jaspers warnte aber vor der "Tendenz, diesen Beruf als bevorzugten anzusehen, ihn anderen überzuordnen, ihm einen besonderen Glanz zu geben.[24]
In diesem Sinne stellte auch Graf Baudissin fest: "Die Bundeswehr wird nie mehr zur kritiklos bewunderten "schimmernden Wehr"; der Soldat nicht

---

20 Karl Jaspers, Wohin treibt die Bundesrepublik? Tatsachen - Gefahren - Chancen, München 1966.

21 Bis in die späten 70er Jahre - so berichteten Hamburger Universitätsbuchhändler - erledigten die damals noch uniformierten Studenten der Hochschule der Bw Hamburg, ihre Buchkäufe in allergrößter Eile, weil sie die Anfeindungen ihrer Kommilitonen von der zivilen Universität fürchteten. - Zur Wiederbewaffnungsdiskussion vgl. Klaus von Schubert, Wiederbewaffnung und Westintegration.

22 So G. Baumann, Der Soldat, S. 466.

23 Jaspers, Bundesrepublik, S. 209-220.

24 Ebd., S. 214.

wieder zum alleinigen Repräsentanten des Staates bzw. zum "Liebling des Volkes".[25]

1.2. Anfänge einer Neugestaltung der Offizierausbildung

Die Anfänge der systematischen Planung und Neugestaltung der Offizierausbildung liegen bereits in der Zeit Mitte der 50er Jahre.[26] Sie gehörten in den Kompetenzbereich des Referats 'Innere Führung' in der "Dienststelle Blank". Wegen der Eile, mit der die Bundeswehr aufgebaut wurde und werden mußte, verliefen sie jedoch mehr oder weniger im Sande bzw. wurden durch die oben geschilderte Entwicklung überlagert. Dabei handelte es sich um sehr weitgehende Reformkonzepte. Angeregt durch das Beispiel der Verbündeten, die einige ihrer Berufsoffiziere innerhalb der militärischen Ausbildungseinrichtungen ein akademisches Diplom absolvieren ließen, sollten auch für die deutschen Offiziere wissenschaftliche Anteile in die militärische Ausbildung einfließen. Nicht der "Nur-Soldat", sondern der Offizier, der in der Lage sein würde, Verantwortung für die ihm anvertrauten Soldaten wie gegenüber Staat und Gesellschaft zu übernehmen, war Ziel der Ausbildung.[27] Daher wurde 1956 die "Schule der Bundeswehr für Innere Führung" und der mit ihr eng verbundene "Wissenschaftliche Forschungs- und Lehrstab" gegründet. Beide Institutionen waren allerdings zunächst ausschließlich mit der Vermittlung des neuen Konzepts von dem "Staatsbürger in Uniform" und der Grundsätze der "Inneren Führung" an neu eingestellte Kommandeure, Einheitsführer und Lehroffiziere anderer Schulen befaßt.
1960 war dann zusätzlich das Konzept einer "Wehrakademie" für junge Offiziere fertig entwickelt, das sogar die Zustimmung des "Deutschen Ausschusses für Erziehung und Bildung" gefunden hatte. Sie konnte allerdings wegen des großen Bedarfs an Leutnanten in dieser Zeit und der dadurch notwendigen verkürzten und fachlich konzentrierten Ausbildung noch nicht realisiert werden. "Die Truppe sträubte sich verständlicherweise in der bis 1966 dauernden Aufstellungs- und Konsolidierungsphase, einen Teil der sowieso schon wenigen jungen Offiziere für mehrere Monate auf eine wissenschaftlich ausgerichtete Akademie abkommandieren zu lassen, zumal manche Truppenführer von der Notwendigkeit einer solchen Einrichtung [...] noch nicht überzeugt waren".[28]
Die Weiterentwicklung der Reorganisation der Offizierausbildung fiel in die

---

[25] Baudissin, Soldat, ebd.
[26] Hierzu ausführlich Kutz, Reform
[27] Ulrich de Maizière, Vorgeschichte, S. 2f.
[28] Ebd.

Amtszeit Kai-Uwe von Hassels, der seit 1963 Bundesminister der Verteidigung war. Mit seiner Zustimmung entschied sich der damalige Generalinspekteur Heinz Trettner für den sog. "Drei-Stufen-Plan".[29] Dieser Plan, der im Referat von Oberst i.G. Wagemann entstand,[30] sah neben der militärischen Fachausbildung einen dreistufigen Ausbildungsgang vor, der in der Berufsausbildung des Offiziers bis zur Ebene des Stabsoffiziers Raum für eine systematische Bildungsarbeit schaffen sollte. Seine überwiegend wissenschaftlich ausgerichteten Stufen bestanden in einem "Offizierlehrgang II" auf den Offizierschulen der Teilstreitkräfte, dem Besuch einer "Wehrakademie" und einer "Stabsakademie der Bundeswehr".[31] "Er basierte auf dem Prinzip eines regelmäßigen Wechsels von Praxis und Theorie und war überwiegend anwendungsbezogen, d.h. auf die jeweils bevorstehende nächste Verwendung ausgerichtet." Die wissenschaftlichen Grundlagen der Offizierausbildung sollten in folgenden drei Studiengebieten vermittelt werden:

- Philosophie/Pädagogik/Sprachen,
- Geschichte/Politik/Recht sowie
- Natur- und Arbeitswelt (Natur-, Gesellschafts- und Wirtschaftswissenschaften).

Der umfangreiche Stoff konnte innerhalb der begrenzten Dauer der Ausbildungsstufen nur als Einführung in die Grundlagen des jeweiligen Gebiets vermittelt werden. De Maizière bemerkt, der "Drei-Stufen-Plan" sei nie in vollem Umfang verwirklicht worden.[32] Immerhin stellte er aber einen wich-

---

29 "Vorläufige Richtlinien für die Bildungsarbeit innerhalb der Berufsausbildung des Offiziers", Erlaß vom 19.8.1965.

30 Dr. phil. Eberhard Wagemann war ein vehementer Verfechter einer wissenschaftlichen Ausbildung für Führungskräfte in der Bundeswehr. Vgl. dazu u.a. seinen Aufsatz "Wissenschaft und Offizierausbildung". - Der eigentliche Bearbeiter des 3-Stufenplans war sein Hilfsreferent, Dr. habil. Ibach, der dann Leiter der wiss. Gruppe an der OSLw und zuletzt an der HOS in Neubiberg war. - Schriftl. Auskunft von MinRat Hans Eberhard Radbruch/SdB-BMVg vom 14.6.93. - Radbruch war seit 1970 - zunächst als Hilfsreferent - im Referat 7 bzw. 15 "Grundsatzangelegenheiten, Erziehung, Bildung" innerhalb der Stabsabteilung I "Innere Führung, Personal, Ausbildung" beim Führungsstab der Streitkräfte (FüS I 7/15; Leiter O.i.G. Dr. Hahn) in sämtliche Planungen der Bundesregierung eingebunden und hat daher sämtliche Diskussionen der Vorgründungs- und Gründungszeit der Hochschulen der Bundeswehr als Mitarbeiter miterlebt.

31 Zur Stabsakademie vgl. u.a. auch Frhr. von Düsterlohe, Offiziere und Offene Gesellschaft.

32 Ulrich de Maizière, Vorgeschichte, S. 2. - Radbruch betont, daß der "Drei-Stufen-Plan" von Wagemann "gegen den Widerstand der TSK durchgesetzt" worden sei. Vor allem das Heer habe "die Einrichtung des Herzstückes: der Wehrakademie, verhindert". Kai-Uwe von Hassel wollte die Wehrakademie, "gegen den Rat aller Fachleute " in Kiel ansiedeln. Daher war der Plan bei seinem Rücktritt noch nicht

tigen Schritt in Richtung auf eine 'akademische Offizierausbildung' dar.[33] Knapp 5000 Absolventen haben die Wehrakademie in den folgenden Jahren durchlaufen.

1.3. Das Konzept der sozial-liberalen Koalition

Vor dem Hintergrund des Paradigmenwechsels im Bildungssystem der Bundesrepublik Deutschland, dessen Ausdruck u.a. die Studentenunruhen waren und unter dem Druck des zunehmenden Defizits an längerdienenden Zeitoffizieren, bezog die ab Oktober 1969 die Regierungsgeschäfte führende sozial-liberale Koalition, die Reform der Bildung und Ausbildung in der Bundeswehr in ihr Gesamtprogramm einer Erneuerung des Bildungs- und Wissenschaftssystems der Bundesrepublik[34] mit ein. Dabei konnte Verteidigungsminister Helmut Schmidt, der die Reformen in seinem Ressort mit großem Engagement in Angriff nahm, auf die schon geleisteten Vorarbeiten zurückgreifen.

In seiner Regierungserklärung vom 28. Oktober 1969 kündigte Bundeskanzler Willy Brandt eine angesichts des Wandels in der Gesellschaft und des Fortschritts der Technik notwendig werdende "umfassende kritische Bestandsaufnahme der Bundeswehr" an.[35] Soldaten, Wissenschaft und Bundesregierung sollten dabei zusammenwirken und die vorläufigen Ergebnisse sowie die beabsichtigten Veränderungen dem Parlament im "Weißbuch 1970" vorgelegen.

Am 20. Mai 1970 lag dieses Weißbuch vor[36] und konnte Anfang Juni im Bundestag diskutiert werden. Seine Autoren bestätigten, daß die Bundeswehr ein neues, differenzierteres Ausbildungs- und Bildungssystem benötigte, da an die Stelle des Soldatenberufs schlechthin eine große Zahl sehr unterschiedlicher soldatischer Funktionen getreten sei. Mehr als bisher sollte das Ausbildungsangebot auf die spätere Verwendung der Soldaten ausge-

---

ausgeführt. Unter seinem Nachfolger, Schröder, wurde er dann als "Modellversuch" in Hilden realisiert. Schreiben Radbruchs vom 14.6.93.

33 Dies betont vor allem Radbruch. Mündl. Auskunft vom 24.5.93.

34 "Bericht der Bundesregierung zur Bildungspolitik" vom 12.6.1970, hrsg. Bundesminister für Bildung und Wissenschaft (in Auszügen im "Grünen Buch" [Neuordnung der Ausbildung und Bildung in der Bundeswehr - Gutachten der Bildungskommission an den Bundesminister der Verteidigung, künftig zit. als: Gutachten] des BMVg, Bonn 1971).

35 StenBerBT, 6. Wahlperiode, 5. Sitzung am 28.10.1969, S. 26.

36 Weißbuch 1970 zur Sicherheit der Bundesrepublik Deutschland und zur Lage der Bundeswehr vom 20.5.1970. - Die folgenden Ziffern in Klammern verweisen auf die entsprechenden Absätze im Weißbuch.

richtet sein und auf Gebiete konzentriert werden, die im zivilen Bereich keine Entsprechungen hätten (171-172).
Die Bundeswehr müsse, wollte sie mit der gesamtgesellschaftlichen Entwicklung Schritt halten, ihre Bildungs- und Ausbildungsgänge so gestalten, daß die Soldaten daraus für ihre militärische Karriere ebenso wie ihren beruflichen Werdegang im zivilen Leben den größtmöglichen Nutzen ziehen konnten (173). Daher wurde eine möglichst weitgehende Konzentration der Bildungseinrichtungen befürwortet und das Weißbuch empfahl im Hinblick darauf eine Überprüfung der Universitätsstädte München (technische Fakultäten) und Hamburg (nichttechnische Fakultäten). Beide Städte erachtete man wegen der dort bereits bestehenden Zentren der weiterführenden Ausbildung der Bundeswehr als besonders geeignet.
In Ausführung der Empfehlungen des Weißbuchs setzte Schmidt per Erlaß vom 11. Juli 1970 eine "Kommission zur Neuordnung der Ausbildung und Bildung in der Bundeswehr" (kurz: Bildungskommission) ein. Ihre Aufgabe war es, ein Gutachten zur "Neuordnung der Ausbildung und Bildung in der Bundeswehr" zu erstellen, das vor allem einen deutlichen Bezug zur allgemeinen Bildungspolitik mit ihrer gesellschaftlichen und wissenschaftlichen Bedingtheit sowie ihren Folgen für die Bundeswehr aufwies.
Die Mitglieder der Kommission entstammten überwiegend dem Bundesministerium der Verteidigung (BMVg), bzw. der Bundeswehr (13). Aber auch das Bundesministerium für Bildung und Wissenschaft (BMBW) war vertreten (1), ebenso wie die Wirtschaft (1), die Handelskammern (2), die Gewerkschaften (2), die Bundesversicherungsanstalt für Angestellte (1), die Westdeutsche Rektorenkonferenz (1), die Universitäten (2) und der Hamburger Senat (1). Insgesamt waren es 12 zivile Mitglieder und 12 Soldaten. Zum Vorsitzenden berief der Minister den Politologen Thomas Ellwein[37], der seit dem 1. Juli 1970 gleichzeitig das WInstEBSK in München leitete.[38]

---

37 Thomas Ellwein, geb. 1927, studierte Politologie, promovierte 1950, war dann als Verlagslektor, unter dem bayerischen Ministerpräsidenten Hoegner als Leiter der "Landeszentrale für politische Bildung" und als Dozent für politische Bildung tätig. 1961 wurde er Professor für Politik an der Hochschule für Erziehung in Frankfurt, war seit 1963 ZDF-Kommentator und ab 1967 gleichzeitig Präsident des Deutschen Studentenwerks. Er galt manchen als "Bildungspapst" der SPD (Kutz, Reform, S. 108), hatte aber nie ein staatliches Amt oder eine Parteifunktion in diesem Bereich inne. Im Juli 1970 übernahm er die Leitung des Wissenschaftlichen Instituts für Erziehung und Bildung in den Streitkräften (WInstEBSK) in Bonn bzw. München.

38 Das WInstEBSK (heute: Sozialwissenschaftliches Institut der Bundeswehr - SoWiInstBw) ging aus dem "Wissenschaftlichen Forschungs- und Lehrstab an der Schule für Innere Führung (WFLStInFü)" in Koblenz hervor. Dieser wurde verselbständigt, als sich nach dem Tode seines Leiters, des Pädagogen und Professors Möbius, kein Nachfolger finden ließ. Hauptaufgabe des dann in WInstEBSK umbenannten und nach Heide bei Siegburg verlegten Instituts sollte pädagogische Forschung (ohne

In das Sekretariat erbat sich Ellwein je einen (studierten) Offizier aus den drei Teilstreitkräften. Als Leiter fungierte der ebenfalls promovierte Major Genschel. Die drei Offiziere, unter ihnen Klaus von Schubert, wurden später ins WInstEBSK übernommen.[39]

1.4. Das Gutachten der Bildungskommission ("Grünes Buch")

Die Gutachter nahmen die vorausgegangenen Berichte und Empfehlungen des BMVg, des Deutschen Bildungsrats, der Bundesregierung, des Wissenschaftsrats sowie den Entwurf des Hochschulrahmengesetzes als Basis für ihre Diskussionen und demonstrierten damit die enge Verflechtung und gegenseitige Abhängigkeit von allgemeiner Bildungsreform und der Reform von Bildung und Ausbildung in der Bundeswehr.[40]
Gleichzeitig mußten sie, sofern es für die Strukturierung des Gesamtausbildungsgangs von Bedeutung war, auch die militärischen Inhalte der Ausbildung berücksichtigen und dafür die parallel laufenden Arbeiten der Wehr- und Personalstrukturkommission im Auge behalten. Dies allerdings sollte ihre "eigenständige Arbeit" nicht einschränken und trotzdem die Möglichkeit abweichender Auffassungen offenhalten.[41]

Angesichts der Bedeutung und der Komplexität des Reformvorhabens für die Bundeswehr beschritt die Kommission den von ihr selbst als ungewöhnlich bezeichneten Weg der Vorausveröffentlichung eines Rahmenkonzepts im Dezember 1970, in dem die Grundzüge der vorgeschlagenen Neuordnung der Ausbildung und Bildung in der Bundeswehr zusammengefaßt waren. Vor allem sollten die direkt Betroffenen angeregt werden, Kritik und Verbesserungsvorschläge zu artikulieren, damit diese in die Arbeit einfließen und Verständnisschwierigkeiten bei der endgültigen Formulierung des Gutachtens vermieden werden konnten. Gleichzeitig sicherte sich die Kommis-

---

Lehre) im weiteren Sinne und vor allem Politikberatung sein. 1970 übernahm Thomas Ellwein die Leitung und führte die Geschäfte übergangsweise von seinem Zimmer auf der Hardthöhe aus, das er als Vorsitzender der Bildungskommission innehatte. Sowohl in Heide als auch in Bonn war die Nähe zum Regierungssitz wie zur Inneren Führung ideal. (Schriftl. Auskunft Radbruch vom 14.6.93). Dennoch fand Schmidt, daß Hamburg oder München "bessere Adressen" seien. Ellwein entschied sich dann für München (Schriftl. Auskunft Ellwein).

39 Schriftl. Auskunft Ellwein. - In dieser Zusammensetzung arbeitete die Kommission außerordentlich effektiv. Das betont bes. Liebau S. 38f. - Vgl. außerdem von Schubert, Ein Stück Hochschulreform, S. 10.

40 Die wichtigsten Dokumente sind im sog. "Grünen Buch" auszugsweise abgedruckt.

41 Gutachten, S. 14f.

sion auf diese Weise gegen nachträgliche - dann zu späte - Kritik ab.[42] Insgesamt hat das Verfahren die Akzeptanz der im endgültigen "Gutachten" vorgelegten Vorschläge sicher erleichtert.
Die Reaktionen auf das Rahmenkonzept, wie sie im "Grünen Buch" auszugsweise abgedruckt wurden, ergaben ein Bild scheinbar überwiegender Zustimmung. Es wurden Fragen zur Realisierbarkeit der Reform, dem Zeitplan, dem in der Übergangszeit von einem zum anderen System zu bewältigenden Personalproblem gestellt und Aussagen zu Statusfragen erbeten. Vor allem aber befürchtete man ein Scheitern der Reform dadurch, daß die allgemeine Bildungsreform noch in den Anfängen lag und so die Bundeswehr gezwungen sein würde, die hier in Aussicht stehenden Neuerungen teilweise vorweg zu nehmen;[43] das war dann auch tatsächlich der Fall, führte jedoch nicht zum Scheitern.
Ungeteilte Zustimmung fand das Wollen, den Offizieren grundsätzlich eine wissenschaftliche Ausbildung angedeihen zu lassen und ihnen dann auch den Wiedereinstieg in das Zivilleben - u.a. durch mehr Durchlässigkeit der verschiedenen Laufbahnen - zu erleichtern .
Demgegenüber zeigen die schon seit Beginn der Sitzungen der Bildungskommission in der Presse erscheinenden Artikel eine völlig andere, den Reformplänen überwiegend ablehnend gegenüberstehende Resonanz. "Bundeswehr als Avantgarde der Bildungsoffensive",[44] "Bundeswehrverband kritisiert Ellwein"[45], "CDU-Kritik an Ellweins Studie"[46], "Ruiniert Ellwein den Offizier der Bundeswehr?"[47] oder "Ellwein-Ideologen untergraben die Bundeswehr"[48] sind nur einige der Schlagzeilen von damals, die diesen Tenor deutlich machen. Dominierend war die Angst, die Hochschulen der Bundeswehr könnten zur "linken Kaderschmiede" werden[49] oder zur völligen Verzivilisierung des Militärs beitragen. Dieses Meinungsbild fand sich vorwiegend bei den konservativen Vertretern der Militärs, der Politiker und der sie unterstützenden Presse. Unter ihnen war auch Manfred Wörner, damals MdB/CDU und Mitglied des Verteidigungsausschusses des Bundestages. Wörner hielt es für fraglich, ob die Bundeswehrhochschulen tatsächlich Attraktivität und Effektivität der Bundeswehr steigern würden, ob durch weitgehende Berücksichtigung der zivilberuflichen Eigeninteressen der künftigen Offiziere die Bereitschaft zum Dienst in den Streitkräften tatsäch-

42 Gutachten, S. 83 ff.
43 Hierzu ausführlich Liebau, Akademiker, S. 20 ff.
44 Die Welt vom 5.2.1971.
45 Die Welt vom 19.6.1971.
46 SZ vom 10.3.1971.
47 Gen. a.D. Karst in: Welt am Sonntag vom 10.1.1971.
48 B. Mühe, in: Deutsche Nachrichten vom 30.4.1971.
49 P. Meyer-Ranke, in: Die Welt vom 23.10.1970.

lich zunahm. Er stellte fest, daß der Bedarf der Bundeswehr an Offizieren mit Hochschulabschluß nur annähernd und allgemein ermittelt worden sei. Bei der Zusammenstellung der Studiengänge habe man sich eher an ihrer zivilen als an ihrer militärischen Verwendbarkeit orientiert und damit die Interessen der Berufsoffiziere ignoriert. Ein obligatorisches Studium für Zeit- und Berufsoffiziere hielt er jedenfalls nicht für sinnvoll. Im übrigen wollte er sicher sein, daß die Hochschulen der Bundeswehr weder ein "Forum für marxistische Agitation" bieten, noch "Ablaufpunkt für den Marsch durch die Institution Bundeswehr" sein sollten.[50] Anlaß für letztere Befürchtungen boten entsprechende Äußerungen und Publikationen aus dem Wissenschaftlichen Institut für Erziehung und Bildung in den Streitkräften im Zusammenhang mit der Diskussion um die Curricula für die Studiengänge der HSBw.

Dem stand die Auffassung entgegen, vom Bundesminister der Verteidigung getragene Hochschulen müßten zwangsläufig zur Militarisierung des Bildungssystems und der Wissenschaft und damit der Gesamtgesellschaft führen. Sie wurde u.a. von der "Bundesassistentenkonferenz",[51] dem "Bund demokratischer Wissenschaftler",[52] einzelnen Studentengruppen, dem "Arbeitskreis Demokratischer Soldaten"[53] oder auch der "Antimilitarismus-Projektgruppe der Judos in Baden-Württemberg"[54] vertreten.

Mit diesen gegensätzlichen Positionen fanden sich gewissermaßen Rechts und Links in der Mitte und traten gemeinsam gegen die Ellwein'schen Reformpläne an. Die einen wollten die Reform, jedoch systemimmanent unter Beibehaltung der hergebrachten Ausbildungsstrukturen der Bundeswehr, die anderen setzten "Bundeswehr" und "Militär" mit "reaktionär" gleich und wollten daher Bundeswehr- und zivile Ausbildung säuberlich getrennt wissen. Sie verkannten dabei, daß mit der Gründung von bundeswehreigenen Hochschulen ein entscheidener Schritt hin zur Liberalisierung der Bildung und Ausbildung in der von ihnen abgelehnten Institution Bundeswehr getan wurde, der sogar über das an den zivilen Universitäten zu dem Zeitpunkt Erreichte weit hinaus ging.[55]

Ellwein wehrte sich im "Deutschen Allgemeinen Sonntagsblatt" unter der Überschrift "Die Bundeswehr und ihre falschen Freunde"[56] zwar vehement gegen diese Angriffe, es war aber deutlich, daß er der massiven Unterstüt-

---

50 Wörner, Die Bundeswehrhochschulen.

51 Vgl. Presseinformation der Bundesassistentenkonferenz 1/1971.

52 Vgl. "Bei uns können Sie in Ruhe studieren!", Hgg. BdWi u.a.

53 Vgl. in: 10 Jahre Hochschule der Bundeswehr Hamburg, S. 4.

54 Johanna Büchele u.a., Militarisierung des Bildungswesens.

55 Vgl. auch Klaus von Schubert, Hochschulen der Bundeswehr und Innere Führung, S. 9 mit Literaturhinweisen in Anm. 10.

56 DAS vom 10.1.1971.

zung und Durchsetzungskraft des Ministers bedurfte, um sein Vorhaben durchsetzen zu können, weil sich gerade in dem Bereich, der reformiert werden sollte - in der Bundeswehr selbst - seine größten Gegner befanden. Zu erklären ist diese Ablehnung u.a. damit, daß die Kommission schon während ihrer Vorarbeiten und dann explizit in dem am 18.5.1971 dem BMVg vorgelegten Gutachten[57] zwar durchaus die Schwierigkeiten würdigte, die sich gerade in der jungen, aus besonderen historischen Vorgaben erwachsenen Bundeswehr den Bemühungen zur Reform von Bildung und Ausbildung der Soldaten in den Weg gestellt hatten, gleichzeitig aber auch deutliche Kritik an den bis dahin unzureichend vorangetriebenen, z.T. gescheiterten Reformversuchen übte. So hieß es einerseits: "die durch politische Entscheidung veranlaßte schnelle Aufstellung der Bundeswehr ließ für eine intensive Ausbildung nicht genügend Zeit und Kräfte". Dabei habe sich aus der permanenten Änderung der Vorgaben seit 1956 die Schwierigkeit ergeben, Konzepte bis zur endgültigen Realisierung durchzuführen. Andererseits deckte man aber auch Fehlentscheidungen der Vergangenheit, insbesondere im Bereich "Personalumfang und -entwicklung" im Bereich der "Inneren Führung" auf und legte dar, daß deren Auswirkungen in Verbindung mit anderen "gesellschaftlichen Problemen" in den Streitkräften als Hauptlast von den Ausbildern zu tragen seien. "Die Bundeswehr nimmt an den gesellschaftlichen, wissenschaftlichen und technischen Entwicklungen teil und wird von ihnen beeinflußt. Das erfordert die Bereitschaft und Fähigkeit, sich ständig neuen Erkenntnissen und Erfordernissen zu stellen, Überholtes zu verändern und Neues zu schaffen."[58]

Entscheidend für die Neuordnung der Ausbildung in der Bundeswehr war die, schon im Weißbuch '70 eher vage in Erwägung gezogene, jetzt aber in Anlehnung an die Vorgaben des Bildungsgesamtkonzepts der Bundesregierung definitiv festgelegte Gründung von bundeswehreigenen Hochschulen, die es Offizieren ermöglichen sollten, bei einer Verpflichtungzeit von 12 Jahren ein dreijähriges Diplomstudium zu absolvieren. Nur an eigenen Hochschulen - so argumentierte die Kommission - konnte die Einheit von wissenschaftlicher und militärischer Ausbildung, die gegenseitige Zuordnung von Studiengang und militärischer Verwendung und damit von Studium und Berufserfahrung gewahrt werden. Die Offizierausbildung sollte sowohl den fachlichen als auch den militärischen Anforderungen an den späteren Kompanieführer Rechnung tragen und ihm gleichzeitig die Tür zum späteren Wiedereintritt in das zivile Berufsleben öffnen. Im Kontext der allgemeinen

57 Vgl. u.a. Liebau, 1976; Ellwein/von Müller/Plander, 1974; Kutz, Reform, 1982, S. 103ff.

58 Vgl. dazu im Gutachten die Seiten 16, 17 und 21.

Bildungsreform und der Empfehlungen von Bildungs- und Wissenschaftsrat wurde eine stärkere Strukturierung von Lernzielen, -inhalten und -methoden im Rahmen eines curricularen Studiums ebenso angestrebt wie die Vermittlung einer breit angelegten Ausbildung - auch in geistes-, sozial- und naturwissenschaftlichen Fächern - die rationale Problemerfassung, Kooperation und geistige Flexibilität förderte. Zur Realisierung dieser Zielvorgaben projektierte man als Kern des Konzepts eines Offizierstudiums an eigenen Hochschulen der Bundeswehr ein "Angeleitetes Fachstudium".[59]
In den Genuß des dreijährigen Studiums sollten Offiziere für die Verantwortungsbereiche III-VI, d.h. Einheitsführer, Verbandsführer und Großverbandsführer kommen, deren militärische und wissenschaftliche Ausbildung insgesamt fünf Jahre umfaßt. Die Offiziere für den Sanitäts-, Musik- und militärgeographischen Dienst dagegen, mußten weiterhin an zivilen Universitäten ausgebildet werden, da ihre Fächer an den Bundeswehrhochschulen nicht vertreten sein würden.[60]
Eine organisatorische Besonderheit war bei den ganzen Planungen von vornherein zu berücksichtigen und bereitete auch einige Schwierigkeiten: Der Bund, in der juristischen Person des Verteidigungsministeriums als Träger der Hochschulen vorgesehen, besitzt grundsätzlich keine eigene Kulturhoheit. Die Hochschulen mußten daher durch die Landeskultusminister anerkannt werden. Voraussetzung hierfür war die volle Vergleichbarkeit der Studieninhalte und -abschlüsse mit denen der zivilen Universitäten.[61] Aber nicht nur in diesem Punkt war die enge Verbindung zwischen dem Verteidigungs- und den Kultusministerien vorprogrammiert.
Alle Vorgänge im akademischen Bereich, wie u.a. Präsidenten- und Professorenberufungen, Prüfungsordnungen und Diplomabschlüsse, waren grundsätzlich mit dem Landesministerium auf der Grundlage der von ihm erlassenen Gesetze abzustimmen.
Bereits der Drei-Stufen-Plan sah - neben der Lehre - Forschung vor. Für die Bundeswehrhochschulen war die Forschung wesentlicher Bestandteil des Gesamtkonzepts - schon wegen des Anspruchs der Vergleichbarkeit mit den zivilen Universitäten. Dabei sollte im Hinblick auf die Offizierkarriere und

59 Seine höchst komplizierte und für die Hochschule folgenreiche Entwicklung über das "Erziehungs- und gesellschaftswissenschaftlich angeleitete Fachstudium" und die "Erziehungs- und gesellschaftswissenschaftliche Anteile (EGA)" des Fachstudiums bis zu einem eigens zu seiner Durchführung errichteten Fachbereich Sozialwissenschaften wird in einem eigenen Kapitel behandelt.

60 Heute treten allerdings einzelne, an der Fakultät für Bau- und Vermessungswesen der UnibwM ausgebildete Offiziere, ebenfalls in den Miltärgeographischen Dienst ein.

61 Vgl. § 54 des Entwurfs des Hochschulrahmengesetzes vom 25.2.1971 sowie Gutachten, S. 51.

unter gleichzeitiger Berücksichtigung der späteren Rückkehr eines Teils der Absolventen in das Zivilleben vor allem pädagogische, hochschul- und fachdidaktische interdisziplinäre Forschung begünstigt werden.[62]

Insgesamt sollte das Konzept der Bundeswehrhochschulen, das sei hier zunächst einmal nur am Rande bemerkt, die Idee des Bildungsgesamtplans[63] der Bundesregierung und die Ziele der Hochschulreform im besonderen antizipieren.[64] Ein Kompakt-Studium von drei Jahren bei einer Einteilung in Trimester und einer curricularen Strukturierung der Studiengänge hatte man auch für die zivilen Hochschulen ins Auge gefaßt, weil man davon ausging, "daß die in Kürze steigende Zahl der Studenten nur durch Studienjahr plus Curriculum aufzufangen war".[65] Auch die letztlich nicht realisierte, zunächst aber geplante Gesamthochschulkonstruktion gehört in diesen Zusammenhang.
In der Tat war fast alles neu an der Studienkonzeption. Im ersten der drei Studienjahre wurde eine hochschuldidaktische Einweisung sowie eine breite Grundlegung des gewählten Fachbereichs vermittelt. Im zweiten und dritten Studienjahr erfolgte dann eine zunehmende Spezialisierung mit der Ausfertigung der schriftlichen Prüfungsarbeit. Bei neun Monaten Studium plus Urlaub setzte man pro Jahr ca. 8 Wochen für militärische und fachliche Praktika an. Die Kommission schlug eine Einteilung in die zwei Bereiche "Führung und Organisation" und "Technik" vor. Dabei sollten dem ersteren Bereich die Studiengänge "Organisations- und Betriebswissenschaften", "Pädagogik" und "Informatik", dem zweiten Bereich die Studiengänge "Maschinenbau", "Luft- und Raumfahrttechnik", "Elektrotechnik" und "Bauingenieurwesen" zugeordnet werden.
Die Konzeption der Curricula für diese Studiengänge oblag, gemäß Auftrag der Bildungskommission, Thomas Ellwein und seinen Mitarbeitern im Wissenschaftlichen Institut für Erziehung und Bildung in den Streitkräften. Dabei mag die überwiegend sozialwissenschaftliche Ausrichtung dieses Insti-

---

62 Ellwein selbst ging davon aus, daß die militärischen Tätigkeitsfelder mehr und mehr den zivilen gleichen und damit der Soldatenberuf das Spezielle verlieren - an Professionalismus einbüßen würde. Vgl. Thomas Ellwein, Die Zukunft des Soldaten und seine Ausbildung, in: Neues Hochland, 1 (1972), S. 82ff sowie dazu Hans Eberhard Radbruch, Bürokratisierung der Verteidigung? in: Pöggeler/Wien, Soldaten, S. 315ff.

63 Der Bildungsgesamtplan wurde endgültig am 15.6.73 durch die Bund-Länder-Kommission für Bildungsplanung verabschiedet.

64 Nicht ohne Stolz bezeichneten sich die im BMVg mit den Vorplanungen für die HSBw befaßten Referenten auch als "treueste Anhänger des Bildungsgesamtplans", mündl. Auskunft Radbruch vom 24.5.93.

65 Schriftl. Auskunft Radbruch vom 14.6.93.

tuts mit ausschlaggebend dafür gewesen sein, daß der Planung der ingenieurwissenschaftlichen Bereiche der Hochschulen, die gemäß der Konzeption einer Technischen (nicht einer klassischen!) Universität überwiegen sollten, zu wenig Beachtung geschenkt wurde. Dies brachte die Bundeswehrhochschulen in der Anfangsphase ihres Bestehens in massive Schwierigkeiten, auf die in einem späteren Abschnitt ausführlich eingegangen wird.
Zunächst mußten dem Bundesminister Diskussionsgrundlagen für Auswahl und Inhalte der Studiengänge vorgelegt werden. Besonderer Wert wurde dabei auch auf eine "erziehungs- und gesellschaftswissenschaftliche Anleitung" als integralem Bestandteil des Fachstudiums gelegt, denn sie war die immer wieder postulierte und dennoch letztlich nur mit großen Mühen realisierte Kernidee der Ausbildungsreform:[66] Der studierende Offizier sollte eine Fachqualifikation erhalten und gleichzeitig auf die Aufgabe des militärischen Führers und die mit ihr verbundenen Probleme gruppendynamischer Prozesse und Anforderungen an politisch-analytisches Denken vorbereitet werden. Neben der Fachkompetenz wurde durch das sogenannte "Anleitstudium" die soziale Kompetenz vermittelt und außerdem die Möglichkeit einer "pädagogischen und didaktischen Hilfe" bei der Sammlung von Erfahrungen für die künftige Aufgabe als Ausbilder geboten. In diesem Sinne war das Studium selbst bereits ein pädagogischer Vorgang, "der aufgrund didaktischer und methodischer Überlegungen zu den definierten Ausbildungszielen führen" würde. Darüber hinaus sollte der Studierende in die Lage versetzt werden, die Planung der Studiengänge selbst zu begreifen und damit die eigenen Schwierigkeiten während des Studiums rechtzeitig selbst erkennen und überwinden lernen. Gerade das würde ihn im künftigen Beruf dazu befähigen, pädagogische Situationen zu analysieren und das eigene Verhalten als Ausbilder und Erzieher zu reflektieren.[67] Auch hier sollte das WInstEBSK die Planung und curriculare Ausgestaltung übernehmen.
Das "Anleitstudium" war dem herkömmlichen, unverbindlich-fakultativen "Studium generale" als Vermittlerinstanz für ein breiteres Spektrum zusätzlichen Wissensstoffes zwar ähnlich, wurde aber im Kontext der Offizierausbildung als obligatorischer Bestandteil des Fachstudiums deutlich von diesem abgegrenzt.
Obwohl von der Idee bis zu ihrer Realisierung noch ein weiter, steiniger

---

66 Elemente dieser Grundidee der allgemeinen Bildungsreform jener Zeit finden sich auch im "Strukturplan für das Bildungswesen" von 1970 des Deutschen Bildungsrats; auszugsweise im "Grünen Buch", S. 114: "Berufsbezogene und allgemeine Bildungsgänge".
67 Gutachten, S. 53.

Weg zurückzulegen war, zeugt das Konzept von einer beeindruckenden Weitsichtigkeit der Reformvorschläge der Bildungskommission insgesamt.

1.5. Die Frage der Realisierbarkeit

Nachdem das Gutachten der Bildungskommission in und außerhalb der Bundeswehr eingehend diskutiert worden war, wurde auf Weisung des Verteidigungsministers eine Untersuchung seiner Realisierbarkeit unter Berücksichtigung der personellen, haushaltsmäßigen und infrastrukturellen Möglichkeiten eingeleitet. Federführend war dabei der dem Generalinspekteur direkt unterstellte Beauftragte für Erziehung und Bildung in den Streitkräften (BEBGenInsp), Brigadegeneral Friedrich. Ihm arbeitete die Abteilung IV "Organisation" Fü S des BMVg zu.[68]

Zu allererst mußte geprüft und entschieden werden, ob die Errichtung eigener Hochschulen der Bundeswehr überhaupt durchführbar war oder ob die Offiziere doch an zivilen Universitäten ausgebildet werden mußten.

Die Prämissen, unter denen das BMVg in die Verhandlungen mit der Westdeutschen Rektorenkonferenz (WRK) eintrat, waren:

1. ein, gemäß dem Entwurf des Hochschulrahmengesetzes, curricularer Ansatz des Studiums,
2. ein integraler erziehungs- und gesellschaftswissenschaftlicher Anteil im Fachstudium,
3. die Gültigkeit des Soldatengesetzes für die Studenten, auch während des Studiums und
4. ein dreijähriges Studium mit je drei Trimestern.

Nur wenn diese Voraussetzungen gegeben waren, konnte die Neustrukturierung der Ausbildung der Offiziere im Kontext der gesamten Neuordnung der Bildung und Ausbildung in den Streitkräften gelingen. Nur dann konnten auch die im Weißbuch 1971/1972 benannten Zielvorstellungen, nämlich

- die Gewährleistung einer möglichst hohen Einsatzbereitschaft der Bundeswehr,
- die Gewinnung einer möglichst großen Anzahl leistungswilliger Soldaten,
- die Sicherstellung größtmöglicher Effektivität der Verwendung in der Bundeswehr und
- für Zeitsoldaten zugleich die spätere Eingliederung in das zivile Berufsleben[69]

---

68 Dies und das Folgende lt. mündl. Auskunft Radbruch vom 24.5.93.

69 Weißbuch 1971/72 zur Sicherheit der Bundesrepublik Deutschland und zur Entwicklung der Bundeswehr, hrsg. BMVg, Bonn 1971, S. 66.

realisiert werden. Dabei war der Anteil der Ausbildung für Zeitsoldaten mit höchstens vier Zehnteln der gesamten Dienstzeit veranschlagt.
Da sich diese Voraussetzungen als durchaus mit dem Programm des Bildungsgesamtplans der Bundesregierung vereinbar erwiesen, stimmte die WRK grundsätzlich zu. Allerdings sprach sie sich in ihrer Stellungnahme zum Ellwein-Gutachten, die sie in der 94. Plenarversammlung im Januar 1972 verabschiedete, gegen eigene Bundeswehrhochschulen und für die Integration der wissenschaftlichen Ausbildung von Offizieren in das allgemeine Hochschulwesen aus.[70] Gleichzeitig bot sie Studienplätze für Offiziere an den öffentlichen Hochschulen an.[71] Dabei konnten die Universitäten ihrerseits eine feste Zusage von Studienplätzen für die Offiziere gar nicht erfüllen. Wie hätte man beispielsweise zivilen Studenten, angesichts der völlig überfüllten öffentlichen Universitäten und der infolgedessen notwendigen Numerus clausus-Regelung, erklären sollen, daß gerade Offiziere Anspruch auf eine Studienplatzgarantie hatten? Aber auch die übrigen für eine zügige Durchführung des Offiziersstudiums notwendigen Bedingungen wie Studienjahr, Trimestereinteilung, Erziehungs- und gesellschaftswissenschaftliche Studienanteile (EGA), Curriculum ließen sich in unmittelbarer Zukunft an öffentlichen Universitäten kaum verwirklichen[72] - nicht zuletzt deshalb, weil diese sich mit der Reform ihrer Studiengänge noch deutlich im Rückstand befanden.[73] Diese Schwierigkeiten deutlich erkennend, hatte der Generalsekretär der WRK, Fischer, als Mitglied der Ellwein-Kommission dem Vorschlag der Errichtung von eigenen Hochschulen der Bundeswehr zugestimmt. [74]
Der Beschluß der WRK hatte aber, anders als für die zivilen Universitäten, für das Verteidigungsministerium keine bindende Wirkung. Der Bund konnte durch ihn nicht daran gehindert werden, im Rahmen seiner Kompetenz eine Hochschule zur Ausbildung seiner Bediensteten zu errichten. Also

---

70 Bericht des Referats VR II 2/BMVg an die Leitung vom 27.1.72, HASdB 171.

71 Vgl. Antwort auf die Kleine Anfrage der Abgeordneten Wörner, Klepsch, Rommerskirchen, Zimmermann, Ernesti, Abelein, Biehle, Marx und Genossen und der Fraktion der CDU/CSU, BT-Drs. VI/3627 vom 29.6.72.

72 Wenn ihm die WRK hätte anbieten können, die Offizierbewerber - trotz Numerus clausus - aufzunehmen und sie in drei Studienjahren auszubilden, wäre es eine andere Situation gewesen, äußerte Minister Schmidt im Ausschuß für Verteidigung des Bundesrats, Niederschrift über die 91. Sitzung des Ausschusses vom 16.6.1972, S. 5, Handakte des Sonderbeauftragten für die HSBw beim BMVg (künftig: HASdB) 121.

73 Argumente gegen die Durchführung des Offiziersstudiums an öffentlichen Hochschulen, Ergebnisprotokoll der 50. Sitzung des innerministeriellen Ausschusses im BMBW vom 4.11.1971, Bw 2/7031 sowie Kabinettsvorlage des BEB Generalinspekteur vom 5.5.1972 HASdB 116 ff.

74 Auskunft Radbruch am 20.8.91.

betrachtete man die Stellungnahme im BMVg lediglich als "Empfehlung oder Anregung".
Zwar trifft es wohl nicht zu, daß die Streitkräfte ein Studium ihrer Offiziere an öffentlichen Universitäten ablehnten, weil sie fürchteten, daß jene dort von den Nachwirkungen der Studentenunruhen "angesteckt" würden.[75] Dem steht auch entgegen, daß 1970 ja immerhin rund 200 Offiziere an öffentlichen Hochschulen in der Bundesrepublik studierten - vor allem Berufsoffiziere mit wissenschaftlicher Verwendung wie Ingenieure, Mediziner und Pharmazeuten.[76] Allerdings hielt man es im BMVg auch nicht für opportun, angesichts der angespannten Atmosphäre dort, regelmäßig feste Kontingente von Offizieren als Studenten einzuflechten.[77]
Ausschlaggebend für die Entscheidung gegen eine Integration der wissenschaftlichen Ausbildung von Offizieren in das allgemeine Hochschulwesen war letztlich vielmehr die Unvereinbarkeit der für die künftigen Bundeswehrhochschulen vorgesehenen Studiengänge mit denen der öffentlichen Universitäten.

In der im Februar 1972 Bundesverteidigungsminister Schmidt in Koblenz vorgelegten Realisierbarkeitsuntersuchung plädierten die Autoren für eine Offizierausbildung an einer einzigen bundeswehreigenen Hochschule. Anders als das "Weißbuch 1970", das zwei Hochschulen in Hamburg und München vorgesehen hatte, hielten sie den dafür notwendigen organisatorischen und finanziellen Aufwand für zu groß - genauso wie übrigens auch Thomas Ellwein.[78]
Daß schließlich doch zwei Hochschulen errichtet wurden, geht auf den klaren Entscheid des Ministers zurück, ebenso wie die Wahl der Standorte Hamburg und München. Schmidt setzte hierbei auf die politischen Konstellationen vor Ort, die zur Durchsetzung eines derartigen Projekts Anfang der 70er Jahre von großer Bedeutung waren. "Wenn man eine macht", äußerte er damals, "dann ist die entweder in einem SPD- oder in einem CDU-Land, und dann ist man erpreßbar. Infolgedessen muß man zwei machen, und dann kann man die CDU oder die CSU gegen die SPD ausspielen und umgekehrt".[79] Außerdem konnte er sich in Hamburg auf seine politische Hausmacht verlassen, die in der Landes- wie in der Bundes-SPD die notwendige Überzeugungsarbeit auch bei den Genossen leisten würde, die dem Projekt

---

75 So z.B. in der Tendenz bei Kutz, S. 120.
76 Mündliche Auskunft Radbruch wie auch das folgende.
77 20 Jahre Universität der Bundeswehr München - Festvortrag des Bundesministers a.D. Dr. h.c. Georg Leber an der UniBwM am 5.11.1993.
78 Ellwein gegenüber Stanslowski, in: Hochschulkurier 17 (1990), S. 15.
79 Ellwein, ebd.

kritisch gegenüberstanden. Gerade in der Hansestadt war das wichtig, weil hier an der Universität, aus Angst vor der vermeintlichen Gefahr einer Militarisierung der Wissenschaft, Studenten und Assistenten lauthals gegen die Errichtung einer Hochschule der Bundeswehr protestierten. In Bayern dagegen herrschte eine dem Projekt eher wohl gesonnene Einstellung vor.
Aus der Sicht des Geldgebers hatten beide Städte den Vorteil, daß sie Zentren der weiterführenden Ausbildung der Bundeswehr waren und daher sowohl bundeseigene Liegenschaften wie Infrastruktur benutzt werden konnten. In München befand sich die Heeresoffizierschule (HOS) III, die Offizierschule der Luftwaffe (OSLw) mit der Fluglehrgruppe in Neubiberg sowie die Fachhochschule der Luftwaffe (FHSLw) und des Heeres (II) und die Pionierschule. In Hamburg waren die HOS II und Führungsakademie ansässig.

1.6. Die Kabinettvorlage vom 5. Mai 1972

Am 5.5.1972 legte der Verteidigungsminister dem Kabinett einen mit allen beteiligten Ressorts, besonders aber mit dem Bundesminister für Bildung und Wissenschaft abgestimmten Bericht über 'Ausgangslage', 'Realisierbarkeit' und 'Maßnahmen' im Zusammenhang mit der Verwirklichung der von der Bundesregierung für erforderlich gehaltenen Neugestaltung von Ausbildung und Bildung in der Bundeswehr vor.[80]
Die Untersuchung der Realisierbarkeit hatte ergeben, so der Bericht, daß Präsenz und Einsatzbereitschaft der Truppe durch die Umstrukturierungen nicht beeinträchtigt wurden. Ein Mehrbedarf konnte durch Straffung der Ausbildungsorganisation und Zusammenlegung von Ausbildungseinrichtungen, wie beispielsweise der drei Heeresoffizierschulen (Hannover, Darmstadt, München) in Hannover zum Teil ausgeglichen werden. Während für den Haushalt 1972 noch keine plafonderhöhende Belastung in Aussicht stand, mußte für 1973 mit einem Zusatzbedarf von rund 100 Millionen DM gerechnet werden.
Unter den einzuleitenden Maßnahmen wurde die Entwicklung eines auf Modellehrgängen basierenden Systems von Aus-, Fort- und Weiterbildung für auf Zeit verpflichtete Mannschaften und Unteroffiziere sowie die Konzeption einer 5-jährigen Ausbildung für auf zwölf Jahre und länger verpflichtende Zeitoffiziere und für Berufsoffiziere benannt.

---

80 Er war vom Leiter der Hochschulplanungsgruppe (LtrHSPlGr) beim Beauftragten für Erziehung und Bildung, Dr. Hans Viktor Böttcher, ausformuliert worden und sollte in der Sitzung behandelt und zustimmend zur Kenntnis genommen werden HASdB 115-120.

Zentral war die Aussage:
"Grundlage für die Struktur und Aufgaben der Hochschulen sowie ihre Studienziele werden der bereits vorliegende Entwurf des Hochschulrahmengesetzes und die entsprechenden landesrechtlichen Bestimmungen sein. Das Studium wird sich - erstmalig in dieser Form in der Bundesrepublik Deutschland - in drei Studienjahre gliedern und zugleich wissenschafts- wie praxisorientiert sein. Es wird damit den Reformvorstellungen des Bildungsberichts 70 der Bundesregierung Rechnung tragen".
An Fachrichtungen waren vorgesehen:

- Pädagogik,
- Betriebs- und Organisationswissenschaften,
- Elektrotechnik,
- Informatik,
- Maschinenbau,
- Luft- und Raumfahrttechnik,
- Schiffsmaschinentechnik,
- Bau- und Vermessungsingenieurwesen.[81]

Das Studium sollte am 1. Oktober 1973 aufgenommen werden.
Abschließend betonte die Kabinettvorlage:

> "Im Vordergrund aller Reformüberlegungen steht die Erkenntnis, daß gute Ausbildung unabdingbare Voraussetzung für die Einsatzbereitschaft und damit für die Erfüllung des Auftrages der Bundeswehr ist. [......] das Bewußtsein der Soldaten (wird) für die gesellschaftlichen und politischen Probleme des demokratischen Gemeinwesens verbessert. Das Ansehen der Soldaten wird gesteigert, die Nachwuchswerbung gefördert und der Prozeß der Integration der Bundeswehr in die Gesellschaft begünstigt."

Inzwischen erwartete die Opposition im Deutschen Bundestag mit Ungeduld eine Stellungnahme der Regierung u.a. zu den Vorschlägen der Bildungskommission, zur Realisierbarkeitsuntersuchung, zu den Verhandlungen mit Kultusminister- und Rektorenkonferenz, zu den in ihrer Folge vorgesehenen Maßnahmen und den damit verbundenen Kosten. Am 8. Juni stellte sie eine entsprechende, 10 Punkte umfassende Kleine Anfrage im Bundestag.[82]
In Beantwortung dieser Anfrage machte der Verteidigungsminister am 29. Juni genauere Angaben zu den Kosten im Zusammenhang mit der Errichtung

---

81 Die hier auch projektierte eigene Fachrichtung Umweltwissenschaften (ab 1975) wurde nicht realisiert.

82 Kleine Anfrage der Abgeordneten Dr. Wörner, Dr. Klepsch, Rommerskirchen, Dr. Zimmermann, Ernesti, Dr. Abelein, Biehle, Dr. Marx (Kaiserslautern) und Genossen und der Fraktion der CDU/CSU, BT-Drs. VI/3490, 6. Wahlperiode.

der Hochschulen der Bundeswehr. Den Schätzungen lagen Vergleichszahlen anderer Universitätsneugründungen bzw. Neueinrichtungen von Studiengängen zugrunde. So kostete ein neu eingerichteter Studienplatz in Bielefeld (Geisteswissenschaften) 138 TDM, in Frankfurt (Chemie) 118 TDM und in Bochum 132 TDM. Bei den HSBw dagegen setzte man nur 100 TDM pro Studienplatz an, da bereits vorhandene Liegenschaften, Wohnräume für die studierenden Soldaten und Ausbildungseinrichtungen (u.a. Labore, Hörsaalgebäude, Rechenzentrum, Sportanlagen, Sprachlabore und Bibliotheken), die übernommen werden konnten, kostensparend zu Buche schlugen. Neubauten für größere Hörsäle waren nach den Curricula-Berechnungen des Ellwein'schen Wissenschaftlichen Instituts für Erziehung und Bildung in den Streitkräften ebenfalls nicht notwendig (!). Insgesamt sollten die Investitionen - verteilt auf den Zeitraum 1973-1976 - auf knapp 500 Millionen DM begrenzt werden.[83] Auch ungefähre Studentenzahlen wurden bekanntgegeben: Danach sollten 1973 voraussichtlich an beiden Hochschulen zusammen rund 600 Studenten ihr Studium aufnehmen, während es in der Zeit nach 1976, dem Zeitpunkt des erreichten Endausbaus, bereits 4800 sein würden. Für ca. 400 Professoren und wissenschaftliche Mitarbeiter wurden, ebenfalls ab 1976, 24 Millionen DM an Kosten angesetzt. Dabei kalkulierte man eine Kostenminderung durch das an den Fachhochschulen und Heeres-Offizierschulen bereits vorhandene Lehrpersonal ein. - Das Bundeskabinett nahm diese Beantwortung der CDU/CSU-Anfrage durch den Verteidigungsminister zustimmend zur Kenntnis. Es billigte damit gleichzeitig auch die im Weißbuch 1971/72 angekündigten und in der Kabinettvorlage vom 5. Mai 1972 dargelegten Maßnahmen zum Gesamtkomplex der Neuordnung von Ausbildung und Bildung in der Bundeswehr.[84] - Letztlich ist die Bundesregierung bis heute an diese Zusage gebunden. - Vorbehalten blieb die "Einpassung des erforderlichen Aufwands in die Mittelfristige Finanzplanung" des Bundes gemäß der Planung der Jahresraten, die das BMVg dem Bundesminister für Wirtschaft und Finanzen (BMWF) zuzuleiten hatte. Außerdem stellte das Kabinett klar, daß kein Automatismus zwischen dem erfolgreichen Abschluß eines dreijährigen Studiums und der Übernahme in die Stabsoffizier-Laufbahn gegeben sei. Wie bisher, konnten Offiziere weiterhin nur über eine Stabsoffizier-Prüfung in den höheren Dienst aufsteigen.[85]

---

83 Antwort des Verteidigungsministers vom 29.6.1972, BT-Drs. VI/3627, 6. Wahlperiode.

84 Verfügung des BMVg (i.V. Staatssekretär Berkhan) vom 7.7.72, betr. Verwirklichung der Neuordnung von Ausbildung und Bildung in der Bundeswehr, HASdB 150-151.

85 Vermerk LtrLeitungsstab vom 5.7.72 über Beschluß des Bundeskabinetts vom 29.6.72, HASdB 149.

Insgesamt war jetzt der Weg frei für die Einleitung der zur Neuordnung erforderlichen Maßnahmen. Staatssekretär Berkhan, in Vertretung des Ministers, bat daher die Hauptabteilungs- und Abteilungsleiter sicherzustellen, daß

- das Studium in Hamburg und München am 1. Oktober 1973 beginnen konnte,
- die Ausbildung der Offizierbewerber ab sofort umgestellt wurde,
- die Öffentlichkeit umfassend mit der Neuordnung vertraut gemacht wurde und
- die Werbung mit dem neuen Ausbildungsangebot umgehend anlief.[86]

Mitte Juni 1972 war die Öffentlichkeit durch eine Pressemeldung des BMVg mit der Überschrift "Bundeswehreigene Hochschulen" von dem Ergebnis der Beratungen auf Regierungsebene in Kenntnis gesetzt worden.[87]
Zu diesem Zeitpunkt bestand innerhalb der Regierungspartei immer noch keine völlige Übereinstimmung. So äußerte der sozialdemokratische Bremer Bürgermeister Koschnick am 16. Juni 1972 während einer Sitzung des Ausschusses für Verteidigung des Bundesrats, er bedauere die Entwicklung die sich mit dem Vorhaben der Bundesregierung abzeichne, weil er persönlich glaube, daß eine Ausbildung an den vorhandenen Universitäten auch bei der nachwachsenden akademischen Generation Möglichkeiten eines besseren Verständnisses für die Belange der Bundeswehr eröffnet hätte. Allerdings mußte Koschnick zugestehen, daß dies nur schwer oder gar nicht durchzusetzen war und sicherte daher dem Verteidigungsminister nolens volens seine Unterstützung zu. Schmidt seinerseits versprach, die Bundesregierung durch die Vereinbarung einer Absichtserklärung gegenüber der Bayerischen Staatsregierung und dem Hamburgischen Senat zu binden, nach der die Bundeswehrhochschulen später in noch zu errichtende Gesamthochschulen integriert werden sollten.[88]
Mit diesem Versprechen wollte der Minister die immer noch überwiegend gegen bundeswehreigene Hochschulen eingestellten Kräfte in und außerhalb der SPD umstimmen, die, wie Koschnik, die Ausbildung der Offiziere in öffentlichen Hochschulen forderten.[89] Immerhin war die Errichtung von Ge-

---

86 Verfügung des BMVg (i.V. Staatssekretär Berkhan) vom 7.7.72, betr. Verwirklichung der Neuordnung von Ausbildung und Bildung in der Bundeswehr, S. 2, HASdB 151.

87 'Mitteilungen an die Presse' vom 13.6.1972, hrsg. BMVg, 84 (1972) S. 1.

88 Niederschrift über die 91. Sitzung des Ausschusses für Verteidigung des Bundesrats vom 16. Juni 1972 in Bonn, HASdB 121-126.

89 Noch im Juni 1973 berichtete Ellwein dem BMVg von starken Meinungsverschiedenheiten unter den SPD-Mitgliedern des Haushaltsausschusses des Bundestages, wobei er unterschiedliche Motive anführte: prinzipielle Gegnerschaft gegen die HS-

samthochschulen eine der wichtigen Forderungen des sich im Entwurf befindlichen Hochschulrahmengesetzes.
In München wurde, gemäß den Bonner Vorstellungen, anfangs tatsächlich der Versuch unternommen, die am Ort vorhandenen Fachhochschulen im Sinne des Gesamthochschul-Modells als integrale FHS-Studiengänge in die Hochschule der Bundeswehr zu integrieren. Dieses Projekt scheiterte aber letztlich an der Hochschule selbst und an den Vertretern der universitären Studiengänge, die die Durchlässigkeit von Hochschul- und Fachhochschul-Studiengängen im Grunde nicht wollten. Auch Bayern war eher für eine klare Abgrenzung beider Formen gegeneinander oder hätte allenfalls einem kooperativen Modell zugestimmt.
In Hamburg war zunächst die spätere Integration der Bundeswehrhochschule in eine Gesamthochschule vorgesehen. Das Modell wurde dann aber offiziell von der Stadt aufgegeben.[90]

Am 10. Juli wechselte Helmut Schmidt in das Bundesfinanzministerium über. Nachfolger im Amt des Verteidigungsministers wurde Georg Leber, der sogleich bestätigte, daß auch er die Neuordnung der Ausbildung und Bildung der Bundeswehr als Schwerpunkt seiner künftigen Arbeit betrachtete.[91] Wie die weitere Entwicklung zeigen sollte, hatte er mit der Ausführung des komplexen Projekts den schwierigeren Part übernommen.

Bw, eine andere Konzeption oder eine Konzentration auf Hamburg, Ellwein an Leber vom 13.6.73, Nachlaß Klaus von Schubert.

90 Mündliche Auskunft Radbruch vom 24.5.93.

91 Verfügung GenInsp vom 8.8.72, betr. Neuordnung von Ausbildung und Bildung in der Bundeswehr, HASdB 152-153.

2. Gründung

Auf der Grundlage des positiven Kabinetts-Beschlusses konnte sich der Verteidigungsminister nun auf die Verhandlungen mit den Länderregierungen konzentrieren. Während mit Hamburg auch bereits Ende September/Anfang Oktober 1972 ein "Abkommen für die Errichtung einer Wissenschaftlichen Hochschule für Soldaten der Bundeswehr in Hamburg"[92] geschlossen wurde, gestalteten sich die Verhandlungen mit Bayern außerordentlich schwierig. Erst am 3. August 1973, zwei Monate vor dem für die Aufnahme der Tätigkeit der Hochschule festgesetzten Termin, erfolgte mit dem "Anerkennungsbescheid" des Bayerischen Kultusministerium auch von hier "grünes Licht".

2.1. Die mit dem Aufbau befaßten Stellen

Im Rahmen der Vorbereitungen des Aufbaus der Hochschulen der Bundeswehr waren vor allem drei Bereiche im und außerhalb des Verteidigungsministeriums beteiligt:

1. der Beauftragte für Erziehung und Bildung beim Generalinspekteur , General Karl-Hermann Friedrich,
2. das Referat 7 "Grundsatzangelegenheiten, Erziehung, Bildung" in der Stabsabteilung I "Innere Führung, Personal, Ausbildung" beim Führungsstab der Streitkräfte I 7 mit seinem Leiter Oberst Dr. Hahn und
3. das "Wissenschaftliche Institut für Erziehung und Bildung in den Streitkräften " unter der Leitung des Vorsitzenden der Bildungskommission, Thomas Ellwein.

Friedrich war mit der "Koordinierung der Planungen und Vorarbeiten, die dem Vollzug von Ausbildung und Bildung dienen" beauftragt. Im Rahmen dieser Gesamtaufgabe sollte er ab dem 1. April 1972 alle erforderlichen Maßnahmen zur Planung und Errichtung von Hochschulen der Bundeswehr im BMVg abstimmen, einleiten und überwachen.[93] Er war Beauftragter des Generalinspekteurs und gleichzeitig Mitglied der Ellwein'schen Bildungskommission. Mit der Entscheidung über die Errichtung von Bundeswehrhochschulen wurde seinem Arbeitsstab neben den Aufgaben:

---

92 Das Abkommen wurde am 29.09.1972 vom Bundeskanzler und vom Verteidigungsminister, am 3. Oktober 1972 vom Hamburger Bürgermeister und vom Senator und Präses der Behörde für Wissenschaft und Kunst unterzeichnet, Pressemitteilung des BMVg vom 11.10.72, HASdB 156 und 177.

93 Verfügung Staatssekretär vom 11.4.72, HASdB 48.

"Beobachtung des inneren Gefüges der Streitkräfte und Auswertung" (Referat 1), "Koordinierung der Neuordnung von Bildung und Ausbildung" (Referat 2), "Koordinierung der Neuordnung der Personalstruktur" (Referat 3) als vierter Bereich die "Hochschul-Planungsgruppe (PlGrHSBw) mit ihren Referaten "Hochschulstruktur", "Hochschulorganisation"[94] und "Hochschulrecht"[95] zugeordnet.

Diese wurde von dem promovierten Juristen Hans Viktor Böttcher geleitet, der zugleich Friedrichs Stellvertreter war. Die Gruppe sollte die Planungsarbeiten koordinieren, notwendige Entscheidungen herbeiführen, durchzuführende Entscheidungen überwachen und die getroffenen Maßnahmen zur zeit- und sachgerechten Erfüllung des Gesamtvorhabens steuern. Zwei "Aufstellungsstäbe", die man mit Wirkung vom 13. April 1972 in München und vom 2. Mai 1972 in Hamburg errichtete, unterstützten sie vor Ort bei Auf- und Ausbau der Infrastruktur.[96]

Seit Aufnahme ihrer Tätigkeit am 1. April hatte die Planungsgruppe folgende Maßnahmen teils federführend, teils koordinierend durchgeführt:

1. Bericht des BMVg vom 5.5.1972 an das Bundeskabinett (Kabinettvorlage),
2. Antwort der Bundesregierung auf die Kl. Anfrage der CDU/`CSU-Fraktion vom 22.6.72,
3. Erarbeitung einer Rahmen-STAN für die HSBw (hier federführend: FüS I 15),
4. Verhandlungen mit dem Bayerischen Staatsministerium für Unterricht und Kultus bzw. der Behörde für Wissenschaft und Kunst in Hamburg,
5. Erarbeitung eines Problem- und Zeitplans für die Errichtung der Hochschulen am 1.10.1973,
6. vorbereitende Arbeiten zur Berufung der Gründungspräsidenten und der Mitglieder der Gründungssenate und
7. Informationen zur Öffentlichkeitsarbeit.[97]

Dieser dem Generalinspekteur (GenInsp) direkt unterstellte Bereich handelte im Zusammenspiel mit dem oben schon erwähnten Referat FüS I 7 (später 15).

Neben dem BEBGenInsp und FüS I 7 war als dritte Stelle das Ellwein'sche "Wissenschaftliche Institut für Erziehung und Bildung in den Streitkräften" an den Arbeiten beteiligt. Seine Aufgaben waren u.a. die Ausarbeitung der

---

94 Organisationsplan 'BEBGenInsp' 7/1972, BAMA Bw 2/8900.

95 Mündl. Auskunft Radbruch vom 24.5.93.

96 "Vorläufige fachliche Arbeitsanweisung für die Aufbaustäbe Hamburg und München (Entwurf)" BEBGenInspPlGr, HASdB 28-30.

97 BEBGenInspPlGr vom 11.7.72 zur "Errichtung von Hochschulen der Bw in Hamburg und München", HASdB 45-46.

Curricula, die Konzeption der Struktur des "Anleitstudiums", die Vorbereitung der curricularen Anpassung der Fachhochschul-Studiengänge und die Erörterung der Frage erfassungsmäßiger Festschreibung des Strukturrahmens der Hochschulen. Mitarbeiter des Instituts waren Wissenschaftler aus den Fachgebieten Betriebs- und Volkswirtschaftslehre, Ingenieurwissenschaften, Mathematik, Pädagogik, Physik, Politologie und Geschichte, Rechtswissenschaft, Soziologie, evangelische und katholische Theologie sowie diverse gutachterlich tätige und daher nur vorübergehend am Institut Beschäftigte.[98]

Am 11. Juli 1972 legte die Planungsgruppe einen, in Zusammenarbeit mit FüS I 7 erstellten, "Arbeits- und Zeitplan für die Errichtung von Hochschulen in München und Hamburg" (kurz: Errichtungsplan) vor, in dem die wichtigsten Problembereiche mit den zu ihrer Erledigung notwendigen Maßnahmen und Terminen, den federführenden Stellen sowie ihrem jeweiligen Bezug zueinander systematisch aufgelistet waren.[99]

2.2. Verhandlungen mit Bayern

Schon frühzeitig hatte der Verteidigungsminister in Sachen Hochschulgründungen die Verhandlungen mit den Ländern aufgenommen. Zum Zeitpunkt der Kabinettsvorlage, am 5. Mai 1972, ging man bereits von deren Zustimmung aus. Tatsächlich kam mit Hamburg schon Ende September ein Abkommen zustande, in dem die Hansestadt sich verpflichtete, im Rahmen ihrer verfassungsmäßigen Zuständigkeit und im Benehmen mit dem BMVg ihre Befugnisse gegenüber der HSBw auszuüben.[100]

Auch die Gespräche mit Bayern verliefen zunächst zügig und erfolgversprechend. Entscheidend war hier eine Besprechung, die der Verteidigungsmi-

---

98 Betriebs- und Volkswirtschaftslehre (Werner Habermeyer, Lutz Köllner, Jürgen Kuhlmann, Wilhelm Sahner), Ingenieurwissenschaften (Wilhelm Bechteler, Wolfgang Werther), Mathematik (Rosemarie Zabel, Zanotti), Pädagogik (Simon Andrae, Ingrid Busack, Körne), Physik (Erwin Kasper, Hans Seiler, Kurt Ulbricht), Politologie und Geschichte (Detlef Bald, Ortwin Massing, Peter Nieschmidt, Klaus von Schubert, Peter Seiz, Rainer Waterkamp), Psychologie (Klaus Fisch, Friedrich Haeberlin, Ekkehard Lippert, Ursula Schlichting, Paul Schneider), Rechtswissenschaft (Peter Nahamowitz), Soziologie (Heidelore Dillkofer, Katrin Fließ, Werner Kriesel, Gabriele Rasp, Ralf Zoll), evangelische Theologie (Hartmut Heinrici), katholische Theologie (Ernst Niermann), schriftl. Auskunft E. Lippert/SoWiInstBw vom 22.7.93.

99 17. Sitzung der Arbeitsgemeinschaft "Koordinierung der Neuordnung von Ausbildung und Bildung sowie Personalstruktur", HASdB 163-168.

100 "Abkommen über die Errichtung einer wissenschaftlichen Hochschule für Soldaten der Bundeswehr in Hamburg" vom 29.9. und 3.10.1972, HASdB 177.

nister Anfang März 1972 mit der Bayerischen Staatsregierung in München führte.[101] Eingangs stellte er klar, daß sich das Studium an den Hochschulen der Bundeswehr "voll nach dem Hochschulrahmengesetz sowie den Gesetzen der Länder richten" sollte. Dabei war insbesondere der Hinweis auf die Ländergesetze dazu angetan, Bayern zu beruhigen und eine Furcht vor dem möglichen Verlust seiner Kulturhoheit zu zerstreuen. Kultusminister Maier erklärte daher, auch im Namen des Ministerpräsidenten, seine "im Grundsatz positive Haltung zu dem Vorhaben". Allerdings müsse das Kabinett noch über die wichtigsten Grundsatzfragen wie

- Rechtsform der Hochschule,
- Art und Anzahl ihrer Fachbereiche,
- Curricula der Fachstudiengänge sowie
- Studiendauer und Vergleichbarkeit der Prüfungen entscheiden.

Auch könne das Problem der (Anerkennung der) Diplome nicht von Bayern alleine gelöst werden, "falls die Westdeutsche Rektorenkonferenz maure". Er hielt es daher für zweckmäßig, zumindest einen Vertreter der Bayerischen Rektorenkonferenz als Beobachter an den Vorgesprächen zu beteiligen. Dabei dachte er vermutlich auch daran, diesen als Bindeglied zu den bayerischen Universitäten zu instrumentalisieren. Darüber hinaus signalisierte Maier, daß er Schwierigkeiten "bei der Schlacht um das Hochschulrahmengesetz" auf sich zukommen sah. Er stehe in seiner positiven Haltung gegenüber den Bundeswehrhochschulen, zusammen mit seinem Kollegen Hahn aus Baden-Württemberg, unter den CDU/CSU-Kultusministern allein. Bei dem Gesetz ginge es ihm vor allem darum, daß die Mehrheit der Professoren in den Hochschulgremien durchgesetzt werden müßte[102], das Ordnungsrecht habe dagegen nur sekundäre Bedeutung. Auf seine Bitte sagte der Bundesminister ihm parteipolitische Unterstützung zu.
Insgesamt stimmte Schmidt den Ausführungen des Kultusministers zu diesem Punkt vollständig zu. Für ihn hatte, wie er in einer Nachbesprechung am Nachmittag desselben Tages äußerte, "das Bildungskonzept die höchste Priorität aller Maßnahmen".[103] Dieses könne jedoch nur mit der Zustimmung

---

101 Besprechung des BMVg mit der Bay. Staatsregierung am 8.3.1972 in München über Hochschulplanung der Bundeswehr; Teilnehmer an dem Gespräch waren neben dem Verteidigungsminister Staatssekretär a.D. Birckholtz, Thomas Ellwein, BEB Friedrich und Staatsminister Maier mit seinem Staatssekretär Lauerbach. Separat wurde ein Vieraugengespräch zwischen Verteidigungsminister Schmidt und Ministerpräsident Goppel geführt, Vermerk BEB an Generalinspekteur vom 9.3.1972, BAMA Bw 2/8895.

102 Dies war die wichtigste Forderung Bayerns bei den Beratungen um das HRG, und sie sollte auch bei den Verhandlungen über die HSBwM zu großen Schwierigkeiten führen.

103 Besprechung des BMVg mit der Bay. Staatsregierung am 8.3.1972 in München über

und Hilfe Bayerns durchgesetzt werden. Gewissermaßen als Belohnung für eine entsprechende Unterstützung gestand er daher Bayern zu, "Einzelheiten der Konstruktion" der HSBwM könnten nach bayerischen Vorstellungen geregelt werden – eine Zusage, die später, als Schwierigkeiten zwischen Bund und Land auftraten, eine Trumpfkarte in bayerischer Hand war.[104]

Im Detail gab es eine ganze Reihe von sachlichen Problemen, die noch geklärt werden mußten:
(1) Das Hochschulrahmengesetz, das u.a. die Personalstruktur und die Dienstverhältnisse regeln sollte, in denen das hauptberuflich tätige wissenschaftliche und künstlerische Personal aller im Geltungsbereich des Grundgesetzes liegenden staatlichen Hochschulen künftig zu führen war, lag während des gesamten Zeitraums der Verhandlungen zwischen dem Bund und Bayern nur im Entwurf vor (es trat erst am 1.1.76 in Kraft). Damit konnten zwangsläufig weder das Bayerische Hochschulgesetz (BayHschG, am 7.11.78 in Kraft, GVBl., S.791) noch das Bayerische Hochschullehrergesetz (BayHschLG; 24.8.78 in Kraft, GVBl., S.571) endgültig fertiggestellt werden. Das Bundesbesoldungsgesetz (BBesG) und alle beamtenrechtlichen Vorschriften der Länder sollten ihm ebenfalls angepaßt werden.[105] Das bedeutete für das Bundesverteidigungsministerium, daß der gesetzliche Rahmen für seine Hochschulen, die bereits am 1.10.1973 die Arbeit aufnehmen sollten, auf der Basis eines Entwurfs geschaffen werden mußte. Vor allem die beamten- und besoldungsrechtlichen Fragen wurden dadurch verkompliziert.
Bayern seinerseits befürchtete, daß der Bund in die Endfassung des HRG nachträglich Regelungen einfügen könnte, die bayerischem Wollen zuwider liefen und stellte seine Verhandlungen "unter den Vorbehalt, daß nicht etwa durch das Inkrafttreten des Hochschulrahmengesetzes noch gewisse Änderungen erforderlich würden".[106] Das galt insbesondere für die Frage der paritätischen Mitbestimmung von Studenten und wissenschaftlichen Mitarbeitern in den Universitätsgremien. Hier bestand das Land auf einer deutlichen Mehrheit der Professoren, während im HRG, als Ergebnis der Diskus-

---

Hochschulplanung der Bundeswehr, Vermerk BEB an Generalinspekteur vom 9.3.1972, BAMA Bw 2/8895.

104 Z.B. in der Frage der paritätischen Mitbestimmung in den HS-Gremien, vgl. Brief BStMUK Maier an BMVg Leber vom 11.4.73, HASdB 428f.

105 "Begründung" vom Mai 1972, HASdB 235; als Folge der seit 1969 beim Bund liegenden Gesetzgebungszuständigkeit für Rahmenvorschriften über die allgemeinen Grundsätze des Hochschulwesens, Art. 75,1 und 1a GG sowie BGBl. I, S.363.

106 Aufzeichnungen BEBGenInspPlGr vom 13.4.72 über Gespräch mit dem Kultusminister vom selben Tag, S. 5 sowie Protokoll vom 9.3.72 einer Besprechung des BMVg mit Kultusminister Maier am 8.3., BAMA Bw 2/8895, hier S. 3.

sionen der späten 60er und frühen 70er Jahre um die Reform der Hochschulstrukturen, eine stärkere Beteiligung der Studenten und wissenschaftlichen Mitarbeiter vorgesehen war.
Höchst komplex war auch die Frage der Zuständigkeit bei der Errichtung einer Hochschule des Bundes. Im Verteidigungsministerium hatte man zunächst als Gesellschaftsform für die Bundeswehrhochschulen die "Anstalt des öffentlichen Rechts" unter der Trägerschaft des Bundes vorgesehen. Da hierfür allerdings eine Grundgesetzänderung notwendig gewesen wäre und diese, angesichts des schwachen parteipolitischen Rückhalts (nicht nur in der SPD, auch in der FDP gab es Stimmen gegen die Gründung von HSBw), nicht die Zustimmung der Länder erhalten hätte, mußte der Plan fallengelassen werden. [107]
Also ging man von der grundsätzlichen Kompetenz des Bundes aus - allerdings unter der Voraussetzung einer vorherigen Anerkennung durch das Land gemäß §54 HRG-Entwurf (betr. Anerkennung von Einrichtungen, die nach Landesrecht nichtstaatliche Hochschulen sind) sowie Artikel 138 (betr. ausschließliches Recht des Landes, Hochschulen zu gründen) in Verbindung mit Artikel 150 der Bayerischen Verfassung.[108] Das hieß, es konnte dem BMVg die nach Art. 150 ausnahmsweise den Kirchen eingeräumte Möglichkeit eröffnet werden, eigene Hochschulen zu gründen (z.B. Eichstätt).[109]
Solange das HRG nicht verabschiedet war, sah das Kultusministerium grundsätzliche Schwierigkeiten für die Anerkennung einer Hochschule der Bundeswehr als staatlich anerkannte Einrichtung. Im Gegensatz zu Einrichtungen unter privaten oder kirchlichen Trägern könne die Bundeswehrhochschule unter dieser Voraussetzung keinesfalls als nichtstaatliche Einrichtung betrachtet werden.[110] Abgesehen davon mußte befürchtet werden, daß sich in der Folge der HSBw-Gründungen auch andere Ressorts ermuntert fühlen könnten, *Bundes*-Hochschulen zu errichten. Damit wäre die Kulturhoheit der Länder sukzessive untergraben worden. Hier konnte dann allerdings dadurch Einvernehmen erzielt werden, daß man eine Errichtung der HSBw auf der Grundlage von Artikel 87 b Grundgesetz (Möglichkeit der Gründung von Einrichtungen der Bundeswehrverwaltung) bei separater Anerkennung der

---

107 Schmidt hatte vor diesem Hintergrund festgelegt, daß es in keinem Falle eine Gesetzesänderung geben durfte, mündl. Auskunft Radbruch vom 22.6.93.

108 BEBGenInsp: Fragenkatalog vom 11.4.72 zur Besprechung mit dem BStMUK am 13 4., S. 1.

109 Aufzeichnungen BEBGenInspPlGr vom 13.4.72 über Gespräch mit dem Kultusminister vom selben Tag, S.3 sowie Birckholtz an BM Schmidt vom 16.4.1972 und Protokoll vom 20.4.1972 über Gespräch mit Vertretern des Bayerischen Kultusministeriums am 13.4., S. 4 - alles BAMA Bw 2/8895.

110 Vermerk PlGr 1 vom 1.8.72 über Ferngespräch mit MR Weininger/BStMUK am 31.7., BAMA Bw 2/8895.

Prüfungen und Diplome durch Bayern konstruierte.[111] Die Beteiligung des Landes bei der Feststellung der Gleichwertigkeit der akademischen Abschlüsse mit denen der Landesuniversitäten, war im übrigen eine der Hauptforderung des Landes in den Verhandlungen mit dem Bund.
Insgesamt wurde deutlich, daß ein Staatsvertrag zwischen Bund und Land und die Schaffung eines eigenen Artikels im BayHSchG zwingend waren. Im September 1972 wurde der 'Gordische Knoten' dadurch gelöst, daß der Bayerische Ministerrat mit dem Regierungsentwurf des BayHSchG die Aufnahme eines Artikels 100 beschloß, der die staatliche Anerkennung einer "Einrichtung zur Ausbildung im Dienst der Bundeswehr" als Hochschule gestattete.[112] Bayern bestand allerdings aus verfassungsrechtlichen Gründen darauf, daß "der Kreis der Studierenden grundsätzlich auf Angehörige der Bundeswehr (Offiziersnachwuchs) beschränkt" blieb. Die akademische Rechtsaufsicht sollte durch das Bayerische Staatsministerium für Unterricht und Kultus (BStMUK) ausgeübt werden.[113] Im Detail behielt sich das Kultusministerium auch das Vorschlagsrecht für die Mitglieder des Gründungsausschusses und die Mitsprache bei der Berufung von Professoren sowie das Erlassen von Prüfungsordnungen vor. Dabei war nicht die Hochschule, sondern das Bundesverteidigungsministerium direkter Ansprechpartner.[114]

(2) Ein weiteres Problem war die Frage der Angliederung bzw. Integration der in München, Neubiberg und Darmstadt ansässigen Fachhochschulen des Heeres und der Luftwaffe und die Übernahme ihrer Dozenten. Zwar bestand hier im Grundsatz Konsens zwischen Bund und Land, aber die Details der Durchführung, insbesondere die Anerkennung von Abschlüssen und Qualifikationen ihrer Dozenten durch Bayern sowie deren Vergleichbarkeit mit den öffentlichen Hochschulen, bedurften langwieriger Diskussionen.[115] Angesichts der Bedeutung der Fachhochschulen für die Hochschule der Bundeswehr München, ist ihnen weiter unten ein eigenes Kapitel gewidmet.

(3) Bayern hatte die staatliche Anerkennung der Hochschule an eine Reihe von Bedingungen geknüpft. Die meisten von ihnen - Bildungsziele, Profil der

---

111 Vermerk BEBGenInspPlGr vom 15.9.1972, betr. HSBwM, S. 1, BAMA Bw 2/8895.

112 Leiter Bay. Staatskanzlei an BMVg Leber vom 24.10.1972, BAMA Bw 2/8895.

113 Vermerk BEBGenInspPlGr vom 15.9.1972, BAMA Bw 2/8895.

114 Vermerk BEBGenInspPlGr vom 29.9.1972, S. 3, BAMA Bw 2/8895.

115 Vgl. u.a. Vermerk BEBGenInspPLGr vom 9.6.72 über die Verhandlungen mit München vom 7.-9.6.1972 u.a. in dieser Frage sowie Vermerk BEBGenInspPlGr vom 14.6.72 über Besprechung über Koordination Bw/Hochschulen/FHSchulen TSK am 12.6.72, S. 2., BAMA Bw 2/8895. - Der Frage der Integration der Fachhochschulen wird weiter unten ein ausführliches Kapitel gewidmet.

Studienbewerber, die Voraussetzung der Hochschulreife sowie Studien- Prüfungs- und Diplomordnungen - ergaben sich aus der Vergleichbarkeit mit den zivilen Universitäten und waren daher zwischen Bund und Land nicht strittig. Bedenken auf bayerischer Seite ergaben sich jedoch gegen die Einteilung in "Studienjahre" zu drei Trimestern. Hier mußte nämlich von Seiten der Professoren befürchtet werden - das hatten auch bereits die Diskussionen mit der WRK gezeigt - daß ihnen bei derart gestrafften Studienplänen nicht ausreichend Zeit für die Forschung verblieb.[116] Dem wurde aber von Ellwein entgegengehalten, die an den öffentlichen Universitäten praktizierte Regelung, in bestimmten Abständen ein Freisemester für Forschungszwecke zu gewähren, sollte auch für die Bundeswehrhochschulen übernommen werden.[117] Aber nicht nur die Trimestereinteilung, auch die 3-jährige (Regel-) Studiendauer stieß in Bayern wegen der unterschiedlichen Voraussetzungen bei der Diplomprüfung (für Landes- und Bundeswehrhochschulen) auf eine gewisse Reserve. Nur in Augsburg gab es hierfür eine Sonderklausel, die aber nicht ohne weiteres auf die Hochschule der Bundeswehr übertragbar war. Einen Ausweg aus diesem Dilemma zeigte der bayerische Vorschlag, man solle der Diplomprüfungsordnung eine bestimmte Anzahl von Wochenstunden zugrunde legen.[118] Im Juni 1972 erklärte das Kultusministerium sich bereit, nicht nur dies, sondern auch die Studienjahrklausel in den Entwurf des BayHSchG aufzunehmen.[119]

(4) Darüber, welche Fächer an der HSBwM angeboten werden sollten, bestand grundsätzlich Einigkeit. Vorgesehen waren zu diesem Zeitpunkt:

- Pädagogik,
- Betriebs- und Verwaltungswissenschaften,
- Informatik,
- Bauingenieurwesen,
- Elektrotechnik,
- Maschinenbau,
- Luft- und Raumfahrttechnik.

Allerdings hatte man bezüglich der Fachbereiche Maschinenbau und Luft- und Raumfahrttechnik auf bayerischer Seite doch gewisse Bedenken insofern, als man die Konkurrenz zu den öffentlichen Hochschulen befürchtete -

---

116 Protokoll vom 13.4.1972 über Besprechung vom selben Tag, S. 3 und 4, BAMA Bw 2/8895.

117 Ebd., S. 8.

118 Protokoll Leitungsstab 2 vom 20.4.1972 über Besprechung vom 13.4., S. 3, BAMA Bw 2/8895.

119 Vermerk BEBGenInspPlGr vom 9.6.1972 über Verhandlungen in München am 7.-9.6., S. 3, BAMA Bw 2/8895.

bei Maschinenbau wegen der ungenutzten Kapazitäten an den technischen Hochschulen und bei Luft- und Raumfahrttechnik wegen der hohen Ausstattungskosten für die Labore.[120] Die Technische Universität München war nämlich gerade dabei, ihren Fachbereich LRT auszubauen und wollte nicht gerne die für dieses noch junge und zukunftweisende Forschungsgebiet reichlich fließenden Mittel von Bund und Land mit einer ebenfalls in München ansässigen Schwesterfakultät an der Bundeswehrhochschule teilen,[121] zumal die Luftwaffe eine Ausbildung auf dem Gebiet der Luft- und Raumfahrttechnik *verlangte* und befürchtet werden mußte, daß die Offiziere dann ausschließlich an der BMVg-eigenen Hochschule ausgebildet werden würden.[122] Das Kultusministerium sah eine Lösung des Problems dadurch, daß möglichst umfangreiche Kooperationen bei weitgehender gegenseitiger Nutzung der Einrichtungen vereinbart wurden. Dies war ganz im Sinne des Verteidigungsministeriums. Ohnehin dachte man hier nicht daran, die gesamte Infrastruktur neu aufzubauen und entsprechende Mittel zu fordern, sondern wollte, wie Ellwein versicherte, aus Kostengründen auf bereits vorhandene Einrichtungen der Luftwaffe, zurückgreifen.[123]

(5) Auch in der Frage der Berufung und Einstellung von Professoren für die neue Hochschule der Bundeswehr fürchtete Bayern - wie übrigens schon zuvor die Westdeutsche Rektorenkonferenz[124] - die Konkurrenz des Bundes. Man meinte, der Bund könnte, vor dem Hintergrund des für die kommenden Jahre zu erwartenden erheblichen Mangels an Hochschullehrern, mit seiner günstigeren Besoldungsregelung die Gehaltsangebote des Landes überbieten. Die HSBw dürfe nicht zu einem "Konkurrenzunternehmen (werden), das Abwerbungen zur Folge habe, weil dort besser bezahlt" werde, äußerte ein Referent des Kultusministeriums.[125]

---

120 Aktenvermerk vom 18.4.72 über Gespräch zwischen Staatssekretär a.D. Birckholtz/BMVg und dem bayerischen Kultusminister Maier in der Staatskanzlei am 8.3.72, HA Pause 12-13.

121 Protokoll Leitungsstab 2 vom 20.4.1972, S. 4, BAMA Bw 2/8895.

122 Aktenvermerk vom 18.4.72 über Gespräch zwischen Staatssekretär a.D. Birckholtz/BMVg und dem bayerischen Kultusminister Maier in der Staatskanzlei am 8.3.72, HA Pause 13.

123 Protokoll vom 13.4.1972 über Besprechung vom selben Tag, S. 6, BAMA Bw 2/8895.

124 Im Kurzprotokoll vom 9.3.72 über eine Aussprache zwischen BMVg Schmidt und dem bay. Ministerpräsidenten am 8.3. in der Bay. Staatskanzlei, S. 2-3 war von der "Angst (der WRK) vor einer gehäuften Abwanderung von Professoren" die Rede, HA Pause 2-3.

125 So der Vertreter des bay. Kultusministeriums, v. Strahlenheim, in einem Gespräch am 13.4.72 mit Vertretern aus Bonn, Protokoll vom 20.4.1972, S. 5, BAMA Bw 2/8895.

Diese Befürchtungen waren auch dadurch genährt worden, daß Thomas Ellwein in den Verhandlungen zwar zusicherte, die künftige Besoldung der Professoren nach C solle "auf die Länderusancen abgestellt" werden, gleichzeitig aber auch einen geringen Vorsprung "um einen Punkt über dem Durchschnitt der Länder" für die HSBw beanspruchte, um im Konkurrenzkampf mit den Ländern bestehen zu können.[126]
Schwierig war die ganze Angelegenheit deshalb, weil die Hochschullehrer zum Zeitpunkt der Hochschulgründung nach der Besoldungsordung H (der Länder) besoldet wurden, die Bundesbesoldungsordnung dies aber nicht vorsah. Im Zuge der Arbeiten am HRG, mit dem der Bund die Rahmenkompetenz übernahm, wurden auch Überlegungen zu einer neuen Hochschullehrerbesoldung angestellt. Die Länder mußten dann später ihre Ordnungen an die neue C-Besoldungsordnung angleichen.
Auch wenn daher von Seiten des Bundes in keiner Weise an eine Bevorzugung der HSBw-Professoren gedacht war,[127] verlangte Bayern Sicherungen, die ein Abwandern von Hochschullehrern der zivilen Landesuniversitäten an die Bundeswehrhochschule verhindern konnten – beispielsweise eine die Professoren für mindestens drei Jahre bindende Berufungssperre, wie sie – mit Ausnahme von Berlin – an den öffentlichen Universitäten üblich war.[128]
Gemäß einem Vorschlag Ministerpräsident Goppels einigte man sich schließlich darauf, daß zur Überbrückung der besoldungsrechtlich ungeklärten Situation Professoren von den Landesuniversitäten an die HSBw abgeordnet wurden und der Bund die für die Bereitstellung von Vertretungen entstehenden Kosten zu tragen hatte.[129]
Die Fragen der Berufungen selbst konnten einvernehmlich zwischen Bayern und dem Bund geregelt werden. Bayern hatte durch das ihm als Land zustehende Mitwirkungsrecht in den Ausschüssen ausreichend Einflußmöglichkeiten. Bei Zusammensetzung, Status und Arbeitsweise der Berufungsausschüsse sollte im Gründungsstadium nach bayerischem Vorbild verfahren werden.[130] Die Mitglieder der Ausschüsse waren auf Vorschlag des Grün-

---

126 Protokoll vom 13.4.1972 über Besprechung vom selben Tag, S. 7, BAMA Bw 2/8895. - Fast wörtlich auch im Aktenvermerk vom 18.4.72 über Gespräch zwischen Staatssekretär a.D. Birckholtz/BMVg und dem bayerischen Kultusminister Maier in der Staatskanzlei am 8.3.72 überliefert, HA Pause 14.

127 Die neue Bundesbesoldungsordnung trat erst am 1.1.1978 in Kraft. Bis dahin mußten mit den Professoren privatrechtliche Verträge abgeschlossen werden. Mündl. Auskunft Radbruch am 24.5.93.

128 Protokoll vom 13.4.1972 über Besprechung vom selben Tag, S. 7, BAMA Bw 2/8895.

129 Vermerk PlGr 1 vom 5.12.1972, S. 2, BAMA Bw 2/8895.

130 Vermerk FüS I 7 vom 22.1.73 betr. GA-HSBwM - Durchführungsbestimmungen, HASdB 332-334 sowie Vermerk LtrPlGr vom 15.3.73 über Stand der Planungen für

dungsgremiums (Gründungsausschuß oder -senat) durch das Kultusministerium zu berufen, wobei Ergebnisprotokolle von den Sitzungen die Überprüfbarkeit der Entscheidungen gewährleisteten. Für Gutachten über die Bewerber sollten zusätzlich zu den eigentlich fachkompetenten Mitgliedern Professoren fachnaher Disziplinen herangezogen werden. Mit der Berufung von mindestens drei Professoren – auch dies ein in Bayern übliches Verfahren – galt ein Fachbereich als gebildet und konnte selbst die Aufgaben des Berufungsausschusses wahrnehmen.[131]

2.3. Die Verhandlungen geraten ins Stocken

Im Zusammenhang mit der Errichtung des Gründungsausschusses (GA) der HSBwM tauchten unerwartet erste Schwierigkeiten auf. Sie brachten die Verhandlungen nicht nur ins Stocken, sondern stellten zeitweise sogar die Realisierung des Projekts in Bayern überhaupt in Frage.

Am 1. Oktober 1972 sollte sowohl in Hamburg als auch in München ein Gründungsausschuß bzw. -senat die Arbeit aufnehmen. Zu seinen Aufgaben gehörten:

- Ausschreibungen, Auswahl und Berufungsvorschläge,
- Vorschläge für Hochschulsatzungen,
- Erarbeitung der Studien- und Prüfungsordnungen.[132]

Als Mitglieder waren vorgesehen: der Vorsitzende, der gleichzeitig auch als Gründungspräsident fungieren sollte, vier oder fünf Professoren des künftigen Lehrkörpers, zwei Vertreter der örtlichen zivilen Hochschulen sowie je ein Vertreter des BMVg, des Kultusministeriums und der Westdeutschen bzw. der Bayerischen Rektorenkonferenz. Verteidigungsminister Schmidt hatte festgelegt, daß diese Mitglieder auf Vorschlag der Landesregierung vom BMVg berufen werden sollten.[133] Das Kultusministerium legte besonderen Wert auf die Benennung einer Vertrauensperson aus dem eigenen Hause sowie eines Vertreters der BRK.[134] Ansonsten war man in München mit dem beabsichtigten Gründungsverfahren einverstanden und hatte zunächst auch keinerlei Bedenken gegen die Bestellung eines Gründungsprä-

---

die HSBw, HASdB 361-372.

131 Vermerk PlGr 1 vom 29.9.1972, S. 4/5., BAMA Bw 2/8895.

132 Sprechzettel BEBGenInsp vom 11.4.72 für Besprechung am 13.4., S. 2, BAMA Bw 2/8895.

133 Protokoll Leitungsstab 2 vom 20.4.1972 über Besprechung vom 13.4., S. 3/4, BAMA Bw 2/8895.

134 Vermerk BEB Planungsgruppe (PlGr) vom 9.6.1972, S. 2, BAMA Bw 2/8895.

sidenten für zwei Jahre. Allerdings sollte die Bestellung erst dann erfolgen, wenn die Inaussichtstellung der Genehmigung der Landesregierung für die Errichtung einer Bundeswehrhochschule vorlag.[135]

Dem Verteidigungsministerium war sehr daran gelegen, daß die entsprechende Übereinstimmung bis Mitte September 1972 erzielt wurde, damit der Gründungsausschuß am 1.10.1972 errichtet werden konnte.[136] Aber Mitte September war weder der Entwurf des Errichtungserlasses noch der Entwurf der "Rahmenbestimmungen für Struktur und Organisation der HSBwM" (künftig: Rahmenbestimmungen) für die Vorlage beim BMVg fertig, so daß auch der Kultusminister noch nicht reagieren konnte. Immerhin hatte die Planungsgruppe die Liste der von Seiten des Verteidigungsministers vorgesehenen Mitglieder des Gründungsausschusses vorliegen. Es handelte sich dabei um zwei auswärtige Vertreter für das Fach Betriebs- und Organisationswissenschaften (BOW; später Wirtschafts- und Organisationswissenschaften, WOW), drei Vertreter der Ingenieurwissenschaften, davon zwei von der Technischen Universität München (TUM) und einer vom WInstEBSK, ein Vertreter des Fachs Theologie und einer für die Belange der Fachhochschulen der Bundeswehr. Hinzu kamen je eine vom Kultusminister zu benennende Vertrauensperson aus dem Ministerium selbst sowie aus der Münchner Universität, zwei Studentenvertreter und ein Vertreter der wissenschaftlichen Mitarbeiter.[137]

Vor allem aber hatte Bonn als Gründungspräsidenten für beide Hochschulen der Bundeswehr (München und Hamburg) Thomas Ellwein vorgesehen – eine Entscheidung, die für das BMVg schon lange feststand und die in früheren Gesprächen mit dem Freistaat Bayern zunächst auch akzeptiert worden war.

Das änderte sich jedoch, als am 28.9.1972 die Bayerische Staatskanzlei bei General Friedrich anrief und diesem mitteilte, in München lägen gravierende Einwände gegen Ellweins Berufung vor. Stein des Anstoßes war dabei ein Büchlein, in dem Ellwein sich Mitte der 50er Jahre kritisch mit dem, wie er es bezeichnete, "politischen Katholizismus", das hieß, der seiner Meinung nach zu engen Verbindung von Kirche und Staat in Bayern, auseinandergesetzt hatte.[138] Dies hatte seinerzeit zu einer Kontroverse mit dem damaligen Kultusminister Aloys Hundhammer geführt, und insbesondere der Leiter der

---

[135] Die Voraussetzungen für die endgültige Genehmigung wie Gleichwertigkeit und Gleichartigkeit der Personalstruktur, Ausstattung und Studien und Prüfungsordnungen mußten noch eingehend geprüft werden, ebd., S. 3.

[136] Schreiben BEBGenInspPlGr vom 29.8.1972 an MR Weininger/BStMUK, S. 2, BAMA Bw 2/8895.

[137] Schreiben BEBGenInspPlGr vom 29.8.1972 an MR Weininger/BStMUK, S. 2, BAMA Bw 2/8895.

[138] Thomas Ellwein, Klerikalismus in der deutschen Politik, München 1955.

Staatskanzlei – weniger wohl Kultusminister Maier selbst – hielt es für nicht angängig, daß Ellwein jetzt Gründungspräsident der Hochschule der Bundeswehr München würde. Dabei berief er sich auf die Zusage Helmut Schmidts während früherer Verhandlungen, daß alle Personalfragen für den Lehrkörper der Hochschule mit Bayern abgestimmt werden sollten.[139] Auch in der grundsätzlichen Frage eines gemeinsamen Gründungsausschusses für München und Hamburg, der vom Verteidigungsministerium aus organisatorischen Gründen angestrebt und von Bayern bejaht worden war, trat jetzt ein deutlicher Meinungswandel ein. Bayern forderte einen vollständig eigenen Gründungsausschuß mit eigenem Vorsitzenden (man dachte hier, vielleicht um Bonn entgegenzukommen, an einen Offizier), in dem Ellwein zwar als Mitglied, nicht dagegen als Präsident, denkbar war. Die Bezeichnung "Präsident" lehnte das Kultusministerium ab, weil es darin die Gefahr einer Präjudizierung bei der Auswahl eines künftigen Hochschulpräsidenten sah. Schließlich fand außerdem die von Ellwein vorgelegte Liste der übrigen Mitglieder des Gründungsausschusses nicht die uneingeschränkte Zustimmung der Staatskanzlei.

Unmißverständlich wurde erklärt, Bayern könne die erbetene Inaussichtstellung der staatlichen Anerkennung der HSBw nur unter der Voraussetzung der Einigung in diesen Fragen zusagen.

Für Bonn bedeutete diese neue Situation eine Niederlage. Ohnehin konnte der Zeitplan in Bayern schon nicht mehr eingehalten werden. In einer ersten Stellungnahme schlug der BEBGenInsp Friedrich seinem Minister vor, die bayerischen Forderungen im wesentlichen zu akzeptieren und Thomas Ellwein entweder als Mitglied des Gründungsausschusses München zu berufen (in Hamburg war er bereits Vorsitzender des dortigen Gründungsausschusses)[140] oder ihn nach Maßgabe der Durchführungsbestimmungen für die Gründungsausschüsse in seiner Eigenschaft als Direktor des WInstEBSK und zugleich als Beauftragten des Verteidigungsministers zu berufen, damit er so automatisch an allen Sitzungen beider Gründungsausschüsse teilnehmen konnte. Unabhängig davon sollte dann ein Vorsitzender oder Sprecher gewählt werden.[141]

Für das Verteidigungsministerium wäre ein vollkommener Verzicht auf Ellwein zu diesem Zeitpunkt inakzeptabel gewesen. Zwar war auch General Friedrich ein wichtiges Bindeglied zwischen Bonn, München und Hamburg, aber von Ellwein stammten die entscheidenden Grundzüge des Konzepts für die Hochschulen der Bundeswehr, und nur er konnte sie daher fachlich über-

---

139 Nachricht BEBGenInsp an BMVg vom 3.10.1972 über Ferngespräch zw. Keßler/Staatskanzlei u. General Friedrich am 28.9.1972, S. 2, BAMA Bw 2/8895.

140 Vermerk BEBGenInspPlGr vom 5.10.1972, BAMA Bw 2/8895.

141 Vermerk BEBGenInspPlGr vom 12.10.1972, S. 2, BAMA Bw 2/8895.

zeugend vertreten. Darüber hinaus hatte er als Beauftragter Schmidts im Vorfeld unzählige Verhandlungen mit den Ländern und ihren Kultusbürokratien sowie mit den unterschiedlichsten Institutionen der Wissenschaft und der Politik geführt. Insgesamt war aus organisatorischen Gründen eine Verklammerung beider Gründungsausschüsse durch die Person Ellweins wichtig. Diesen Sachverhalt kannte das Kultusministerium in München im Grunde auch.[142]

So wurde also, während in Hamburg bereits am 3.10.1972 das Verwaltungsabkommen vollzogen war und der Errichtungserlaß für den Gründungsausschuß mit den Berufungsschreiben für seine Mitglieder im BMVg lagen, in München noch über ein grundsätzliches Anerkennungsschreiben mit Vorbehaltserklärung wegen offener Personalfragen nachgedacht, das seinerseits wiederum die Vorbedingung für die Errichtung eines Gründungsausschusses war.
Erst Ende Oktober kam wieder ein Signal aus München. Im Auftrage des Ministerpräsidenten teilte der Leiter der Staatskanzlei an Bundesminister Leber schriftlich mit, die erbetene Anerkennung der HSBw könne bis zum Inkrafttreten des Bayerischen Hochschulgesetzes auf der Rechtsgrundlage von Art. 138 I,3 der Bayerischen Verfassung (BV) in Aussicht gestellt werden. Außerdem wurden - neben den schon bekannten Bedingungen - drei neue Mitglieder für den Gründungsausschuß benannt. Es handelte sich dabei um den Vorsitzenden der Bayerischen Rektorenkonferenz und späteren ersten Präsidenten der HSBwM, Horst Engerth,[143] den im Kultusministerium auf der administrativen Ebene für die HSBwM zuständigen, Freiherrn von Stralenheim und einen Vertreter der Universität München, den Historiker Hubert Glaser.[144] Bonn hatte gegen diese Vorschläge keinerlei Einwendun-

---

142 Das äußerte Johannes v. Elmenau's. Vermerk BEBGenInspPlGr vom 5.10.1972, S. 1, BAMA Bw 2/8895. - J. v. Elmenau war Leiter der Hochschulabteilung im BStMUK.

143 Prof. Dr. Horst Engerth, am 13.6.1914 in Marburg an der Drau/Österreich geboren, diplomierte an der TH München in Maschinenbau (1936) und Brauwesen und promovierte hier 1952 zum Dr. agr. 1954 übernahm er den Lehrstuhl für Maschinenwesen und Energiewirtschaft der Brauerei in Weihenstephan. 1968-1970 war er Rektor und 1970-1972 Prorektor der Technischen Universität (seit 1970) München. 1970 berief ihn das Bay. Staatsministerium für Unterricht und Kultus in seine Hochschulplanungskommission. Gleichzeitig wurde er Vorsitzender der Bay. Rektorenkonferenz (bis 1974) und Vertreter der Gruppe Hochschulen und Akademien im Bay. Senat (bis 1991). Vom 1.7.1974 bis zum 30.6.1982 leitete er die Hochschule der Bundeswehr München. Unter seiner Präsidentschaft erhielt die HS aufgrund der erzielten Qualität in Forschung und Lehre das Promotions- sowie das Habilitationsrecht zuerkannt.

144 Staatskanzlei an BMVg vom 24.10.1972, BAMA Bw 2/8895.

gen zu machen. Dagegen stießen andere Personalvorschläge auf Mißfallen, und es wurde nun ernsthaft die Frage angedacht, ob nicht auch an anderen Stellen – z.B. in der Fachhochschule des Heeres 1 Darmstadt – vergleichbare infrastrukturelle Voraussetzungen für eine Bundeswehrhochschule gegeben seien, die dem BMVg weitere langwierige Verhandlungen mit Bayern ersparen konnten.[145]
Das Kultusministerium in München war seit der Intervention der Bayerischen Staatskanzlei in Sachen Gründungspräsident der HSBwM als Verhandlungspartner für Bonn merklich in den Hintergrund getreten. Die Staatskanzlei hatte automatisch alle die Hochschule betreffenden Vorgänge bearbeitet und Zuständigkeiten an sich gezogen, die eigentlich in den Kompetenzbereich des Kultusministeriums gehörten. Dies mußte sich ändern, wenn die Kontinuität der Verhandlungsführung gewahrt bleiben sollte. Das BStMUK stellte daher in einem kurzen Schreiben gegenüber Bonn klar, daß die Staatskanzlei ausschließlich mit den grundsätzlichen Fragen der Leitung und der Zusammensetzung des Gründungsausschusses der Bundeswehrhochschule befaßt sei, während die Zuständigkeiten für das immer noch ausstehende Anerkennungsverfahren allein bei ihm, dem Kultusministerium lägen. Um diese Aussage zu untermauern, sagte das Ministerium gleichzeitig zu, daß die weiteren Modalitäten des Verfahrens nun, da das BMVg seine Entwürfe eines Errichtungserlasses für den Gründungsausschuß, von Durchführungsbestimmungen zum Errichtungserlaß und von Rahmenbestimmungen übermittelt hätte, "in Kürze" bekanntgeben würden.[146]
Trotz dieser Zusage erfolgte in den folgenden zwei Wochen nichts, und Bonn wandte sich erneut an Bayern und fragte unumwunden an, ob dort überhaupt noch die Absicht bestehe, eine Hochschule der Bundeswehr mitzubegründen. Andernfalls sähe man sich im BMVg gezwungen, "andere Lösungen als München zu prüfen".[147] Erneut kam jetzt die Fachhochschule des Heeres 1 in Darmstadt als alternativer Standort für die zweite Hochschule der Bundeswehr ins Gespräch; u. a. erwähnte Verteidigungsminister Leber sie gegenüber dem bayerischen Ministerpräsidenten.[148] Dabei wußten "insider" genau, daß diese Fachhochschule, in der Offiziere in den Fachrichtungen Maschinenbau und Betriebswirtschaft unterrichtet wurden, schon aus Kostengründen keine wirkliche Alternative war.
In jedem Falle sollte an zwei Hochschulen festgehalten werden. Das erklärte Leber am Rande der ersten Sitzung des Gründungsausschusses der HSBw Hamburg am 27. November. Damit erteilte er Forderungen aus den Reihen

[145] Ellwein an BMVg vom 2.11.1972, BAMA Bw 2/8895.
[146] Vermerk BEBGenInspPlGr 1 vom 14.11.1972, BAMA Bw 2/8895.
[147] Vermerk BEBGenInspPlGr 1 vom 27.11.1972, BAMA Bw 2/.
[148] BEB an GenInsp vom 28.11.1972, S. 2, BAMA Bw 2/8895.

der Opposition (z.B. des Mitglieds des Verteidigungausschusses, Wörner) nach nur einer Hochschule eine deutliche Absage.[149]
Wollte man also München als Standort beibehalten und die Vorgabe des Lehrbeginns am 1. Oktober 1973 einhalten, so mußten die Verhandlungen mit Bayern zügiger vonstatten gehen und die Gespräche auf politischer Ebene intensiviert werden. Zusätzlich sollte durch die Versendung der Curricula-Entwürfe an die WRK, den Wissenschaftsrat und die beiden Kirchenämter die Diskussion in diesen Organisationen der Wissenschaft und der Kirchen angeregt und für das Projekt geworben werden.[150]
Anfang Dezember kam erneut eine hinhaltende Nachricht aus München. Darin hieß es, der Entwurf des Anerkennungsbescheids läge zur Unterschrift beim Minister und könne in Kürze erlassen werden. Allerdings käme für die Konstituierung des Münchner Gründungsausschusses ein Termin vor dem 7.1.1973 kaum noch in Betracht.[151]
Angesichts dieser weiteren Verzögerung veranlaßte der Parlamentarische Staatssekretär Berkhan nun doch eine systematische Untersuchung hinsichtlich eines möglichen Ausweichstandorts für München. Das Ergebnis machte allerdings einmal mehr deutlich, daß es im Rahmen der vorgesehenen Kostenplanung und der vorhandenen Infrastruktur keine Alternative zum Standort München für eine Hochschule der Bundeswehr gab.[152] Auch ein Aufschieben des Projekts – das zeigte die Untersuchung weiter – hätte schwerwiegende Auswirkungen auf die bereits umgestellte und angelaufene Ausbildung der ab 1. Juli 1972 eingestellten Offizierbewerber gehabt. Im einzelnen hätte sich die militärische Ausbildung vor und nach dem Studium, die für die Bewerber in Hamburg und München sowie innerhalb der Teilstreitkräfte unterschiedlich war, verändert, Infrastrukturforderungen hätten bei einer Verschiebung der Planungsdaten revidiert werden müssen, die Werbewirksamkeit des Ausbildungskonzepts hätte gelitten, und in der Truppe wären psychologische Rückwirkungen sowie politische und bildungspo-

149 Bericht BEB an GenInsp über diese Sitzung vom 28.11.1972, S. 1, BAMA Bw 2/8895.
150 Ebd.
151 Vermerk PlGr 1 vom 5.12.1972, S. 1/2. - Zusätzliche Verwirrung stiftete ein zeitgleich von Ministerpräsident Goppel an Leber gerichteter Brief, in dem jener - offenbar ohne Abstimmung mit dem Kultusministerium - erklärte, er habe weder von der Ablehnung Ellweins durch Kultusminister Maier und den Leiter der Staatskanzlei gewußt noch davon, daß Ellwein bereits in Hamburg Vorsitzender des dortigen Gründungsausschusses (GA) war und bitte daher jetzt darum, eine neue Persönlichkeit für den Vorsitz des Münchner GA zu berufen. Bayern dementierte im Januar, daß der Ministerpräsident "überfahren worden" sei, Vermerk BEB an Leitung des BMVg vom 8.1.1973, BAMA Bw 2/8895.
152 BEBGenInpPlGr an Minister vom 30.12.1972, BAMA Bw 2/8895.

litische Konsequenzen zu erwarten gewesen. Außerdem mußte mit Klagen von Studenten gerechnet werden, die ihren Dienst unter der Voraussetzung des Studienbeginns am 1.10.73 in München angetreten hatten.[153] Die Verhandlungen mit Bayern mußten also unverzüglich wieder aufgenommen werden.

Ohne diesen Stand der Meinungsbildung im BMVg im Detail zu kennen, aber durch die Staatskanzlei über den Stand der Verhandlungen zwischen Bayern und dem Bund informiert, intervenierte aus Bayern das designierte Mitglied des Gründungsausschusses, später Professor für öffentliches Recht an der HSBwM, Armin A. Steinkamm.[154] Er zeigte sich "im hohen Maße alarmiert durch die Sorge, der Bundesminister könnte am 14. Dezember bezüglich der Bundeswehrhochschule München eine negative Entscheidung treffen"[155] und bot die Vermittlung eines Gesprächs zwischen MdB Friedrich Zimmermann und dem Parlamentarischen Staatssekretär im BMVg an.[156]

Damit tat sich für Bonn (plötzlich) wieder ein größerer Verhandlungsspielraum auf. Der BEBGenInsp, General Friedrich, nutzte das insofern, als er Anfang Januar 1973 von seinem bayerischen Urlaubsdomizil aus, spontan in der Münchner Staatskanzlei vorsprach. Während des sich hier ergebenden, wie er notierte, "überaus offenen Gesprächs" mit drei leitenden Beamten stellte er unmißverständlich klar, daß Bundesminister Leber notfalls auf den Standort München verzichten würde. Daraufhin erhielt er die in dieser Form überraschende Auskunft, daß wichtige Mitglieder des Kultusministeriums durchaus keine Einwände gegen Ellwein als Vorsitzenden des Gründungsausschusses hätten. Auch in der Staatskanzlei sei das Interesse an einer Hochschule der Bundeswehr in München so groß, daß von hier die baldige Einberufung des Gründungsausschusses massiv betrieben werden sollte. Gleichzeitig wurde aber auch nicht verhehlt, daß Kultusminister Maier nach wie vor Bedenken hätte, Ellwein könnte eine Bayern nicht genehme Personalpolitik bei Berufungen betreiben und – was noch schwerer wog – Bayern

---

153 Schriftl. Auskunft Engerth vom 5.9.93.

154 Steinkamm war zu dem Zeitpunkt Direktor des der Hanns-Seidel- und der Adenauer-Stiftung zugehörenden "Forschungsinstituts für Sicherheit und internationale Fragen e.V.". Vorsitzende dieses Instituts waren Manfred Wörner für die CDU und Friedrich Zimmermann für die CSU - beide auch MdB und Mitglied des Verteidigungsausschusses des BT. Mündl. Auskunft Steinkamm vom 16.11.93.

155 Vermerk BEB an BMVg-Leitung vom 14.12.1972, BAMA Bw 2/8895.

156 Vermerk BEB an BMVg-Leitung vom 18.12.1972, BAMA Bw 2/8895. - In der Folgezeit vermittelte Steinkamm in Sachen HSBwM weitere wichtige Hintergrundgespräche Zimmermanns und des Würzburger Rechtslehrers Frhr. von der Heydte mit der CSU-Spitze, der Bayerischen Staatskanzlei sowie dem Kultusminister und hohen Beamten seines Ressorts. Schriftl. Auskunft Steinkamms vom Juni 1994.

könnte trotz Vetorechts eines Tages doch gezwungen sein, ihn als Präsidenten der HSBwM zu akzeptieren.[157]
Daher konnte trotz der von Bonn immer wieder bestätigten und im Entwurf der Rahmenbestimmungen verankerten starken Stellung des Kultusministers bei allen Berufungen und die damit gegebene Möglichkeit der grundsätzlichen Einflußnahme auf die Zusammensetzung des Lehrkörpers, nicht verhindert werden, daß Bayern in den folgenden, ansonsten für Bonn überaus positiven Gesprächen an der Ablehnung der Präsidentschaft Ellweins festhielt.
Erst am 11. Januar 1973 stimmte Ministerpräsident Goppel in einem Telefongespräch mit Bundesminister Leber endlich der Wahl Ellweins zum Vorsitzenden des Gründungsausschusses unter der Voraussetzung zu, daß damit kein Präjudiz für die Person des künftigen Hochschulpräsidenten geschaffen werde.[158] Einigung konnte auch über die von Bund und Land benannten Mitglieder des Ausschusses sowie über den Errichtungserlaß, die Durchführungsbestimmungen und den Termin (1.2.1973) für seine konstituierende Sitzung erzielt werden.[159]

Eine zentrale Frage, die mit diesem vorläufigen Kompromiß allerdings nach wie vor nicht geklärt war, war die der paritätischen Besetzung der Gremien, d.h. des Senats und der Fachbereichsräte. Nicht nur, daß hier bis zuletzt keine Einigung zwischen Bonn und Bayern erreicht wurde - noch im Juni 1973, als sich trotz zähen Ringens auf beiden Seiten zeigte, daß Bayern in der sog. Paritätenfrage in keiner Weise kompromißbereit war und der für den termingerechten Beginn der Arbeit der Hochschule unabdingbare bayerische Anerkennungsbescheid ausblieb, wurde auf Weisung des Verteidigungsministers kurzfristig die Alternative "nur *eine* Hochschule der Bundeswehr in Hamburg" geprüft.
Die Haltung Bayerns in der Frage der Besetzung der Gremien war deshalb von so großer Bedeutung, weil sich hier ein wesentlicher Dissenz zwischen Bund und Land über das Hochschulrahmengesetz widerspiegelte. Der Bund hatte kaum Verhandlungsspielraum, denn schließlich bedeutete eine stärkere Beteiligung der Assistenten und Studenten an der universitären Selbstver-

---

[157] Bericht BEB an Leitung des BMVg vom 8.1.1973, S. 1ff, BAMA Bw 2/8895.

[158] Vermerk BEB vom 16.1.1973; Goppel sprach sich hier erneut für einen General als Präsidenten aus. - Stellv. Vorsitzender des GA wurde, auf Initiative des Staatssekretärs im Kultusministerium, Lauerbach, Armin Steinkamm, mündl. Auskunft Steinkamm vom 16.11.93; vgl. auch 2. Sitzung GA am 20.3.73, GA-Prot. 2, Archiv UniBwM.

[159] Vermerk BEBGenInspPlGr vom 19.1.1973 über Besprechung mit dem Leiter der Hochschulabteilung im Kultusministerium, von Elmenau, am 18.1.73, BAMA Bw 2/8895.

waltung die Durchsetzung einer der wichtigen Ziele der Sozialliberalen Koalition im Rahmen der "Demokratisierung der Hochschulen".

Im Entwurf des HRG war davon ausgegangen worden, daß die Hochschulen in Zukunft überhaupt nur noch zwei Beschlußebenen, nämlich Senat und Fachbereichsrat, haben sollten.[160] Dabei war dem Fachbereichsrat die ungeteilte Verantwortung für die Erfüllung des Auftrages in Forschung, Lehre und Studium zugedacht. So wurden die herkömmlichen Institute obsolet, und die Hochschulen erhielten eine Einheitsverwaltung sowie eine mehrjährige hauptamtliche Leitung durch einen Präsidenten; einen Rektor, der nur aus dem eigenen Hochschullehrerkollegium heraus gewählt werden konnte, wollte man damals nicht mehr. Art und Umfang der Mitwirkung und zahlenmäßige Zusammensetzung der Kollegialorgane, Ausschüsse und sonstigen Gremien bestimmten sich nach deren Aufgaben sowie nach der Funktion und Qualifikation der Hochschulmitglieder. Grundsätzlich sollten alle Mitgliedergruppen in den Kollegialorganen vertreten sein, wobei keine von ihnen mehr als die Hälfte der *gewählten* Mitglieder stellen durfte. Die Professoren und Assistenzprofessoren bildeten je eine Mitgliedergruppe.

Angesichts des Drucks aus dem BMBW[161] mußten auch die "Rahmenbestimmungen für Organisation und Struktur der HSBw" diesen Vorgaben entsprechen. Demgemäß ging der von Georg Leber im November 1972 erlassene Entwurf von folgender Sitzverteilung aus:

Senatsmitglieder mit Stimmrecht:

- Präsident
- Leiter Studentenbereich
- 8 gewählte Professoren
- 4 gewählte Assistenzprofessoren
- 2 gewählte wissenschaftliche Mitarbeiter
- 2 gewählte sonstige Mitarbeiter
- 4 gewählte Studenten.

Fachbereichsräte:

- Fachbereichssprecher als Vorsitzender
- 4 gewählte Professoren
- 2 gewählte Assistenzprofessoren
- 1 gewählter wissenschaftlicher Mitarbeiter
- 1 gewählter sonstiger Mitarbeiter
- 4 gewählte Studenten.[162]

---

160 Vgl. hierzu und zum folgenden Stellungnahme FüS I 7/Radbruch vom 23.8.73 zum Regierungsentwurf eines Hochschulrahmengesetzes, BAMA Bw 2/8562.

161 Schriftl. Auskunft Engerth vom 5.9.93.

162 "Entwurf eines Erlasses über Organisation und Struktur der Bundeswehrhochschule München", HASdB 51-77.

Diese Regelung wurde bis Herbst 1972 in den Verhandlungen auch von Bayern für vertretbar gehalten, dann aber im Zusammenhang mit der Vorbereitung eines Entwurfs eines Bayerischen Hochschulgesetzes strittig - insbesondere hinsichtlich der Paritäten in den Fachbereichsräten.[163] Bayern betonte zwar, der Entwurf des Bay. Hochschulgesetzes bewege sich auf dem Boden des Entwurfs des HRG,[164] setzte aber gleichzeitig auf eine deutliche Mehrheit der Professoren in den Hochschulgremien. "Rechtliche Bedenken" wollte das Land geltend machen, "falls etwa eine 'Otto-Suhr-Institut-Regelung' durchgeführt werde".[165] Das damit gemeinte Institut für Politische Wissenschaft der Freien Universität Berlin hielt sich strikt an den HRG-Entwurf. Im Falle, daß gar "eine Mitwirkung der Studenten bei der Prüfungsordnung oder der Berufung vorgesehen" war, drohte Bayern mit der Verweigerung der Genehmigung der Bundeswehrhochschule. Auch der Hinweis Ellweins, daß die Studenten der HSBw im Durchschnitt älter seien, als die an zivilen Universitäten und daß im übrigen je nach Zuständigkeit (Fachbereich oder Senat etc.) unterschiedliche Paritäten vorgesehen seien, änderte nichts an dieser Haltung. Es wurde lediglich entgegnet, die bayerische Regelung der Paritäten für Privatschulen sei schließlich nicht bindend, was implizite meinte, daß dann natürlich auch keine staatliche Anerkennung erfolgen konnte.
Vergleichbarkeit bzw. Gleichwertigkeit der Hochschule des Bundes mit den zivilen bayerischen Universitäten waren die wesentliche Voraussetzung für Zustimmung oder Ablehnung des Landes in den Verhandlungen mit dem Bund - ganz besonders in der Paritätenfrage. Grundsätzlich hielt Bayern seine Regelung "im Verhältnis zu den Hamburger Vorstellungen", die von dem Vorschlag der vorläufigen Rahmenbestimmungen ausging, für stringenter und "unter dem Gesichtspunkt der Rechtsaufsicht (für) angemessener". Eine Besprechung zwischen Vertretern Hamburgs, Bayerns und des Bundes wurde daher zwar nicht direkt abgelehnt, aber "bei der derzeitigen bildungspolitischen Konstellation nicht für erfolgversprechend gehalten".[166]

2.4. Wiederaufnahme und Abschluß der Verhandlungen

Als im Januar 1973 die Verhandlungen mit dem Kultusministerium wieder

---

163 Vermerk LtrPlGrHSBw vom 2.5.73, BAMA Bw 2/8895.

164 Aufzeichnung einer Besprechung mit dem bayerischen Staatsminister für Unterricht und Kultus vom 13.4.72, S.3, BAMA Bw 2/8895.

165 Ebd., S. 9.

166 Vermerk über Verhandlungen mit dem BStMUK vom 13.7.72, S. 3, BAMA Bw 2/7032.

aufgenommen wurden, war neben der Frage, wer die Hochschule leiten sollte, die Endfassung der Rahmenbestimmungen und vor allem die Regelung der Paritäten, nach wie vor ungeklärt. Trotz größten Entgegenkommens in anderen Punkten, sah Bayern sich hier bis zum Zeitpunkt der Verabschiedung des HRG an den Entwurf des Bayerischen Hochschulgesetzes gebunden. Allerdings gab es erste Anzeichen dafür, daß eine Einigung - vor allem bezüglich der Paritäten im Senat - möglich wurde. Darüber hinaus signalisierte das Kultusministerium seine Kompromißbereitschaft in Bezug auf ein Verhältnis 5:5 (Professoren : Nichtprofessoren) in den Fachbereichsräten.[167]
Am 29. Mai 1973 erging dazu ein Urteil des Bundesverfassungsgerichts, das den bayerischen Vorstellungen entgegen kam[168] und das "geringfügige Änderungen der Rahmenbestimmungen [...] zur Folge" hatte. Das sog. "Karlsruher Urteil" schloß eine Drittelparität aus. Die Gruppen der Hochschullehrer sollten "in Gremien mit Entscheidungsbefugnissen in Fragen der Forschung, Lehre und Berufung von Hochschullehrern" zusammen über die Mehrheit der Stimmen verfügen. Berufungsvorschläge konnten nur zustande kommen, wenn in der Mehrheit mindestens die Hälfte der Stimmen enthalten war, über die die Professoren verfügten". Da der Begriff des Hochschullehrers nicht eindeutig definiert war, erlaubte das Urteil eine Auslegung, nach der die Einstellungsvoraussetzungen für Assistenzprofessoren denen der Hochschullehrer entsprachen und sie somit in deren Gruppe einzureihen waren.[169]
Trotz dieser Entwicklung konnte sich das Münchner Kultusministerium nicht zu einer konkreten Zusage gegenüber Bonn durchringen - nicht zuletzt deshalb, weil man (bis zur Ernennung eines Präsidenten) eine gegenseitige Abhängigkeit zwischen der Paritätenregelung und der vorläufigen Leitung der Bundeswehrhochschule sah.[170] Grund: Der Präsident sollte künftig aufgrund einer Vorschlagsliste des Senats vom Verteidigungsministerium im Einvernehmen mit dem Bayerischen Staatsministerium für Unterricht und Kultus bestellt werden, und Bayern fürchtete, der Gründungsausschuß (Vorläufer des Senats) könnte seinen Vorsitzenden zum vorläufigen Leiter der Hochschule und dann durch das Hintertürchen zum Präsidenten machen, ohne daß

167 Vermerk vom 19.1.73 über Besprechung mit von Elmenau am 18.1., BAMA Bw 2/8895. - Im Entwurf des BayHSchG ging man von einem Verhältnis von 6:5 aus.

168 Vermerk vom 27.6.73 über Telefongespräch zwischen BEBGenInsp und von Elmenau, HASdB 485/6.

169 Zitiert nach Stellungnahme FüS I 7/Radbruch vom 23.8.73 zum Regierungsentwurf eines Hochschulrahmengesetzes, BAMA Bw 2/8562 sowie mündl. Auskunft Radbruch vom 24.5.93.

170 Vermerk vom 24.5.73 über Gespräch des ParlSts Berkhan mit A. Steinkamm am 23.5., BAMA Bw 2/8895.

das Land eine Handhabe dagegen gehabt hätte.[171]

Bundesminister Leber empfand das Hinauszögern der förmlichen Anerkennung der Hochschule durch Bayern als "unerträglich"[172] und bezeichnete es als regelrechte "Erpressung", daß Bayern jetzt auch noch Forderungen bezüglich der Person des Kanzlers gestellt hatte.[173] Am 25.6.73 erließ er die Weisung, eine Lösung "nur Hamburg" zu prüfen. Untersucht werden sollte, "ob es möglich ist, wegen der Schwierigkeiten beim Aufbau der HSBwM

a) das erste Studienjahr mit allen 650 zum Studium heranstehenden Offizieren (München 350 und Hamburg 300) und in allen 7 Fachbereichen *nur* in Hamburg zu beginnen;
b) auch langfristig den Bedarf an Offizieren mit Studium an (nur) einer Hochschule, also in Hamburg, abzudecken".[174]

Im wesentlichen wurden bereits bekannte Fakten bestätigt. In Hamburg fehlten die Laboreinrichtungen, die in München durch die Infrastruktur der Fachhochschulen (!) vorhanden waren. Im Falle einer Lösung "nur Hamburg" hätten dort sämtliche Bauanträge überarbeitet bzw. neu gestellt und die bereits angelaufene Planung insgesamt ausgesetzt werden müssen. Das hätte eine Verzögerung der Baufertigstellung von 1 bis 1 1/2 Jahren (1977 statt 1976) bedeutet. Außerdem wäre ein zusätzlicher Bedarf Liegenschaften (Kasernen) für die Unterbringung der Studenten gegeben gewesen. Die Schaffung provisorischer technischer Anlagen ließ unverhältnismäßig hohe Kosten erwarten. "Besonders problematisch und auch durch Provisorien sicher nicht lösbar" erschien der Hochschulplanungsgruppe dabei der Fachbereich Luft- und Raumfahrttechnik,[175] der für die Errichtung der Münchner HSBw wegen der Nähe zu den bereits vorhandenen Einrichtungen der Luftwaffe und dem entsprechenden Fachbereich an der TU München von zentraler Bedeutung war. Das Ausweichen des Fachbereichs an die TU Braunschweig, eine Möglichkeit, die ebenfalls in Erwägung gezogen worden war, erwies sich als rechtlich nicht realisierbar.[176]

Neben den zu erwartenden immensen personellen und rechtlichen Schwie-

---

171 Vermerk vom 27.6.73 über Telefongespräch zwischen BEBGenInsp und von Elmenau, HASdB 485/6. - Diese Befürchtung wurde aber auch bei anderen Gelegenheiten immer wieder geäußert.

172 Vermerk vom 27.6.73 über Telefongespräch zwischen BEBGenInsp und von Elmenau, HASdB 485/6.

173 Vermerk vom 27.6.73 über Gespräch zwischen BEBGenInsp und GenInsp, HASdB 487/8 sowie Notiz BEBGenInsp über Gespräch mit ParlSts vom 27.6.73, HASdB 489.

174 Vermerk über Weisung des Ministers vom 25.6.73, HASdB 472.

175 Planungsgruppe an BMVg-Leitung vom 29.6.1973, HASdB 490ff.

176 Aussage des Rechtsamtes der Freien und Hansestadt Hamburg, Abteilung U I 1/BMVg an die Leitung vom 29.6.73, HASdB 494.

rigkeiten, konnten auch drei wesentliche politische Aspekte nicht außer Acht gelassen werden:

1.) Sowohl das Kabinett, als auch das Parlament, das Bundesfinanzministerium und andere Institutionen waren bei ihren Beratungen und ihrer positiven Entscheidung von *zwei Hochschulen der Bundeswehr* ausgegangen.[177] Eine Aufgabe der Münchner HSBw hätte ein neues "Zustimmungsverfahren" notwendig gemacht.

2.) Die ausdrücklichen Bekundungen in der militärischen wie auch in der politischen Führung, daß zwei Hochschulen errichtet werden würden, hatten in den Bereichen Organisation, Ausbildung, Personalplanung und Werbung zu enormen Umstellungen geführt, die nur unter größten Schwierigkeiten zu revidieren waren.

3.) Ein wesentliches Ziel der Reform von Ausbildung und Bildung war die Durchlässigkeit der Bildungsgänge. Ihm sollte die Zusammenlegung der Fachhochschulen in Neubiberg mit der Hochschule dienen. Mit dem Verzicht auf den Hochschulstandort München hätte die Integration der Fachhochschulen zurückgestellt werden müssen.[178]

Nahezu alles sprach also gegen eine "nur-Hamburg"-Lösung, auch wenn die Planungsgruppe glaubte, nicht ganz verschweigen zu können, daß "auf lange Sicht der Bau *nur einer* HSBw aufgrund niedrigerer Errichtungs- und Betriebskosten eine wirtschaftlichere Lösung darstellen" würde.[179] Ob in diesem Falle Hamburg zu wählen war, blieb offen.

Es gab aber noch einen weiteren Grund, der die Entscheidung des BMVg gegen eine "nur-Hamburg"-Lösung mit beeinflußt haben mag. Aus einem als "persönlich-vertraulich" gekennzeichneten Brief Ellweins an Leber vom 13. Juni 1973 geht nämlich hervor, daß innerhalb der SPD durchaus keine Einigkeit gegenüber dem Projekt "Hochschulen der Bundeswehr" bestand.[180] Vielmehr gab es unter ihren Wortführern ausgesprochene Gegner, Verfechter anderer Konzepte und solche, die nur eine Hochschule wollten. Streichungen im Stellenplan während der Sitzungen des Haushaltsausschusses waren von der SPD ausgegangen. Hinzu kamen interne Schwierigkeiten im Münchner Unterbezirk, und auch für Hamburg fürchtete Ellwein, daß die prinzipiellen Gegner dort die Oberhand gewinnen könnten. Er riet daher dem Minister, auf keinen Fall von München abzugehen, bevor mit dem Hambur-

177 Der Verteidigungsausschuß des Dt. Bundestages war beispielsweise in einer "Entschließung (...) zur Neuordnung der Ausbildung und Bildung in der Bundeswehr " von der "Einheitlichkeit der Ausbildung an den Hochschulen der Bundeswehr in Hamburg und München" ausgegangen, Anlage 1 zum Kurzprotokoll der 6. Sitzung des Verteidigungsausschusses des Dt. Bundestages vom 4.4.1973.

178 Abteilung U I 1/BMVg an Leitung vom 29.6.73, HASdB 493ff.

179 Ebd.

180 Ellwein an Leber vom 13.6.73, Nachlaß Klaus von Schubert.

ger Bürgermeister abgeklärt war, inwieweit eine HSBw Hamburg dort überhaupt politisch durchsetzbar war. Bis zur Verabschiedung des Hamburger Gesetzes über die Bundeswehrhochschulen vor der Sommerpause des Senats konnte keine Entscheidung für eine Zusammenlegung in Hamburg getroffen werden. Eher sollte man das Münchner Projekt um ein Jahr verschieben.
De facto saß also der Bundesverteidigungsminister Mitte Juni 1973 zwischen zwei Stühlen: in München war die HSBw politisch nicht durchsetzbar und die Alternative "nur-Hamburg", mit der man Bayern verhandlungsbereit zu machen suchte, bestand eigentlich auch nicht. Obendrein drohten ihm, wie Ellwein formulierte, "hochschulfeindliche Planungen" im eigenen Hause in den Rücken zu fallen. Im BMVg kursierte nämlich eine Studie der Abteilung "Verwaltung und Recht" mit dem Titel "Soldatengesetz und Studium an den Bundeswehrhochschulen", aus der Hinweise auf eine militärische Disziplinierung der Studenten herausgelesen werden konnten. Hochschulgegner konnten dies als Bestätigung dafür auffassen, daß das Verteidigungsministerium eben doch kein echtes Hochschulstudium meinte. Ellwein riet daher dringend, eine weitere Verbreitung der Schrift zu verhindern.[181]

Am Ende einer weiteren Serie von Gesprächen, sowohl auf Minister- wie auf Referentenebene, zeichnete sich Mitte Juli dann doch eine Einigung mit dem Kultusministerium, insbesondere in der Paritätenfrage ab und damit die Möglichkeit der endgültigen Gestaltung der Rahmenbestimmungen. Unter Berufung auf die Zusage Helmut Schmidts von 1972, wichtige Strukturfragen würden im Sinne Bayerns gelöst, war dabei eine "bayerische Lösung" herausgekommen, zu der Thomas Ellwein in einer ausführlichen persönlichen Erklärung im Gründungsausschuß am 13.7.73 Stellung nahm.
Wegen der besonderen Bestimmung der Bundeswehrhochschulen als einer die Errungenschaften der Bildungsreform in der Bundesrepublik gewissermaßen antizipierenden Institution, bedauerte er die unter Zeitdruck gefällte Entscheidung des Verteidigungsministeriums zugunsten der bayerischen Prinzipien und gegen die in der Hamburger Hochschule realisierte, am HRG-Entwurf orientierte Lösung. Damit habe bereits im Gründungsstadium eine Auseinanderentwicklung der beiden Hochschulen begonnen. Die im Hamburger Gründungsausschuß beschlossenen Strukturprinzipien für eine "Zusammenarbeit der Lehrenden und Lernenden" seien unter den derzeitigen Bedingungen sehr viel geeigneter, als die Prinzipien des künftigen Bayerischen Hochschulgesetzes - vor allem die angemessene Vertretung der Studenten in den Gremien. Deutlich kritisierte er, daß der Münchner Grün-

181 Ebd.

dungsausschuß - ebenfalls im Gegensatz zu Hamburg - weder in die Diskussion um diese Fragen einbezogen worden sei, noch beim Zustandekommen der Rahmenbestimmungen habe mitwirken können.[182] Der Vorwurf war in dieser Form ungerechtfertigt, denn Bonn hatte den Ausschuß im gleichen Maße in die Diskussionen mit einbezogen wie den Hamburger.[183] Nur konnte er wegen der Schwierigkeiten, die sein Vorsitzender mit dem bayerischen Verhandlungspartner hatte, nicht so frei agieren. - Oder war die Tatsache, daß die Mehrheit seiner Mitglieder ohnehin den bayerischen Standpunkt vertrat, ausschlaggebend?
Nachdem der Verteidigungsminister am 1. August 1973 die "Rahmenbestimmungen für Struktur und Organisation der HSBwM" erlassen hatte,[184] erteilte das Bayerische Staatsministerium für Unterricht und Kultus am 3.8.73 endlich den vom BMVg bereits am 22.1.73 beantragten Bescheid über "Genehmigung und Anerkennung der Hochschule der Bundeswehr München" (Anerkennungsbescheid). Sein erster Absatz lautete:

> "Die Errichtung und der Betrieb der Hochschule der Bundeswehr München wird gemäß Art. 138 Abs. 1 Satz 3 der Bay. Verfassung *mit Wirkung vom 1.10.73* zunächst auf die Dauer von *drei Jahren* nach Maßgabe der nachstehenden Bedingungen, Auflagen und sonstigen Nebenbestimmungen genehmigt und anerkannt".

Wesentliche Inhalte der "Bedingungen, Auflagen und Nebenbestimmungen" allerdings, entsprachen nicht den früheren Ergebnissen der Verhandlungen zwischen dem Bund und Bayern.
Thomas Ellwein hatte bereits Ende Juli, im Vorfeld der Unterzeichnung der Rahmenbestimmungen für die HSBwM, an deren (im Gegensatz zu der Hamburger Fassung) den eigentlichen Zielen des Reformkonzepts zuwiderlaufenden Tendenz massive Kritik geübt und dies insbesondere an der hier in seinen Augen unbefriedigend festgeschriebenen, nach wie vor zentralen Frage der Paritäten sowie an den Modalitäten der Wahl des Kanzlers deutlich gemacht. Der Kanzler nämlich durfte hiernach nur im Benehmen mit dem Kultusministerium ernannt werden und nicht, wie in Hamburg, auf Vorschlag des Senats.[185]
Für den Anerkennungsbescheid galt Ähnliches. Als er am 7. August im BMVg eintraf, ließ Staatssekretär Mann sich sogleich durch Ellwein dazu

---

182 Persönliche Erklärung Ellweins im GA der HSBwM in der Sitzung am 13.7.73, Anlage zum Protokoll der GA-Sitzung am 3.8.73, Archiv UniBwM.
183 Mündl. Auskunft Radbruch vom 24.5.93.
184 Mangels Gesetzgebungskompetenz des Bundes auf diesem Gebiet ist der ministerielle Erlaß für die Hochschulen verbindlich - z.B. auch bei Prüfungsordnungen etc.
185 Ellwein an Böttcher vom 25.7.73, HASdB 512ff.

vortragen und beauftragte dann unverzüglich die Hochschulplanungsgruppe, den Inhalt zu prüfen und Vorschläge zum weiteren Verfahren zu machen. Die Prüfung sollte vor allem den Aspekt berücksichtigen, "inwieweit die im Bescheid enthaltenen Regelungen den bildungspolitischen Vorstellungen des BMVg für die Ausgestaltung des Lehrbetriebs an der HSBw München entsprechen".[186]

Tatsächlich wich der Bescheid in drei ganz zentralen Punkten von dem Konzept des Studiums an den Hochschulen der Bundeswehr ab bzw. lagen ihm Zahlen (z.B. des Bayerischen Staatsinstituts für Hochschulforschung und Hochschulplanung) zugrunde, die von früheren Verhandlungsergebnissen abwichen.[187]

1.) So bezog er a) die Curricula nicht mit ein (5.1.2), obwohl das Studium dezidiert auf curricularer Basis konzipiert war, verpflichtete b) die Hochschule zu Kooperationsvereinbarungen mit staatlichen Hochschulen zwecks Wahrnehmung des dort angebotenen "Studium generale" (5.3.), was mit der Idee des erziehungs- und gesellschaftlich angeleiteten Fachstudiums kaum zu vereinbaren war und formulierte c) Bedenken gegen die 3-jährige Regelstudienzeit, namentlich im Fach Bauingenieurwesen (5.4) und die damit möglicherweise gefährdete Gleichwertigkeit des Studiums mit dem an zivilen Hochschulen.

2.) Er behielt sich vor, hinsichtlich der Gleichwertigkeit des Studiums bei Abschlüssen und Prüfungen Feststellungsprüfungen vorzunehmen und die zur Sicherstellung erforderlichen Anordnungen zu treffen (5.5). U.a. war durch Kooperationsvereinbarungen mit anderen zivilen Hochschulen sicherzustellen, daß die Studienabschlüsse der HSBwM als Grundlage für Promotionen anerkannt werden konnten (5.7).

3.) Der Hochschule wurde eine Aufstockung des Lehrpersonals bis zum 1.10.75 nahegelegt und über die diesbezüglichen Pläne ein Zwischenbericht bis zum 1.5.74 sowie ein endgültiger Bericht bis zum 1.1.75 gefordert (6.1), wobei, wie die Untersuchung der HSPlGr ergab, auch hier von den Schlüsselzahlen der Bund-Länder-Kommission abweichende Zahlen zugrunde gelegt wurden.[188]

Insgesamt bedurften die erwähnten prinzipiellen Punkte der Klarstellung und neuerlichen Interpretation. In einem entsprechenden Brief, so schlug das Gutachten vor, sollte der bayerische Ministerpräsident davon in Kenntnis gesetzt und gebeten werden, eine zustimmende Bestätigung durch die Baye-

---

186 LtrPlGr an Leitung/BMVg vom 8.8.73, BAMA Bw 2/8429.

187 Anerkennungsbescheid vom 3.8.73 (1. Fassung), HASdB 523-544. - Die Zahlen in Klammern weisen auf die entsprechenden Abschnitte im Bescheid hin.

188 LtrPlGr an Leitung/BMVg vom 8.8.73, S. 6, BAMA Bw 2/8429.

rische Staatsregierung zu erwirken.[189]
Der Brief wurde zwar im Entwurf formuliert,[190] jedoch nicht abgeschickt.[191]
Der jetzt einsetzende Aktionismus auf höchster Ebene zeigte deutlich eine gewisse Ratlosigkeit der Führungsspitze des BMVg gegenüber dem bayerischen Verhalten. Es begann die spannendste Phase der Bonn-Münchner Verhandlungen in Sachen Bundeswehrhochschule, wobei es jetzt tatsächlich um "Sein oder Nichtsein" der Institution ging.
Die Kommunikation im Verteidigungsministerium wurde dadurch erschwert, daß der Minister sich zu dem Zeitpunkt in Italien aufhielt. Seine drei Staatssekretäre mußten daher am 14. August dorthin fahren, um ihm vortragen zu können. Für diesen Anlaß erarbeitete der Leiter der HS-Planungsgruppe, Böttcher, einen ausführlichen Sprechzettel, auf dem er den chronologischen Ablauf der Verhandlungen zwischen Bund und Land seit März 1972 festhielt. Dabei betonte er, die nüchterne Darstellung des Zeitablaufs dürfe nicht darüber hinwegtäuschen, daß "jeder - auch der kleinste - Fortschritt nur unter außerordentlichen Schwierigkeiten und mit großem Zeitverlust erkämpft werden konnte." Insbesondere müßte an "die zeitraubenden Verhandlungen, [...] bis Bayern Prof. Ellwein als Vorsitzenden des Gründungsausschusses für die HSBw München akzeptierte", erinnert werden. Er schloß seinen Bericht mit einer Zusammenfassung des aktuellen Sachstands.[192]
Konsequenz des Ministergesprächs sowie diverser fernmündlicher und mündlicher Gespräche zwischen Minister, Staatssekretären, Ellwein, BEB, Planungsgruppenchef, Stellvertretendem Generalinspekteur u.a. war, daß der Bundesminister weder den Brief an den bayerischen Ministerpräsidenten absandte, noch anstehende Rufentscheidungen fällte, d.h. die Kommunikation mit Bayern unterbrach. Außerdem spielte man wieder einmal mit dem Gedanken, den Arbeitsbeginn der HSBwM um ein Jahr zu verschieben oder alternativ doch nur eine Hochschule in Hamburg zu errichten.
Am 16. August überbrachte der Parlamentarische Staatssekretär im BMVg, Berkhan, Kultusminister Maier persönlich einen Brief, in dem die auch im Brief-Entwurf an Goppel formulierte Kritik am Anerkennungsbescheid wiederholt wurde.[193] Ein damit verbundenes Gespräch sowie ein weiteres mit dem Staatssekretär im Kultusministerium, Lauerbach, am 17.8. hatte einen völligen Umschwung der bayerischen Haltung zur Folge. "Bayern wird den Anerkennungsbescheid umformulieren und alle Punkte (siehe Brief-Entwurf

189 Ebd., S. 8.
190 Briefentwurf ohne Datum, HASdB 545-547.
191 Dies und das Folgende: Vermerk LtrPlGr vom 16.8.73, S. 1, BAMA Bw 2/8896.
192 Sprechzettel LtrPlGr vom 13.8.73 für Ministergespräch am 14.8.73, BAMA Bw 2/8429.
193 BMVg an Maier vom 16.8.73, BAMA Bw 2/8896.

an Ministerpräsident Goppel) übernehmen", vermerkte Böttcher - und zwei Stunden später: "Bestätigung, daß Verhandlungen Sts Berkhan/Sts Lauerbach zu vollem Erfolg geführt haben: Änderung des Bescheides in den vom BMVg monierten Punkten, vor allem Studienreform betreffend und Herstellen des Benehmens mit BMVg als Hochschulträger bei allen Maßnahmen gegenüber HSBw München; Einvernehmen bei Studien- und Prüfungsordnung". Am 18. August sollte eine, auch von Bayern akzeptierte, Presse-Erklärung erfolgen.[194]

Wegen der Verhandlungen mußte die Sitzung des Gründungsausschusses am 17.8. ausfallen,[195] aber der Erfolg einer substantiell geänderten, den Bonner Vorstellungen entsprechenden 2. Fassung des Anerkennungsbescheids vom 3.8.73 rechtfertigte dies nachträglich.[196]

Man einigte sich auch über den vorläufigen Leiter der Hochschule und den künftigen Hochschulkanzler. Auf einen entsprechenden Wunsch Bayerns hin, ließ der Parlamentarische Staatssekretär im BMVg bis zum 28.7. prüfen, ob es zulässig wäre, als vorläufigen Leiter der HSBw einen Offizier einzusetzen und ihn in diesem Status zu belassen und welche Komplikationen diese Entscheidung für die Zusammenarbeit mit allen an den HSBw lehrenden und lernenden Personen haben könnte.[197] Die Prüfung ergab, daß ein Soldat als "Beauftragter" des BMVg durchaus die HSBw bis zur Ernennung des ersten, vom Senat vorgeschlagenen Präsidenten vorläufig leiten könnte. Allerdings wurden Schwierigkeiten im "bildungspolitischen und pädagogischen Bereich" nicht ausgeschlossen, zumal "die Öffentlichkeit ohnehin in Sachen Befehl und Gehorsam statt Freiheit von Forschung und Lehre sehr sensibel" sei. Man riet daher, den Offizier vorübergehend zu beurlauben und einen zeitlich begrenzten Dienstvertrag mit ihm abzuschließen.[198] Ende Juli entschied der Verteidigungsminister, daß Oberst i. G. Gerhard Wachter die vorläufige Leitung der HSBwM übernehmen und in Anbetracht der umfangreichen und schwierigen Aufgabe bereits zum 15.8. nach München "kommandiert" werden sollte.[199]

---

194 Vermerk LtrPlGr vom 16.8.73, S. 2-3, BAMA Bw 2/8896.

195 In der GA-Sitzung vom 10.9.73 teilte Ellwein mit, daß wegen der Verhandlungen die Sitzung am 17.8. hätte ausfallen müssen. Die dabei erarbeiteten "Rahmenbestimmungen" und der "Anerkennungsbescheid" würden den GA-Mitgliedern zugeschickt werden, 10. Sitzung GA am 10.9.73, GA-Prot. 10, Archiv UniBwM.

196 Anerkennungsbescheid vom 3.8.73 (2. Fassung), BAMA Bw 2/8896.

197 Leitungsstab 2/BMVg an BEBGenInsp vom 17.7.73, BAMA Bw 2/8895.

198 BEB an die Leitung vom 25.7.73, BAMA Bw 2/8895.

199 ParlSts an AL P vom 29.7.73, BAMA Bw 2/8895. - Wachter war promovierter Veterinärmediziner und kam aus dem Referat I "Innere Führung, Personal, Ausbildung" bei FüH. Vom 1.10.73 - 30.6.74 leitete er vorübergehend die HSBwM und ging

Ebenfalls dem Wunsch der Bayerischen Staatsregierung entsprechend[200] und auf Empfehlung des Gründungsausschusses[201] berief der BMVg den aus München stammenden promovierten Juristen, Gerhard Selmayr, zum Kanzler.[202] Nach den Vorstellungen Ellweins sollte er, da der Hochschulleiter ein Offizier sein würde, "neben den eigentlichen haushaltsrechtlichen Kenntnissen auch solche auf wissenschaftlichen Gebieten besitzen."[203]
Das Amt als Leiter des Studentenbereichs übernahm am 17. September der Diplomkaufmann und graduierte Ingenieur, Oberstleutnant Eberhard Schmidt.[204]

2.5. Die Arbeit des Gründungsausschusses

Seit Ministerpräsident Goppel am 11.1.73 sein Einverständnis erklärt hatte, konnte Verteidigungsminister Leber Thomas Ellwein "unter Beibehaltung (seiner) Aufgaben als Leiter des Wissenschaftlichen Instituts für Erziehung und Bildung in den Streitkräften und den Aufgaben als Vorsitzender des Gründungsausschusses für die HSBwHH (...) im Einvernehmen mit dem Bayerischen Staatsministerium für Unterricht und Kultus die Aufgaben des Vorsitzenden des Gründungsausschusses für die HSBwM" übertragen.[205] Zeitgleich damit erging der BMVg-Erlaß zur Errichtung des Gründungsausschusses,[206] und einen Tag später stellte das Bayerische Kultusministerium für Juli 1973 die förmliche Anerkennung der Bundeswehrhochschule in Aussicht - allerdings nur unter der Bedingung, daß bis dahin die Vorausset-

---

dann als Oberst i.G. in das Referat I 14 "Grundsätze, Ausbildung und Erziehung, Fortbildungsstufen" bei Fü S/BMVg. - 1977 wurde er zum Brigadegeneral befördert. Er übernahm 1978 die Leitung der Stabsabt. I bei Fü S und wurde zugleich Beauftragter für Erziehung und Ausbildung beim GenInsp (BEAGenInsp).

200 Vgl. Äußerung Böttchers in: Sprechzettel LtrPlGr vom 13.8., S. 5, nach der Bayern "die Besetzung des Postens des Kanzlers mit einer von Bayern gewünschten Persönlichkeit mit der Paritätenfrage und der Personalfrage Prof. Ellwein zu koppeln" versucht hatte.

201 So Ellwein in der 10. Sitzung GA am 10.9.73, GA-Prot. 10, Archiv UniBwM.

202 ParlSts an AL P vom 29.7.73, BAMA Bw 2/8895. - Selmayr war zu diesem Zeitpunkt noch am Bundesinstitut für Berufsbildungsforschung in Berlin tätig. Ihm sollte auf Wunsch des Bundesministers, umgehend mitgeteilt werden, "daß er mit dieser Aufgabe betraut wird," ebd.

203 8. Sitzung GA am 13.7.73, GA-Prot. 8, Archiv UniBwM.

204 Mitteilung Ellweins in der 10. Sitzung GA am 10.9.73, GA-Prot. 10, Archiv UniBwM.

205 Leber an Ellwein vom 22.1.73, BAMA Bw 2/13340.

206 Erlaß des BMVg zur Errichtung des Gründungsausschusses für die HSBwM vom 22.1.1973, HASdB 408/9.

zungen für die Vergleichbarkeit und Gleichwertigkeit mit den Landeshochschulen erfüllt waren.[207]
Erster und wichtigster Punkt des Errichtungserlasses für den Gründungsausschuß war die Feststellung, daß (im Gegensatz zu Hamburg) neben wissenschaftlichen auch Fachhochschulstudiengänge gemäß Art. 55a, Abs. 1 des Bayerischen Fachhochschulgesetzes (BayFHSG) eingerichtet werden würden. Zu diesem Zweck sollten die Fachhochschulen des Heeres und der Luftwaffe in die Hochschule der Bundeswehr eingegliedert werden.
Ansonsten hatte der Gründungsausschuß, der sich aus Vertretern der Münchner Universitäten, der Bayerischen Rektorenkonferenz, des Bayerischen Kultusministeriums, des Verteidigungsministeriums, des WInstEBSK sowie der Studenten zusammensetzte[208], folgende Aufgaben:

- Mitwirkung bei der Berufung des Lehrkörpers (als die wichtigste Tätigkeit),
- Erarbeitung einer vorläufigen Grundordnung,
- Erarbeitung einer vorläufigen Wahlordnung,
- Fortentwicklung der Curricula zum Lehrangebot,
- Erarbeitung von Studien- und Prüfungsordnungen und
- Erarbeitung eines Stufenplans für die Einbeziehung von Fachhochschulstudiengängen.

Im Rahmen dieser Aufgaben sollten vor allem die Voraussetzungen dafür geschaffen werden, daß der Studienbetrieb am 1.10.1973 aufgenommen werden konnte. Maßgebend für die Durchführung des Auftrages waren der "Personal- und Materialausstattungsplan" sowie die "Rahmenbestimmungen für Organisation und Struktur der Hochschule der Bundeswehr München". Darüber hinaus galten die für die Hochschulen im Bereich des Freistaates Bayern relevanten gesetzlichen Bestimmungen sowie die Beschlüsse der ständigen Konferenz der Kultusminister für den Hochschulbereich der Länder. Die laufenden Geschäfte des Gründungsausschusses führte der bei der Hochschul-Planungsgruppe beim BEBGenInsp angesiedelte Aufstellungsstab der HSBwM, der auch für die benötigten Sachmittel aufkam.[209] Mit der

---

207 BEBGenInspPlGr 2: "Hinweise zur Information über den Stand der Planung für die HSBw" vom 15.3.73, HASdB 364.

208 Zusammensetzung des Ausschusses sowie Liste der Mitglieder und Sachverständigen der Berufungsausschüsse gemäß Planungsunterlagen der HSPlGr/BMVg, HASdB 413-417, im "Anhang".

209 Erlaß ParlSts/BMVg Berkhan vom 22.1.1973, HASdB 412. - Leiter des Aufstellungsstabes waren von 1973-1976 O i.G. Müller und von 1976-1980 OTL Overbeck, HASdB 595-603. - Der Aufstellungsstab wurde zum 31.12.1980 aufgelöst und durch eine Infrastruktur- und Liegenschaftsabteilung ersetzt, Vermerk FüS I 11 von 1979, BAMA Bw 2/17448.

Wahl des ersten Senats der Hochschule sollte die Tätigkeit des Ausschusses eingestellt werden.[210]
Trotz der vorausgegangenen Mißhelligkeiten um die Person des Vorsitzenden war die Arbeit des Gründungsausschusses während seiner 18 Sitzungen zwischen dem 1.2.73 und dem 22.2.74 von großer Sachlichkeit und vom Einvernehmen unter den Mitgliedern im Grundsätzlichen gekennzeichnet.[211] Oberstes Ziel war die "Inbetriebnahme" der Hochschule und damit der Beginn ihres Lehrbetriebs am 1. Oktober 1973. Das bedeutete, daß der Münchner Ausschuß, der seine Arbeit sehr viel später aufgenommen hatte, als der Hamburger,[212] von vornherein unter einem ungeheuren Termindruck stand.[213] Eine zusätzliche Belastung stellte die Unsicherheit über die Anerkennung der zu errichtenden Institution durch Bayern dar. Sie erfolgte, wie beschrieben, buchstäblich in letzter Minute. Daher kann die Leistung der Ausschußmitglieder gar nicht hoch genug eingeschätzt werden, denen es gelang, trotz dieser schwierigen Bedingungen die strukturelle Basis soweit fertigzustellen, daß der Termin eingehalten werden konnte. Die Unabdingbarkeit der Forderung Helmut Schmidts - "entweder Beginn am 1.10.1973 oder gar nicht anfangen" - gab hier sicher einen wichtigen psychologischen Ansporn.[214]

Der Gründungsausschuß war als Vorläufer des späteren Senats das zentrale Gremium der Hochschulgründung. In ihm wurden mit der Beratung und Entscheidung über Rahmenbestimmungen, Grund- und Wahlordnung, Curricula, Haushalt und nicht zuletzt Zusammensetzung des Lehrkörpers die grundsätzlichen Strukturen gelegt. Seine personelle Zusammensetzung war daher von eminenter Bedeutung für die beteiligten Parteien. Demgemäß hatte, wie beschrieben, bereits die Auswahl seiner Mitglieder zu Schwierigkeiten geführt.
Mit der Errichtung des Gründungsausschusses ging also die Verantwortlich-

---

210 Erlaß BEBGenInspPlGr 2 vom 22.1.73 über Errichtung des GA der HSBwM, HAS-dB 408/9.

211 Es liegen zum einen die im Universitätsarchiv vorhandenen Protokolle des Vorsitzenden des Gründungsausschusses (künftig: GA-Prot. 1-11, Archiv UniBwM) und zum anderen die Protokolle des Gründungsausschußmitglieds, Wilhelm Bechteler [damals Mitarbeiter im WInstEBSK], aus dessen Handakten (künftig: GA-Prot. 1-11, HABe) vor. Herrn Professor Bechteler/Fakultät für Bauingenieur- und Vermessungswesen danke ich für die Zurverfügungstellung der Unterlagen.

212 Zur konstituierenden Sitzung des Hamburger GA am 27.11.1972 vgl. 10 Jahre HS-BwH, S. 9ff.

213 Vgl. auch Ellweins Bemerkung in der ersten Sitzung, alle vom GA wahrzunehmenden Aufgaben ständen unter Zeitdruck, besonders die Ausschreibungen, GA-Prot. 1 vom 1.2.73, S.3, Archiv UniBwM.

214 So auch Beteiligte, wie Radbruch und Bechteler gegenüber d. Verf.

keit von der rein politischen Verhandlungsebene auf ein Organ der akademischen Selbstverwaltung über - auch wenn das Verteidigungsministerium als Träger, ebenso wie das künftig in akademischer Hinsicht Rechtsaufsicht führende Bayerische Staatsministerium für Unterricht und Kultus, noch weiterhin ein gewichtiges Wort mitzureden hatten. Das Kind lernte laufen, und für die Eltern begann die Sorge, ob es nicht zu schnell zu selbständig wurde und damit sich selbst und sie in Gefahr brachte.

In der ersten Sitzung des Ausschusses, die am 1. Februar 1973 in der Stetten-Kaserne im Münchner Stadtteil Neuhausen stattfand, gab der Vorsitzende Ellwein auf Anfrage der Mitglieder zunächst einmal Auskunft über Status und Einflußmöglichkeiten des Gremiums. Sein Einfluß erstreckte sich in der Tat auf alle die Hochschule betreffenden Fragen. Lediglich einzelne Rahmenbedingungen, wie die Anzahl der Studienplätze, die für das Endstadium des Hochschulausbaus mit 2500 veranschlagt wurden und die durch den Bedarf der Bundeswehr bestimmten Fachrichtungen waren vorgegeben. Bezüglich der Rahmenbestimmungen (die zu diesem Zeitpunkt ja nur im Entwurf vorlagen) sollte jeweils Einvernehmen zwischen dem BMVg und dem Kultusministerium hergestellt werden.[215] Zu seiner Entlastung bei dieser Vielzahl von Aufgaben, konnte der GA Unterausschüsse für die Bearbeitung spezieller Aufgabenbereiche errichten. Ihre Mitglieder wurden ebenfalls vom Verteidigungsminister einvernehmlich mit dem BStMUK ernannt. Bis März 1973 waren die Unterausschüsse:

- für "Struktur und Grundordnung",
- für die "Erarbeitung eines Stufenplans zur Einbeziehung der Fachhochschulen",
- "Studien- und Prüfungsordnungen" sowie etwas später
- für die "Fortentwicklung der Curricula und Studien-/Prüfungsordnungen" gebildet.[216]

Darüber hinaus konstituierten sich, nachdem die Widmungen der Professuren der einzelnen Fachbereiche einstimmig beschlossen worden waren,[217] sechs Unterausschüsse für die Berufung von Professoren und Assistenzprofessoren in den Fachbereichen Pädagogik (PÄD), Wirtschafts- und Organisationswissenschaften (WOW)[218], Elektrotechnik (ET), Luft- und Raum-

215 1. Sitzung GA am 1.2.73, GA-Prot. 1, Archiv UniBwM.
216 2. Sitzung GA am 20.3.73, GA-Prot. 2, Archiv UniBwM.
217 1. Sitzung GA am 1.2.73, GA-Prot. 1, Archiv UniBwM.
218 Der Fachbereich sollte zunächst 'Betriebs- und Organisationswissenschaften' heißen, wurde dann jedoch auf Intervention des BA-Mitglieds Heinen und des Vertreters des BStMUK, von Elmenau, in WOW umbenannt.

fahrttechnik (LRT), Informatik (INF), Bau- und Vermessungswesen (BAUV).[219] Jeder dieser Berufungsausschüsse (BA) bestand nach Maßgabe des BMVg-Erlasses vom 22.1.73[220] aus fünf Mitgliedern. Von den vier Professoren gehörte einer dem Gründungsausschuß an und wurde auch von diesem bestellt. Außerdem ernannte der Verteidigungsminister, im Einvernehmen mit dem Kultusministerium, drei fachnahe Professoren bayerischer Landesuniversitäten und einen wissenschaftlichen Mitarbeiter. Der GA stellte einen wissenschaftlich vorgebildeten Sekretär zur Verfügung.[221]

Den Berufungsausschüssen oblag die Aufgabe, in kürzester Zeit einen Lehrkörper zu rekrutieren, der garantierte, daß am 1. Oktober 1973 die Lehre an der Hochschule der Bundeswehr München aufgenommen werden konnte.[222] Zwangsläufig stand auch ihre Tätigkeit daher von vornherein unter einem enormen Zeitdruck, denn unter dem prüfenden Auge des bayerischen Kultusministeriums mußten in allen Fällen ordnungsgemäße, dem procedere an zivilen Universitäten adäquate Berufungsverfahren durchgeführt werden.
Die Professuren wurden ausgeschrieben, es erfolgte die Vorstellung und Begutachtung der Bewerber sowie die Zusammenstellung von Dreier-Listen. Diese wurden dem Kultusministerium zur Erteilung der Lehrgenehmigung vorgelegt. Die Entscheidung lag dann beim Verteidigungsministerium. Auch hier mußte immer das Einvernehmen zwischen dem Bundes- und dem Landesministerium hergestellt sein.[223]
Aber nicht nur der zeitliche Druck erschwerte die Arbeit. Es machte sich auch ein Mangel an Professoren bemerkbar, der aus dem bundesweit vorangetriebenen Hochschulausbau gemäß Hochschulentwicklungsplan und dem damit verbundenen großen Bedarf an Hochschullehrern resultierte.
Dem Vorschlag Ellweins, dieses Problem durch das Angebot einer geringfügig besseren Dotierung der Stellen für Professoren an den Bundeswehrhochschulen zu lösen, konnte das BMVg einerseits nicht folgen, weil mit

219 BEBGenInspPlGr 2: "Hinweise zur Information über den Stand der Planung für die HSBw" vom 15.3.73, HASdB 364.

220 Errichtungserlaß von BEBGenInspPlGr 2 und Durchführungsbestimmungen von FüS I 7 - beide mit Datum vom 22.1.73 - , HASdB 408-412.

221 Mitglieder und Sachverständige der Berufungsausschüsse im Anhang.

222 Bewerbungen, die vor der Errichtung von Gründungs- und Berufungsausschüssen eingegangen waren, wurden nach einem bereits im Juli 1972 festgelegten Verfahren abgewickelt. Danach leitete die Personalabteilung im BMVg die Bewerbungen zur fachlichen Beurteilung an PlGr und FüS I 7 weiter. Diese übergaben es dann Ellwein, der (im Benehmen mit der Planungsgruppe) die Besprechungen mit den Bewerbern führte, Niederschrift vom 25.7.72 über Besprechung am 20.7.72 bei BEBGenInspPlGr 1, BAMA Bw 2/7032.

223 Vgl. auch die Durchführungsbestimmungen dazu vom 22.1.73, S. 3, HASdB 412.

dem massiven Protest der Länder zu rechnen war. Andererseits hatte man zu diesem Zeitpunkt noch kein tragfähiges Konzept für den Status der "Bundesprofessoren" anzubieten. Die neue Besoldungsordnung C, die Bestandteil der Beratungen des Hochschulrahmengesetzes war, existierte nur im Entwurf und die H-Besoldung der Länder war in der Bundesbesoldungsordnung nicht vorgesehen. Daher mußte das BMVg die Hochschullehrer aufgrund eines Rahmendienstvertrages einstellen, der eine beamtenrechtliche Stellung in jeder Hinsicht garantierte.[224] Die Professoren in den Berufungsausschüssen aber konnten "sich nicht aus der Perspektive der H-Besoldung lösen" und sahen da Schwierigkeiten, "wo nur eine zwangsläufige Entwicklung vorweggenommen wurde".[225] Die Mehrzahl der Mitglieder des Gründungsausschusses erhob Einwände gegen diese Form der Anstellung. Es sei "undenkbar", äußerten sie, daß z.B. Professoren, die bereits Beamte auf Lebenszeit seien, diesen Status aufgäben und unter "ungewissen" Bedingungen einen Ruf an die Hochschule der Bundeswehr annehmen würden. Die Gewinnung qualifizierter Kräfte sei in Frage gestellt. Die Berufungen sollten daher solange zurückgestellt werden, bis die Gesetzgebung eine Zusage der Übernahme in das Beamtenverhältnis für Langzeit-Beamten gestatte. Bis dahin könnte mit Lehrbeauftragten gearbeitet werden.[226] Einzelne unter den Professoren lehnten es sogar ab, Berufungen ohne gesetzliche Grundlagen für eine Anstellung zu befürworten.[227]

Ellwein betonte, man sei immer davon ausgegangen, daß die "Qualität des Lehrkörpers" nicht unter dem Termindruck leiden dürfe. Bis zum 1.10.73 sollten nur die Professuren besetzt werden, bei denen das ohne Schwierigkeiten möglich sei. In einzelnen Fächern, wie Pädagogik und in den Fällen, in denen Bewerber mit der vorläufigen Nichtverbeamtung nicht einverstanden seien, müßte man sich mit Lehraufträgen behelfen. Immerhin waren aufgrund der Ausschreibungen bis Mitte März[228] 1009 Bewerbungen für München und Hamburg eingegangen, davon

---

224 So Böttcher in der 4. Sitzung GA am 30.3.73, GA-Prot. 4, Archiv UniBwM. - Allerdings war "in jeder Hinsicht" nicht ganz richtig, denn die Professoren wurden durch privatrechtlichen Vertrag wie Beamte gestellt, waren statusmäßig aber Angestellte. Deshalb konnte auf sie auch die Bundesdisziplinarordnung nicht angewandt werden - es sei denn, sie hatten sich freiwillig damit einverstanden erklärt. Schriftl. Auskunft Steinkamm vom Juni 1994.

225 Radbruch, ebd.

226 4. Sitzung GA am 30.3.73, GA-Prot. 4, Archiv UniBwM.

227 Vermerk Schelleis/PlGr 2 vom 1.4.73 über Sitzung GA am 30.3.73, BAMA Bw 2/13340.

228 Bewerbungsschluß war der 14.3.73. Ausschreibungstext mit vollständiger Liste der ausgeschriebenen Stellen, HASdB 356-360.

- 205 für Pädagogik,
- 205 für Wirtschafts- und Organisationswissenschaften,
- 75 für Informatik,
- 187 für Bauingenieurwesen,
- 118 für Elektrotechnik und
- 219 für Luft- und Raumfahrttechnik.[229]

Dennoch ließen sich von denen, die geeignet gewesen wären, letztlich doch zu wenige auf die Anstellungsbedingungen ein. Aber es war nicht nur die in ihren Augen unsichere Vertragsgestaltung, die die Bewerber zögern ließ, sie wußten auch nicht recht, wie der Status eines Professors an einer Bundeswehrhochschule einzuschätzen war. Dies läßt sich an zwei häufiger in den Berufungsgesprächen gestellten Fragen festmachen. Da erkundigte sich ein Bewerber, ob die Vergleichbarkeit der HSBw mit anderen Hochschulen, z.B. im Hinblick auf das Promotions- und das Habilitationsrecht gegeben sei,[230] ein anderer hatte Bedenken, ob das Studium angesichts seiner kurzen Dauer von nur 3 Jahren qualitativ überhaupt mit dem an den Universitäten vergleichbar sei.[231] Bezüglich ersterer Frage konnte auf eine entsprechende Vereinbarung hingewiesen werden, nach der die Promotionen und Habilitationen an der Ludwig-Maximilians-Universität bzw. der Technischen Universität München, unter Beteiligung von Professoren der HSBwM an den Verfahren, durchgeführt werden sollten.[232] Was die Kürze des Studiums anbelangte, so argumentierte man mit dem komprimierten Studium, nach dem 3 Studienjahre (à 3 Trimester) nicht 6, sondern 8 Semestern entsprächen.

Zwei weitere Probleme, die Habilitation als Voraussetzung für eine Professur sowie der Umfang von Lehrdeputat und Forschungsfreiraum bzw. Forschungsfreijahr, mußten im Zuge der Berufungen ebenfalls geklärt werden.

Offen war beispielsweise die Frage, ob bei einer Professorenberufung die herkömmliche Habilitation Voraussetzung war oder ob auch habilitationsadäquate Leistungen akzeptiert werden konnten. Das betraf allerdings weniger die Ingenieurwissenschaften, weil dort Praxisleistungen in der Industrie schon immer als Voraussetzung für eine Professur anerkannt waren.[233] In den Beratungen um das Hochschulrahmengesetz kristallisierte sich heraus, daß die von CDU/CSU-regierten Länder überwiegend eine 'klassische Habilitation' bevorzugten, während die von SPD und FDP geführten Länder

---

[229] Ellwein in der 4. Sitzung GA am 30.3.73, GA-Prot. 4, Archiv UniBwM.

[230] Auskunft Ellwein in der 3. Sitzung GA am 7.3.73, GA-Prot. 3, Archiv UniBwM;

[231] 9. Sitzung GA am 3.8.73, GA-Prot. 9, Archiv UniBwM.

[232] Erst 1980 und 1981 erhielt die HSBwM ein eigenes Promotions- und das Habilitationsrecht.

[233] Mündl. Auskunft Engerth vom 5.9.93.

eine ihr gleichwertige Leistung als Voraussetzung für eine Professur für ausreichend hielten. Der HRG-Entwurf sah in § 43,2 vor, daß eine Habilitation nicht als Voraussetzung für die Einstellung als Professor verlangt werden durfte. Dieser Sachverhalt war nicht allen Münchner Berufungsausschüssen klar gewesen. Jedenfalls nahm der Gründungsausschuß die entsprechende Mitteilung eines Vertreters des Verteidigungsministeriums[234] mit Unwillen auf und stellte fest, daß insbesondere der Berufungsausschuß für WOW Bewerber wegen fehlender Habilitation unberücksichtigt gelassen hatte und daher jetzt z.T. neue Listen aufstellen mußte.

Weniger schwierig war die Klärung der Frage nach der Gleichbehandlung von C3- und C4-Professoren hinsichtlich des Lehrdeputats und der Aufteilung der 'Forschungsfreijahre'. Bei den Berufungsverhandlungen hatte es unterschiedliche Zusagen und in ihrer Folge Verstimmungen zwischen den Verhandlungspartnern gegeben.[235] In der Sitzung am 25.1.74 erneuerte der GA seinen schon im Juni gefaßten Beschluß[236], nach dem bei den Besoldungsgruppen C3- und C4 kein Unterschied im Umfang der Lehrverpflichtungen gemacht werden sollte, da die Lehrgebiete der C3-Professoren "in der Regel nicht weniger gewichtig und (...) umfangreich" seien als die der C4-Professoren. Beide wurden auf eine Regellehrverpflichtung von 8 Trimester-Wochenstunden (TWS) festgelegt, wobei sich das BMVg diesem Vorschlag des GA und der Berufungsausschüsse anschloß.[237]

Etwas anders verhielt es sich mit dem sog. "Forschungsfreijahr". Hier schlug das Kultusministerium vor, nach dem Vorbild der zivilen Universitäten (1 Semester Forschungsfreiraum nach 4 Jahren Lehre) zu verfahren. Dem wurde allerdings die sehr viel straffere Organisation und Durchführung des Studiums an der HSBwM und die damit verbundene höhere Lehrbeanspruchung entgegengehalten,[238] und so einigte man sich im Gründungsausschuß auf die Regelung 'jedes 4. Studienjahr ein Freijahr'.[239]

---

234 Mitteilung von Oberst i.G. Dr. Hahn in der 6. Sitzung des GA am 8.6.73, GA-Prot. 6, Archiv UniBwM.

235 Zweite, von Wachter einberufene Tagung zum Meinungsaustausch mit den bereits berufenen Professoren am 5.11.73 (die erste fand am 24.9.73 statt), Protokoll im Ordner GA-Prot., Archiv UniBwM.

236 7. Sitzung GA am 22.6.73, GA-Prot. 7, Archiv UniBwM.

237 Mündl. Auskunft Radbruch vom 24.5.93. - Zusätzliche Abstufungen bei der Regellehrverpflichtung konnten, je nach Belastung des jeweiligen Professors in Lehre und Forschung, abgestuft werden (17. Sitzung GA am 25.1.74, GA-Prot. 17, Archiv UniBwM). In der Folgezeit ging man von einem Lehrdeputat von 6-8 TWS aus. Mit Erlaß vom 24.4.92 hat das BMVg den Umfang auf 6,2 TWS festgelegt (vgl. Senatsprotokoll 4/92 ö.T., S. 4).

238 17. Sitzung GA am 25.1.74, GA-Prot. 17, Archiv UniBwM.

239 7. Sitzung GA am 22.6.73, GA-Prot. 7, Archiv UniBwM.

Die Planungen, die sich an den Vorstellungen und Empfehlungen der Bund-Länder-Kommission orientierten, sahen für den Endzustand des Hochschulausbaus (1975) insgesamt 385 Professuren (C1 - C4) für beide HSBw vor - davon 225 für München.[240] Die Ausschreibung von 33 C4- und 20 C3-Professuren für die Fachbereiche BAU, ET, INF, LRT, PÄD und WOW wurde in der ersten Sitzung des GA beschlossen.[241] Die ersten Ergebnisse lagen in der 4. Sitzung, am 30.3.73 vor. Sie stellten sich hinsichtlich der Qualität und der Anzahl der Bewerber als "überdurchschnittlich gut" in den Wirtschafts- und Organisationswissenschaften, als "recht gut" in den Natur- und Technikwissenschaften und als "marktbedingt schlecht" in der Pädagogik dar.[242]
In der 5. Sitzung am 27.4.73 zeigte sich, daß zwar einige ordnungsgemäße Dreier-Listen aufgestellt werden konnten, die Bewerberlage jedoch vielfach nur die Bildung von Zweier-Listen bzw. den Vorschlag eines einzelnen Spitzenkandidaten erlaubte. Der GA hatte gegen dieses Verfahren in der Aufbauphase keine Bedenken, und das Kultusministerium hielt es in Ausnahmefällen für möglich bzw. nahm keine offizielle Kenntnis davon.[243] Manche BA-Vorsitzende befürchteten aber dennoch, daß die Berufungen bis zum 1.10.73 nicht abgeschlossen werden könnten.[244]
Einen gewissen Lichtblick hinsichtlich der dienstrechtlichen Voraussetzungen für die Hochschullehrer im "Dienstverhältnis eines Bundesbeamten" stellte ein neuer Gesetzes-Entwurf der Bundesregierung zum HRG vom Sommer 1973 dar. Insbesondere in drei Punkten fanden die Wünsche des BMVg in hohem Maße Berücksichtigung:

1.) die Möglichkeit, Assistenzprofessoren und Leiter von Hochschulen als Beamte auf Zeit zu berufen,
2.) die beamtenrechtliche Besitzstandswahrung (Emeritierungsrecht) für Professoren, die für die Übergangszeit als Professoren an den HSBw ein privatrechtliches Arbeitsverhältnis eingegangen waren und

---

240 Vortrag Gen. Friedrich vor dem Verteidigungsausschuß des Bundestages am 14.2.73, Anlage 1 zum Kurzprotokoll der 2. Sitzung, S. 10f, HASdB 351/2 und Anlage zu 3. Sitzung GA. "Planstellen für Hochschullehrer an HSBw (1973-1975), zu beantragen für Einstellung in den Bundeshaushaltsplan - EP 14, Verteidigungsplan" sowie "Personal- und Mat.Ausstattung für Mü und HH".

241 1. Sitzung GA am 1.2.73, GA-Prot. 1, Archiv UniBwM; hier auch die Widmungen der einzelnen Professuren. Anzeigen erschienen am 10.2.73 in der "SZ" und in der "FAZ", am 10. und 17.2.73 in der "Zeit" und am 23.2.73 in der "Deutschen Universitätszeitung (DUZ)".

242 Vermerk Schelleis/PlGr 2 vom 1.4.73 über Sitzung GA am 30.3.73, BAMA Bw 2/13340.

243 Vermerk Schelleis/PlGr 2 vom 3.5.73 über Sitzung GA am 27.4.73, BAMA Bw 2/13340.

244 5. Sitzung GA am 27.4.73, GA-Prot. 5, Archiv UniBwM sowie Vermerk Schelleis/PlGr 2 vom 3.5.73 über Sitzung GA am 27.4.73, BAMA Bw 2/13340.

3.) die Möglichkeit der Begründung eines Doppelstatus für Soldaten, die auf Zeit zum Professor an einer HSBw berufen werden sollten.[245]

Da diese Regelungen aber noch keine direkten Auswirkungen auf die Berufungen haben konnten, verschlechterte sich die Bewerbersituation bis Anfang Oktober so, daß der Gründungsausschuß die Vertreter des BMVg dringend aufforderte, ein Vorschaltgesetz zum Hochschulrahmengesetz oder zum Hochschullehrer-Gesetz zu beantragen. Nur damit könnte verhindert werden, daß die Berufenen aufgrund der unsicheren Zukunftsperspektiven den Ruf ablehnten.[246]

Mitten in die Diskussionen um den Aufbau der Hochschule und die Gewinnung qualifizierter Lehrkräfte "platzte" die Nachricht von der überraschenden Entscheidung des BMVg, den künftigen Standort der HSBwM endgültig auf das Areal der Fachhochschule und der Offizierschule der Luftwaffe nach Neubiberg zu verlegen. In den ursprünglichen Planungen war die Stettenkaserne als Bereich von Forschung und Lehre und Teile der im Münchner Norden gelegenen Pionierkaserne für Wohnheime vorgesehen gewesen.[247] Als Grund nannte Ellwein die ablehnende Haltung der Landeshauptstadt München, die nicht bereit wäre, die Baugenehmigung für das Gelände der Stettenkaserne zu erteilen und unannehmbare Alternativvorschläge unterbreitet hätte.[248] In seinem Schreiben an den Bayerischen Ministerpräsidenten vom selben Tag schilderte der Verteidigungsminister den Sachverhalt folgendermaßen: "Unvorhersehbare Schwierigkeiten, die hinsichtlich der Standortwahl für die HSBwM aufgetreten sind, machen es notwendig, diese Planung aufzugeben, um den Studienbeginn zum 1.10.73 sicherzustellen". Alternativen in München bedürften der längeren Untersuchungszeit und die bisher (von der Stadt, d.Verf.) vorgeschlagenen Standorte für die Hochschule seien nicht annehmbar. Er beabsichtige, den Fliegerhorst Neubiberg vorzusehen. Dabei würde die Stettenkaserne ohne jegliche Neubauten für eine Übergangszeit von einigen Jahren mitgenutzt werden.[249]

Das BMVg seinerseits hatte die Vorschläge der Stadt, die Hochschule in eine der im Norden Münchens gelegenen Kasernen zu verlegen, wegen der dortigen schlechten Infrastruktur und der kaum vorhandenen Unterbrin-

---

245 Stellungnahme FüS I 7/Radbruch vom 23.8.73 zum Regierungsentwurf eine HRG, S. 4f, BAMA Bw 2/8562

246 12. Sitzung GA am 8.10.73, GA-Prot. 12, Archiv UniBwM.

247 Brief Sts/BMVg an LeiterBayStaatskanzlei Keßler vom 26.3.73, HA Pause 43f.

248 8. Sitzung GA am 13.7.73, GA-Prot. 8, Archiv UniBwM. - Vor allem der Bezirksrat im Stadtteil Neuhausen hatte sich gegen eine Erweiterung des militärischen Bereichs ausgesprochen. Das geht aus den umfangreichen Unterlagen BAMA Bw 2/6637 hervor.

249 BMVg an BayMinPräs vom 13.7.73, HA Pause 52-53.

gungsmöglichkeiten abgelehnt. Das Ministerium hielt insbesondere die Nähe der Stettenkaserne zu den beiden Münchner Universitäten für wünschenswert.[250] Allerdings hatte sich Stadtbaurat Zech bereits in einer Besprechung mit den für die Errichtung der Hochschule zuständigen Stellen am 11.4.73 sehr zögerlich zu diesen Wünschen geäußert. Die bayerischen Ministerien wollten erst die Probleme der Unterbringung der Staatlichen Naturwissenschaftlichen Sammlungen auf dem Gelände südöstlich der Pionierkaserne sowie des Grundstückstauschs mit dem Gelände der Tierärztlichen Institute an der LMU klären.[251]

Der Gründungsausschuß jedenfalls reagierte "mit Bestürzung" auf diese Eröffnung und beauftragte den Vorsitzenden, dem BMVg und den für den Standortwechsel verantwortlichen Stellen eine Resolution zu überbringen, in der es u.a. hieß:

"(Der Gründungsausschuß) befürchtet, daß unter diesen Umständen die Errichtung einer 'offenen' Hochschule, wie sie die Öffentlichkeit immer fordert und die Kooperation mit den anderen Hochschulen gefährdet bzw. behindert wird. Er weist außerdem darauf hin, daß bei den gesamten Berufungsverhandlungen die vorgesehene Lage der HSBw, d.h. ihre Nähe zu den anderen Hochschulen, ein entscheidender Faktor war. Durch die Standortveränderung droht der Verlust bereits gewonnener qualifizierter Lehrkräfte".[252]

Einige Professoren monierten, daß beispielsweise die Notwendigkeit, an der HSBw verstärkt auch Forschung zu betreiben, wegen der zu geringen Kapazität der geplanten Labore, in Neubiberg nicht realisiert werden könne.[253]

Die Entscheidung wurde bekanntlich nicht rückgängig gemacht und kann aus heutiger Sicht wohl nur begrüßt werden - nicht zuletzt wegen der Größe des Areals, die es erlaubte, eine echte Campus-Universität zu gestalten.

Am 1.10.73 nahmen rund 185 Studenten der Fachbereiche Elektrotechnik, Luft- und Raumfahrttechnik und Informatik ihr Studium dort auf. Etwas später folgte Maschinenbau. Die übrigen Fachbereiche Pädagogik, Wirtschafts- und Organisationswissenschaften sowie Bauingenieurwesen verblieben bis auf weiteres in der Stettenkaserne. Im voll ausgebauten Zustand (1976/77) sollte Neubiberg für 2500 Studenten ausgelegt sein.[254]

---

250 Umfangreiche Unterlagen dazu in den Akten BAMA Bw 2/6637.

251 Vermerk der WBV VI vom 18.4.73 über die Besprechung am 11.4.73 in der Stettenkaserne, HA Pause 46ff. - Tatsächlich äußerte der Stadtbaurat aber: "Diese Barras-Universität gehört in den Bayerischen Wald". So LtdRBauDir i.R., Karl Zirwas an Oberst a.D. Beck vom 5.12.92, Handakte der Verf.

252 8. Sitzung GA am 13.7.73, GA-Prot. 8, Archiv UniBwM.

253 Vermerk Schelleis/HSGrp 3 vom 23.11.73, BAMA Bw 2/8896.

254 Davon 400 PÄD, 600 WOW, 400 MB, 400 LRT, 300 ET, 400 BAU. Dies wie auch das Folgende BMVg an Regierung von Oberbayern am 19.7.73, HA Pause 56-58.

Über die schon genannten Schwierigkeiten hinaus, erwies der Umstand, daß im Zuge der Haushaltsverhandlungen die Anzahl der zur Verfügung stehenden Planstellen reduziert wurde, als zusätzliche Belastung bei den Berufungsverhandlungen. Am 8.10. teilten die Vertreter des BMVg im GA mit, ein erheblicher Teil der für den Haushalt 1973 vorgesehenen Stellen - vor allem für wissenschaftliche Mitarbeiter und Schreibkräfte - sei zunächst gestrichen worden. Mit dem BMF war vereinbart worden, daß diese Stellen (auf sog. Nachschiebelisten, d.Verf.) erneut beantragt werden könnten, ohne daß damit dem Haushalt 1974 vorgegriffen würde. Allerdings könnten die WM-Stellen nicht mit den Erfordernissen der Lehre, sondern nur der Forschung begründet werden.[255] Wichtiges Ziel des Hochschulrahmengesetzes war ja die Neuordnung der Personalstruktur im Sinne einer Überwindung der überkommenen hierarchischen Personalvielfalt und insbesondere einer Abschaffung des bisherigen lehrenden Mittelbaus. Die Stellen waren daher auch den Fachbereichen, nicht den einzelnen Professuren zugeordnet. Immerhin wurden zusätzliche Mittel für studentische Hilfskräfte zur Verfügung gestellt.[256]

Auch wenn "Forderungen der Berufenen hinsichtlich der materiellen und personellen Ausstattung" die Berufungsverhandlungen nach Auskunft des BMVg "nicht wesentlich beeinträchtigten", machte sich doch der Mangel an wissenschaftlichen Mitarbeiter- und Schreibkraftstellen deutlich bemerkbar. Dies bestätigte auch der Leiter der Hochschulgruppe der Bundeswehr, Böttcher. Die Berufungsverhandlungen, notierte er, sofern sie nicht schon abgeschlossen seien, kämen aus diesem Grunde nicht weiter. Der Gründungsausschuß habe um Aufklärung darüber gebeten, wie das BMVg die gestrichenen Stellen so auffangen wolle, daß die Arbeitsfähigkeit der Hochschule im Aufbau trotzdem sichergestellt sei.[257] Immerhin legten zwei Mitglieder des GA und Vorsitzende von Berufungsausschüssen ihre Ämter wegen des Scheiterns der von ihnen favorisierten Berufungen nieder.[258]

Damit der Bedarf an Lehrangebot dennoch sichergestellt war, mußten die noch vakanten Professuren, vor allem in Pädagogik, aber auch in den Fällen, in denen sich die Bewerber wegen der vorläufigen Nichtverbeamtung eine Zusage vorbehielten, überbrückt werden. Zum einen konnten Assistenzprofessoren im verkürzten Verfahren, ohne Ausschreibung, berufen werden - dies allerdings nur als Ausnahme in der Aufbauphase.[259] Zweitens sollte im

---

255 12. Sitzung GA am 8.10.73, GA-Prot. 12, Archiv UniBwM.

256 Ebd.

257 Vermerk Böttcher/LtrHSGrp Bw vom 23.10.73, BAMA Bw 2/13340.

258 So Heinen/WOW im September 1973 (Bericht Ellwein in der GA-Sitzung am 10.9.) und am 5.11.73 Meinke/ET.

259 13. Sitzung GA am 23.10.73, GA-Prot. 13, Archiv UniBwM.

Hinblick auf zu erwartende Lücken in der Lehre eine großzügigere Vergabe von Lehraufträgen ermöglicht werden. Hierfür schlug Ellwein folgendes Verfahren vor: Mitglieder des Gründungsausschusses und der Berufungsausschüsse sollten ohne extra Genehmigung des GA Lehraufträge erhalten können. Im übrigen war die Erteilung von Lehraufträgen an das Votum von drei "professoralen" Mitgliedern des GA (oder der Hochschule) geknüpft. In jedem Falle bedurfte sie aber der Genehmigung durch das Kultusministerium, die jedoch, wie der dort zuständige Referent mitteilte, gegebenenfalls "auch fernmündlich" eingeholt werden konnte.[260] Bald stellte sich heraus, daß ein größerer Teil der in Aussicht genommenen Lehrbeauftragten nicht promoviert war. Im Interesse einer schnellstmöglichen Aufnahme des Lehrbetriebs wurde aber auch das in Kauf genommen.[261]

Anfang November 1973 erhielt der Gründungsausschuß konkretere Informationen zu den schon im Oktober angekündigten Kürzungen. Danach standen für 1973 statt der ursprünglich eingeplanten 46 Professorenstellen nur 33 und statt der 33 Assistenzprofessoren-Stellen nur 21 zur Verfügung. Das bedeutete eine Kürzung um 25 Stellen bzw. ein Drittel der ursprünglichen Planung. Diese Streichungen hoffte man entweder über die schon erwähnte "Haushaltsnachschiebeliste" oder durch Umwandlung von Assistenzprofessoren- in WM-Stellen (A13-15) kompensieren zu können.[262] Noch Ende November äußerte der Vorsitzende des Berufungsausschusses Pädagogik starke Bedenken gegen die Tatsache, daß aus stellentechnischen Gründen manche Professuren nicht besetzt werden könnten. Dies galt für das Fach "Pädagogik des Lehrens und Lernens", aber vor allem für die beiden theologischen Professuren, die wegen haushaltsrechtlicher Probleme, d.h. fehlender Planstellen, noch vakant waren.[263]
Die Januar-Sitzung des Jahres 1974 eröffnete Ellwein dann aber mit der ermutigenden Mitteilung, die Hochschule der Bundeswehr hätte ganz offenbar einen Prestigegewinn im Bewußtsein der potentiellen Bewerber zu verzeichnen. Die Bewerbungen auf die Ausschreibungen für 1974 hätten sich qualitativ deutlich verbessert.[264]

---

260 Vermerk PlGr 2 vom 13.9.73, BAMA Bw 2/13340 sowie Beschluß des GA in der 10. Sitzung am 10.9.73, GA-Prot. 10, Archiv UniBwM.

261 12. Sitzung GA am 8.10.73, GA-Prot. 12, Archiv UniBwM.

262 14. Sitzung GA am 5.11.73, GA-Prot. 14, Archiv UniBwM.

263 15. Sitzung GA am 30.11.73, GA-Prot. 15, Archiv UniBwM.

264 17. Sitzung GA am 25.1.74, GA-Prot. 17, Archiv UniBwM.

Als die Hochschule der Bundeswehr München am 1.10.1973 ihren Lehrbetrieb aufnahm, traten

16 Professoren (bis November waren es 18)
3 Assistenzprofessoren,
61 Fachhochschullehrer, insgesamt
18 wissenschaftliche Mitarbeiter und in den Fachbereichen, den Zentralen Einrichtungen, der Verwaltung sowie dem Militärischen Bereich insgesamt
186 nichtwissenschaftliche Mitarbeiter ihren Dienst an.

Entsprechend der verhältnismäßig geringen Zahl an Professoren hatte der Hochschulbereich insgesamt 38 Lehraufträge erteilt, davon PÄD 9, WOW 8, BAU 7, LRT 6, ET 3 und INF 5, die Fachhochschulgruppen dagegen nur 5, davon BAU 4 und PÄD 1 (Sprachenlehrer).[265]

---

[265] Listen in Anlage zur 15. Sitzung GA am 30.11.73, GA-Prot. 15, Archiv UniBwM.

3. Entwicklung

3.1. Die Struktur der Hochschule und ihre rechtliche Stellung

"Die Universität der Bundeswehr München ist eine vom Freistaat Bayern als Universität mit universitären Studiengängen und Fachhochschulstudiengängen staatlich anerkannte Einrichtung des Bildungswesens im Geschäftsbereich des Bundesministers der Verteidigung. Sie ist mitgliedschaftlich organisiert und verwaltet ihre akademischen Angelegenheiten nach Maßgabe dieser Rahmenbestimmungen selbst. Ihr Träger ist die Bundesrepublik Deutschland". So lautet §1(1) in der neuesten Fassung der Rahmenbestimmungen für Struktur und Organisation der UniBwM vom 1.8.1990.
Siebzehn Jahre zuvor, am 1.8.1973, hatte der Verteidigungsminister die ersten Rahmenbestimmungen erlassen. Hier heißt die entsprechende Passage: "Die Hochschule der Bundeswehr (HSBw) München ist eine vom Freistaat Bayern als Gesamthochschule anerkannte Einrichtung im Geschäftsbereich des Bundesministers der Verteidigung" (I,1 RB 1973). Dabei hatte man sich an den im Entwurf des Hochschulrahmengesetzes verankerten Grundsatz gehalten: "Das Hochschulwesen ist durch die Bildung von Gesamthochschulen (GHS) mit dem Ziel neu zu ordnen, die gegenwärtig von Hochschulen mit unterschiedlicher Aufgabenstellung wahrgenommenen Aufgaben in Forschung, Lehre und Studium zu verbinden" (§ 4(2) E-HRG 1973). Im HRG von 1976 hieß es dann u.a.: "Hochschulen sind als Gesamthochschulen auszubauen oder zusammenzuschließen (integrierte GHS) oder unter Aufrechterhaltung ihrer rechtlichen Selbständigkeit zu GHS zu verbinden (kooperative GHS)" (§ 5(1) HRG 1976). Mit der von Bayern gewünschten Trennung der universitären von den Fachhochschul-Fachbereichen war auch die Idee der "Gesamthochschule" irrelevant geworden. In der Fassung der Rahmenbestimmungen vom August 1981 ist dann von der "Hochschule mit universitären Studiengängen und Fachhochschulstudiengängen" die Rede (§1(1) RB 1981). Auch die spätere Hochschulrahmengesetzgebung gab "die Orientierung an dem einheitlichen Organisationsmodell der Gesamthochschule" auf (Vorwort HRG 1986). Wie in diesem Falle haben sich im Zuge der Vereinheitlichung des Hochschulrechts durch das Hochschulrahmengesetz von 1976 mit den Änderungsgesetzen von 1985 in siebzehn Jahren gewonnener neuer Erkenntnisse und Erfahrungen auch andere Punkte in den Rahmenbestimmungen geändert bzw. wurden stark erweitert. Diese werden, sofern sie im Kontext der Darstellung von Belang sind, extra erwähnt.
Ausführliche Diskussionen waren bekanntlich zwischen Bund und Ländern zu führen, bis die Struktur der zwei vom Bund betriebenen und vom Land

beaufsichtigten Hochschulen für Offiziere gefunden wurde. In Hamburg mußte der Verteidigungsminister als Grundlage für die Errichtung einer Bundeswehrhochschule ein Verwaltungsabkommen mit der Stadt abschließen.[266] In München bedurfte es eines solchen Abkommens nicht. Hier eröffnete die Bayerische Verfassung bereits die Möglichkeit, eine nichtstaatliche Hochschule staatlicherseits anzuerkennen. Dafür wurde mit Bayern umso länger über die Rahmenbestimmungen des Bundes und den Anerkennungsbescheid des Landes beraten.[267] Dies war insofern schwierig, als das Engagement des Bundes bei einer Hochschulgründung für das dezidiert föderal orientierte Land Bayern einen massiven Eingriff in die Kulturhoheit - die wichtigste Domäne der Bundesländer - bedeutete. Gerade das Hochschulrecht ist nahezu ausschließlich Landesrecht. Nur wenige Vorschriften des Grundgesetzes der Bundesrepublik Deutschland binden die Kulturhoheit der Länder im Bereich des Hochschulrechts. Beispielsweise gewährleistet Art. 5,3 Grundgesetz (GG) die Freiheit von Forschung und Lehre, nach Art. 74,13 GG hat der Bund die konkurrierende Gesetzgebungszuständigkeit zur Förderung der wissenschaftlichen Forschung, und Art. 75,1a GG gibt ihm unter den Voraussetzungen von Art. 72 (konkurrierende Gesetzgebung) das Recht, Rahmenvorschriften über die allgemeinen Grundsätze des Hochschulwesens zu erlassen. Dieser Artikel stellte auch die Basis für das 1976 erlassene Hochschulrahmengesetz dar. Den Beratungen um die Errichtung der Bundeswehrhochschulen lag immer die jeweils gültige Fassung des Entwurfs des HRG zugrunde.
Von Seiten des Landes Bayern ermöglichte Artikel 138,1 der Bayerischen Verfassung die Anerkennung kirchlicher und anderer nichtstaatlicher Hochschulen. Darüber hinaus griffen einschlägige Abschnitte des Entwurfs des Bayerischen Hochschulgesetzes (E-BayHSchG)vom 22.9.72[268] wie etwa § 100, nach dem "Einrichtungen zur Ausbildung im Dienst der Bundeswehr" auf Antrag als Hochschulen staatlich anerkannt werden konnten.
Wichtigste Voraussetzung für die Gründung einer diesen landesrechtlichen

---

266 Verwaltungsabkommen zwischen dem Bundesminister der Verteidigung und der Freien und Hansestadt Hamburg vom 29.9. und 3.10.72. - Vgl. dazu Weise, HS-BwH, S. 11, der hierin aus staatsrechtlicher Sicht eine Form des "kooperativen Föderalismus" erkennt.

267 Entsprechende handschriftliche Notiz Radbruchs für Vortrag im Beirat Innere Führung am 14.9.73, BAMA Bw 2/8566. - Grundsätzlich geht dem Erlaß der Rahmenbestimmungen durch den BMVg eine Vereinbarung über ihren Inhalt mit dem Freistaat Bayern voraus, der insofern ein Mitspracherecht bei ihrer Ausgestaltung hat. Schriftl. Auskunft Steinkamm vom Juni 1994.

268 Auszug bei Steinkamm, Rechtsfragen, Anhang, S. 103-107. - Die endgültige Neufassung des Bayerischen Hochschulgesetzes konnte erst nach Erlaß des Hochschulrahmengesetzes verabschiedet werden.

Vorschriften für nichtstaatliche bzw. private Hochschulen unterliegenden Hochschule der Bundeswehr aber war ihre Genehmigung bzw. Anerkennung[269] durch das Land Bayern - ebenfalls gemäß Artikel 138 BV. Die Bedingungen für eine solche Anerkennung - vor allem die Erfüllung des Grundsatzes der Gleichwertigkeit der nichtstaatlichen mit den staatlichen Hochschulen - waren u.a. in den Artikeln 95 und 97 E-BayHSchG sowie in § 54 des Entwurfs des Hochschulrahmengesetzes festgelegt.
Danach mußten nichtstaatliche Hochschulen folgende Grundsätze beachten:

- "Das Hochschulwesen dient der Pflege und Entwicklung der Wissenschaften und der Künste durch Forschung, Lehre und Studium. Die Hochschulen bereiten auf eine berufliche Tätigkeit vor, welche die Anwendung wissenschaftlicher Erkenntnisse und wissenschaftlicher Methoden [...] erfordert [...].
- Das Studium muß an dem Ziel ausgerichtet sein, dem Studenten die Fähigkeiten sowie Methoden und Fachkenntnisse zu vermitteln, die dem Bildungsauftrag der jeweiligen Hochschule entsprechen und ihn auf ein berufliches Tätigkeitsfeld vorzubereiten.
- Die Studienbewerber müssen die Voraussetzungen für die Aufnahme in eine entsprechende staatliche Hochschule erfüllen.
- Die Hochschule darf in personeller, räumlicher und einrichtungsmäßiger Hinsicht nicht hinter vergleichbaren staatlichen Hochschulen zurückstehen".[270]

Angesichts dieser Vorgaben und im Hinblick auf die, ebenfalls in der Entwurf-Fassung vom November 1972 vorliegenden "Rahmenbestimmungen für Struktur und Organisation der HSBwM" des Bundesverteidigungsministers sowie des auf ihrer Grundlage vom Land zu erlassenden Anerkennungsbescheids war eine detaillierte Abstimmung zwischen Bund und Land notwendig.
Mit den Rahmenbestimmungen regelt der Bundesverteidigungsminister die Rechtsverhältnisse beider Hochschulen.[271] In ihnen sind die vom Land im Interesse der Gleichwertigkeit mit den Landesuniversitäten geforderten Vor-

---

269 Zum Begriff "Anerkennung" in diesem Zusammenhang vgl. Steinkamm, Rechtsfragen, S. 93.

270 Steinkamm, Rechtsfragen, S. 94.

271 Die ersten Rahmenbestimmungen wurden am 1.8.73 erlassen und erfuhren in der Fassung vom 12.7.78 eine Änderung. Eine Neufassung in der Folge des Hochschulrahmengestzes vom 26.1.76 erfolgte am 12.8.81. Sie trat am 1.12.82 in Kraft und wurde am 14.6.85 geändert. Mit dem Gesetz zur Änderung des BayHSchG vom 25.7.88 und des BayHSchLG vom 23.3.89 wurde das geänderte Rahmenrecht in Landesrecht umgesetzt und die Rahmenbestimmungen konnten den neuen Bedingungen angepaßt werden. Ergebnis waren die nunmehr letzten Rahmenbestimmungen vom 1.8.1990.

aussetzungen zusammengefaßt. Weise wertet die Entwurf-Fassung als "administrativen Versuch einer ersten Konkretisierung eines noch nicht bekannten gesetzgeberischen Willens".[272] Grundsätzlich klären sie strukturelle und organisatorische Belange der HSBw. Auch wird durch vielerlei Zugeständnisse an den Freistaat Bayern im akademischen Bereich den Erfordernissen der Kulturhoheit des Landes genüge getan. Die verfassungsrechtliche Bedeutung der Rahmenbestimmungen liegt in der konkreten inhaltlichen Aussage zur Rechtsgestalt der Hochschulen. Dabei handelt es sich ausdrücklich um einen Erlaß, nicht um ein Gesetz. In der Anfangszeit stellten sie außerdem in Ermangelung einer Geschäftsordnung die entscheidende Orientierung für die organisatorische und rechtliche Ausgestaltung des Hochschul-Innenbereichs dar.

Am 22.1.1973 hatte der BMVg die staatliche Anerkennung der in München geplanten Bundeswehrhochschule beantragt. Nachdem sich in den langwierigen Verhandlungen schließlich ein für beide Seiten akzeptables Ergebnis abgezeichnet hatte, erließ er am 1. August desselben Jahres die Rahmenbestimmungen. Daraufhin erkannte der bayerische Kultusminister die Hochschule mit Bescheid vom 3.8.1973 staatlich an.
Der Anerkennungsbescheid regelt bayerischerseits, über die formale Anerkennung hinaus, die Rechtsbeziehungen zwischen dem Kultusministerium, der Hochschule und dem Verteidigungsminister. Danach genehmigt der Kultusminister u.a. in Absprache mit dem BMVg die Rahmenbestimmungen, die Grundordnung und die Wahlordnung. Prüfungs- und Studienordnungen sowie seit 1980/1981 Promotions- und Habilitationsordnungen, Bestimmungen über Immatrikulation und Exmatrikulation und die Gasthörerordnung werden von ihm erlassen. Darüber hinaus erteilt er die Lehrgenehmigung für zu berufende Professoren, Hochschulassistenten sowie für Lehrbeauftragte. Im Einvernehmen mit dem Kultusminister bestellt der Verteidigungsminister den Präsidenten.
Der erste Anerkennungsbescheid wurde, ebenso wie der folgende 1976, gemäß Artikel 95,4 E-BayHSchG auf drei Jahre befristet. 1979 und 1981 erfolgten dann zwei auf jeweils ein Jahr befristete Bescheide.[273] Bei diesen Befristungen war man davon ausgegangen, daß mit Wirksamwerden des neuen Hochschulrahmengesetzes und der in seiner Folge revidierten Fassung der Bayerischen Hochschulgesetzes auch die Rahmenbestimmungen einer umfassenden Überarbeitung unterzogen werden würden. Das BayHSchG vom November 1978 eröffnete Bayern die Möglichkeit, der HSBwM 1980

272 Dies und das Folgende bei Weise, Die Hochschule der Bundeswehr Hamburg, S. 44-49.
273 Gemäß Artikel 91 und 96 BayHschG am 17. September 1979 und am 14. Juli 1980.

das Promotionsrecht zu verleihen.[274] Für das ebenfalls noch ausstehende Habilitationsrecht bedurfte es noch einer strukturellen Korrektur. "Im Hinblick auf die Gleichwertigkeit der Hochschule der Bundeswehr München mit den Hochschulen des Freistaates Bayern" forderte das Kultusministerium mit Schreiben vom 8.4.1980 "eine organisatorische Trennung der universitären Studiengänge von den Fachhochschulstudiengängen in gesonderten Fachbereichen".[275] Sie wurde vollzogen und in Artikel 21 der Neufassung der Rahmenbestimmungen verankert.[276] Gleichzeitig mit der Zuerkennung des Habilitationsrechts erfolgte die unbefristete Anerkennung der Hochschule durch das Land, zumal die Rahmenbestimmungen auch ansonsten den in Bayern geltenden hochschulrechtlichen Vorschriften und Anforderungen entsprachen und die HSBwM "in personeller, räumlicher und einrichtungsmäßiger Hinsicht nicht hinter vergleichbaren staatlichen Hochschulen" zurückstand.[277]

So genießt die Hochschule (seit 1.4.1985 Universität)[278] Autonomie in allen akademischen Angelegenheiten - mit der Ausnahme, daß sie ihren wissenschaftlichen Nachwuchs nicht aus den Reihen der eigenen Absolventen rekrutieren können. Ihre Befugnisse richten sich nach dem geltenden Hochschulrecht. Damit erhalten die Offizier-*Studenten*, wie ihre Kommilitonen an den öffentlichen Universitäten, eine wissenschaftliche Ausbildung in akademischer Freiheit - mit dem einzigen Unterschied, daß sie auch nach der Immatrikulation den Status des Soldaten beibehalten. "Das Studium dient dienstlichen Zwecken und der Erfüllung von Aufgaben der Bundeswehr wie jede andere Ausbildung zur späteren Verwendung in der Truppe. [...] Da der

274 Mit Bescheid vom 14.7.1980 und mit Wirkung vom 1.10.1980. Vgl. Anerkennungsbescheid des Bayerischen Staatsministeriums für Unterricht und Kultus vom 29.9.1981, S. 17.

275 Zitiert nach Anerkennungsbescheid des Bayerischen Staatsministeriums für Unterricht und Kultus vom 29.9.1981, S. 15.

276 Danach war die Hochschule in einen Zentralbereich sowie 7 universitäre und 3 Fachhochschul-Fachbereiche gegliedert. Diese am 12.8.1981 von BMVg und BStMUK erlassene Fassung der Rahmenbestimmungen trat am 1.12.1982 in Kraft.

277 Anerkennungsbescheid des Bayerischen Staatsministeriums für Unterricht und Kultus vom 29.9.1981, S. 16.

278 Einem entsprechenden Antrag des BMVg vom 4.10.1984 folgte das Kultusministerium mit Schreiben vom 15.3.85. Diesem Akt waren längere Diskussionen vorausgegangen, in denen beispielsweise der Vorschlag des damaligen Präsidenten, Prof. Dr. Wienecke, zur Sprache kam, sie nach dem Physiker "Helmholtz-Universität" zu taufen (SdB an BMVg vom 16.12.83, BAMA Bw 2/17426. - Vgl. auch Ordner "Gesamtorganisation", Senatsbüro UniBwM). Später unternahm die Gemeinde Neubiberg den Versuch, eine Umbenennung in "Universität der Bundeswehr Neubiberg" (statt München) zu erwirken (vgl. Senat 7/86, S. 10f). Ein entsprechendes Schreiben des Bürgermeisters an den Verteidigungsminister wurde allerdings ablehnend beantwortet (Schriftl. Auskunft Radbruch vom 8.9.93).

Student während seiner Zugehörigkeit zur Bundeswehrhochschule Soldat ist und militärischen Dienst leistet, unterliegt er allen ihm vom Soldatengesetz (SG) in und außerhalb des Dienstes auferlegten Pflichten. Seine Rechte bemessen sich nach § 6 SG. Danach hat der studierende Soldat grundsätzlich die gleichen staatsbürgerlichen Rechte wie jeder andere Staatsbürger; seine Rechte werden jedoch im Rahmen der Erfordernisse des militärischen Dienstes durch seine gesetzlich begründeten Pflichten beschränkt".[279]
Daraus leitet sich die Festlegung eines monatlich einmal stattfindenden "militärischen Nachmittags" neben der akademischen Ausbildung sowie die studienbegleitende Sport- und Sprachausbildung "nach den in der Bundeswehr allgemein geltenden Vorschriften"[280] ab. So lautet es in den Rahmenbestimmungen: "Dem Sprachenzentrum obliegt die Erteilung des bundeswehrspezifischen praktischen studienbegleitenden Sprachunterrichts für die Studenten im Rahmen ihrer Offizierausbildung" (§ 22 (1) RB 1990)[281] und für den Sport: "Die fachliche und organisatorische Gestaltung der Sportausbildung richtet sich nach den entsprechenden Beschlüssen der UniBw nach Maßgabe der Rahmenbedingungen für den Sport der an der UniBw studierenden Soldaten" (§ 23 (3) RB 1990).
Ansonsten werden die Studenten durch Immatrikulation Mitglieder der Universität und damit des akademischen Bereichs. Voraussetzung für die Immatrikulation ist der Nachweis der nach bayerischem Landesrecht für ein Studium an der Universität bzw. der Fachhochschule jeweils geforderten Bildungsvoraussetzungen, d.h. Abitur bzw. Fachhochschulreife, die bestandene Offzierprüfung sowie die Verpflichtung auf eine Gesamtdienstzeit in der Bundeswehr von mindestens 12 Jahren.[282] Im Rahmen der Studien- und Prüfungsordnung haben sie das Recht, Lehrveranstaltungen frei zu wählen und innerhalb eines Studiengangs Studienrichtungen und Schwerpunkte nach eigener Wahl zu bestimmen. Sie wählen Vertreter in die akademischen Gremien (Fachbereichsräte, Studiengangsausschüsse und Senat) und in ihre Vertretungskörperschaft, den Konvent (§ 5 RB 1990).

---

279 "Soldatengesetz und Studium an den Bundeswehrhochschulen", Vortrag RDir Dr. Kammerloher BMVg/VR I 1 vor der Arbeitsgruppe BEBGenInsp am 8.5.1973, masch.schriftl. Manuskript in: Ordner "Hochschulrahmengesetz" Archiv UniBwM. - Vgl. auch §5 RB 1990.

280 Ebd., S. 3.

281 Wenn nicht anders vermerkt, handelt es sich auch im Folgenden um die entsprechenden Paragraphen der Rahmenbestimmungen vom 1.8.1990. - Im Folgenden wird zumeist aus nur einer Fassung der Rahmenbestimmungen (RB), bes. der Fassung von 1990, zitiert. Nur wenn Besonderheiten zu vermerken sind, werden verschiedene Fassungen zum Vergleich herangezogen.

282 Bei nicht bestandener Prüfung reduziert sich die Verpflichtungszeit auf 6 Jahre, bei der Luftwaffe auf 4 Jahre.

Der Soldatenstatus der Studenten hat eine weitere strukturelle Konsequenz für die Hochschulen der Bundeswehr, nämlich das Vorhandensein eines **Studentenbereichs**, in dem "die studierenden Soldaten der UniBw und das militärische Stammpersonal organisatorisch zusammengefaßt" sind. "Er dient der truppendienstlichen Führung der Soldaten, insbesondere auf den Gebieten der soldatischen Erziehung und Ordnung der militärischen Aus- und Fortbildung, der Betreuung und Fürsorge sowie der Personalbearbeitung" (§28 RB 1990). Zu ihm gehören auch die Wohnbereiche der Studenten, Freizeiteinrichtungen und der Sanitätsbereich. Der **Leiter des Studentenbereichs** mit der Disziplinargewalt eines Regimentskommandeurs, ist truppendienstlicher Vorgesetzer aller Soldaten an der Universität. Er hat Sitz und beratende Stimme im Senat und kann an den Sitzungen der Senatsausschüsse teilnehmen (§29(1) RB 1990). Dabei ist für die Organisation die Unterstellung von zentraler Bedeutung. Der Leiter Studentenbereich untersteht zwar truppendienstlich dem Stellvertretenden Generalinspekteur, ist aber allgemeindienstlich dem Präsidenten unterstellt.

Neben dem Stab und dem Sanitätsbereich sind die **Studentenfachbereiche** ET, INF/BAUV, LRT, PÄD und WOW wichtigster Bestandteil des Studentenbereichs. Ihre Leiter sind mit der Disziplinargewalt von Bataillonskommandeuren ausgestattet. Sie haben Sitz und beratende Stimme in dem jeweiligen Fachbereichsrat und das Recht, beratend an den Sitzungen der Studiengangsausschüsse mit Ausnahme der Prüfungs-, Promotions-, Habilitations- und Berufungsausschüsse teilzunehmen (§29(2) RB 1990).

Von Beginn der Planungen an hatte die Tatsache, daß es sich bei den Studenten um Soldaten handelte, viel Kopfzerbrechen bereitet. Es stand eigentlich nur fest, daß ein Soldat vom Status her einen militärischen, d.h. truppendienstlichen Vorgesetzten brauchte. Daher mußte es neben oder in der Hochschule einen militärischen Bereich geben. Neben der Hochschule hätte ein Studentenregiment angesiedelt werden können. Man entschied sich in Bonn aber dagegen, weil man befürchtete, daß aus dem Nebeneinander ein Dualismus erwuchs, der die Verantwortlichkeiten vermischte und dann zu einem Gegeneinander führte. So entstand die gegenwärtige Konstruktion "in" der Hochschule.[283] Die Akzeptanz des Studentenbereichs in bestimmten Kreisen entsprach zum Teil nicht der eigentlichen Intention. Seine Funktion als betreuende, versorgende und die Freizeit mitgestaltende Instanz für die Studenten ließ ihn für manche Militärs als Disziplinierungsinstrument erscheinen, Juristen im BMVg wandten teilweise das Soldatengesetz auf das Studium an, und die linke Hochschulöffentlichkeit unterstellte, daß das BMVg nicht in der Lage sein würde, die Freiheit von Wissenschaft und Studium

283 Schriftliche Auskunft Radbruch vom 8.9.93.

zu garantieren.[284] Daher mußte das Prinzip von Befehl und Gehorsam sorgfältig vom Studium selbst getrennt und jeder Anschein vermieden werden, es handele sich nicht um eine Hochschule, sondern um eine Militärakademie. Die Tatsache, daß Art. 5(3) GG durch das Soldatengesetz nicht eingeschränkt wurde, war die Voraussetzung für die Anerkennung der Hochschulen in der Öffentlichkeit.

Der **Präsident** ist Beamter. Er leitet die Universität hauptamtlich und vertritt sie nach außen. Er ist Dienstvorgesetzter der an der Universität tätigen Beamten und Vorgesetzter der Soldaten und Arbeitnehmer in allgemeiner dienstlicher Hinsicht. Er wahrt die Ordnung an der Universität und übt das Hausrecht aus. Vor allem ist er Vorsitzender des wichtigsten akademischen Gremiums der Hochschu!e, des Senats und vollzieht dessen Beschlüsse. Darüber hinaus hat er das Recht, an allen Sitzungen der Kollegialorgane teilzunehmen. Er wird vom Senat gewählt und vom Bundesminister der Verteidigung im Einvernehmen mit dem Bayerischen Kultusminister für die Dauer von sechs Jahren bestellt. Es besteht die Möglichkeit der Wiederwahl. In akademischen Angelegenheiten wird der Präsident "nach näherer Regelung in der Grundordnung" von Vizepräsidenten und in Rechts- und Verwaltungsangelegenheiten vom Kanzler vertreten (§15 RB 1990).[285] Neben dem schon erwähnten **Studentenbereich** unterstehen ihm der **Zentrale Bereich** mit dem Senat und seinen Ausschüssen sowie die **Zentralen Einrichtungen** - Universitätsbibliothek, Medienzentrum, Rechenzentrum, Sprachenzentrum und Sportzentrum (§18-23 RB 1990), die **Fachbereiche** mit ihren Organen und der Gemeinsamen EGA/ETA-Kommission (§25-27 RB 1990) sowie der **Verwaltungsbereich** mit dem Kanzler an der Spitze (§30-31 RB 1990).
Im einzelnen beschließt der **Senat** (§ 16 RB 1990) in allen die Universität als Ganzes berührenden akademischen Angelegenheiten von grundsätzlicher Bedeutung; so u.a. über die Grundordnung, über Grundsatzfragen der Förderung wissenschaftlichen Nachwuchses, über Studien- und Prüfungs-, Promotions- und Habilitationsordnungen, über Anträge der Fachbereiche zur Erteilung von Lehraufträgen und Verleihung von akademischen Würden und über Beiträge zur Planung der weiteren Entwicklung der Universität. Darüber hinaus nimmt er Stellung zu Vorschlägen der Fachbereiche bezüglich

---

284 Dies und das Folgende: "Konfliktstruktur des Gründungsvorgangs einer Hochschule der Bundeswehr in München (zusammengestellt im Mai 1973)", Nachlaß Klaus von Schubert.

285 Die Vizepräsidenten (1 univ., 1 FHS) werden auf Vorschlag des Präsidenten vom Senat mehrheitlich gewählt. Den Kanzler ernennt der BMVg im Benehmen mit dem BStMUKWK (§30(3) RB 1990).

der Fortentwicklung von Studiengängen und -abschlüssen sowie für die Berufung von Professoren. Der Senat beschließt auch über den Beitrag der Universität zum Haushaltsvoranschlag und koordiniert die Tätigkeit der Fachbereiche. Bei seiner Tätigkeit unterstützen ihn die **ständigen Ausschüsse** (§ 17 RB 1990) für "Lehre und Studium" (LuSt) der universitären und der Fachhochschulstudiengänge, für "Forschung und wissenschaftlichen Nachwuchs" (FuN), für "Planung und Haushalt" (PLH) mit dem Kanzler als Vorsitzendem (qua Amt) sowie für "Raum- und Bauangelegenheiten" (RuB). Für bestimmte Angelegenheiten können zusätzlich **nichtständige Ausschüsse** eingesetzt werden.
Gemäß HRG (§ 64 HRG 1973 und 1985) und BayHSchG (Art. 36) bildet der **Fachbereich** die organisatorische Grundeinheit der Universität. Er erfüllt für sein Gebiet die Aufgaben der UniBw (C/V RB 1973 und § 25 RB 1990). In Anlehnung an das Bayerische Hochschulgesetz (Art. 36(1)) können sich Fachbereiche mit universitären Studiengängen "Fakultäten" nennen (§25(1) RB 1990).[286]
Die UniBwM gliedert sich in die Fakultäten für Bauingenieur- und Vermessungswesen, Elektrotechnik, Informatik, Luft- und Raumfahrttechnik, Pädagogik, Sozialwissenschaften sowie Wirtschafts- und Organisationswissenschaften und in die Fachhochschul-Fachbereiche Maschinenbau, Bauingenieurwesen und Elektrotechnik (seit 1.10.92 nur noch Elektrotechnik/FH) sowie Betriebswirtschaft. Die Fachbereiche sollen u.a. das Lehrangebot sicherstellen, Hochschulprüfungen und studienbegleitende Beratung durchführen, wissenschaftlichen Nachwuchs heranbilden, in den universitären Studiengängen die Forschung und in den Fachhochschulstudiengängen die anwendungsbezogenen Entwicklungsvorhaben pflegen und Vorschlagslisten für Berufungen beschließen. Die Organe des Fachbereichs sind der Fachbereichsrat und der Fachbereichssprecher, der die Bezeichnung "Dekan" führt. Er wird durch den "Prodekan" vertreten (§ 26 RB 1990). Zusätzlich zu den Fachbereichen wird im Interesse der Wahrung eines einheitlichen Konzepts für den Bereich der erziehungs- und gesellschafts- (bzw. technik-) wissenschaftlichen Anteile des Studiums (EGA/ETA) eine gemeinsame Kommission gebildet (§ 27 RB 1990).

Eine der wichtigen Fragen innerhalb der Hochschulreform-Diskussion der 70er Jahre und damit auch zentraler Punkt bei den Verhandlungen zwischen

---

[286] Dem entsprechenden Antrag der UniBw stand das Bundesrecht entgegen. Die Genehmigung durch das BMVg erfolgte daher "autochton" ohne Anlehnung an das BayHSchG. Aber dem Kultusministerium erleichterte das BayHSchG, der entsprechenden Änderung der Rahmenbestimmungen zuzustimmen, schriftliche Auskunft Radbruch vom 8.9.93.

dem Bund und Bayern bezüglich der Bundeswehrhochschule war der Komplex Mitbestimmung bzw. Mitwirkung der inneruniversitären "Gruppen" bei der Selbstverwaltung der Hochschule und ihre Vertretung in den Gremien. Das Hochschulrahmengesetz (§37) und zuvor sein Entwurf (§40) überließ die zahlenmäßige Festlegung der Gruppenvertreter in den Gremien der Landesgesetzgebung. Daher mußte die im Entwurf der Rahmenbestimmungen von 1972 vorgesehene Zusammensetzung (vgl. oben Kap. 2.3.) 1973 gemäß den bayerischen Vorstellungen korrigiert werden. Anders als zunächst geplant, sollte der "Leiter des militärischen Hochschulbereichs" nicht zu den stimmberechtigten Mitgliedern des akademischen *Senats* gehören. Ihm gehörten demnach mit Stimmrecht an:

der Präsident,
8 gewählte Professoren,
2 Fachhochschullehrer,
2 gewählte Assistenzprofessoren,
2 gewählte wissenschaftliche Mitarbeiter,
1 gewählter sonstiger Mitarbeiter,
3 gewählte Studenten.

In den *Fachbereichsräten* saßen mit Stimmrecht:

1 Sprecher,
4 gewählte Professoren,
2 Fachhochschullehrer,
1 gewählter Assistenzprofessor,
1 gewählter wissenschaftlicher Mitarbeiter,
1 gewählter sonstiger Mitarbeiter,
3 gewählte Studenten (F,II RB 1973).

Mit der Zusammenfassung der Professoren und der Assistenzprofessoren in der Gesamtgruppe der "Professoren" im HRG von 1976 und der Trennung der Hochschulfachbereiche von den Fachhochschulfachbereichen in der HSBwM ergab sich folgende Besetzung:

Senat:

der Präsident,
10 Vertreter der Professoren,
3 Vertreter der Hochschulassistenten, der wissenschaftlichen Mitarbeiter und der Lehrkräfte für besondere Aufgaben mit abgeschlossenem Hochschulstudium,
2 Vertreter der anderen hauptberuflich tätigen Bediensteten/Mitarbeiter,
3 Vertreter der Studenten, davon mindestens je einer aus den universitären und den Fachhochschul-Studiengängen.[287]

[287] Zum Vergleich sei hier angemerkt, daß im Senat der Hamburger Schwesterhoch-

Fachbereichsräte:

7 Vertreter der Professoren

2 Vertreter der Hochschulassistenten, der wissenschaftlichen Mitarbeiter und der Lehrkräfte für besondere Aufgaben mit abgeschlossenem Hochschulstudium

1 Vertreter der Hochschulassistenten, der wissenschaftlichen Mitarbeiter und der Lehrkräfte für besondere Aufgaben mit abgeschlossenem Hochschulstudium

3 Vertreter der Studenten (§32 RB 1981 sowie §34 RB 1990).[288]

3.2. Die Integration der Fachhochschulen der Luftwaffe und des Heeres

Der Prozeß der Integration der Fachhochschulen der Luftwaffe und des Heeres in die Hochschule der Bundeswehr war äußerst schwierig, und der Weg zum Idealzustand einer "Gesamthochschule" mit "durchlässigen Bildungsgängen"[289] wurde letztlich doch nicht beschritten. Dennoch muß die Tatsache, daß in München die Offizierschule der Luftwaffe sowie die Fachhochschulen der Luftwaffe mit den drei anwendungsbezogenen Studiengängen "Maschinenbau", "Elektrotechnik" und "Betriebswirtschaft" und des Heeres mit "Allgemeine Wissenschaften" und "Bauingenieurwesen" vor Ort waren und sich ihre Angliederung anbot, als Glücksfall bezeichnet werden.
Das Vorhandensein ihrer Infrastruktur wie Hörsäle, Seminarräume und Laboranlagen erleichterte die Einhaltung des vom Minister gewünschten Termins der Aufnahme des Lehrbetriebs am 1.10.73 und ermöglichte die Einsparung erheblicher Mittel für Baumaßnahmen. Außerdem war die Münchner Hochschule hinsichtlich des Bewerberpotentials gegenüber ihrer Hamburger Schwester von vornherein durch die Möglichkeit im Vorteil, auch praxisbezogene Studiengänge anbieten zu können. Vor allem aber kam ihr

---

schule heute die Sitzverteilung 11 : 4 : 2 : 4 vorliegt.

288 Das BayHSchG in seiner jetzt gültigen Fassung vom 22.12.1988 sieht nur je 2 Studentenvertreter in Senat und Fachbereichsräten vor, wobei in die Fachbereichsräte durch die "Quorumsregelung" [gemäß Art. 45(3) BayHschG kann die Zahl der von einer Gruppe besetzbaren Sitze nur bei einer Mindestbeteiligung der wahlberechtigten Gruppenmitglieder von 50% voll ausgeschöpft werden] bei den Hochschulwahlen häufig sogar nur ein Student gelangt.

289 Ein Grundprinzip der Reform von Bildung und Ausbildung in der Bw, dessen Ideal es war, Offiziere mit gleichem Status bei unterschiedlichen Bildungsvoraussetzungen zu erhalten, HASdB 501.

damit tatsächlich ein Sonderstatus im Sinne der eingangs erwähnten Vorreiterrolle für ein neues Hochschulmodell zu.

Die Vorläuferinstitutionen der Fachhochschulen der Bundeswehr wurden seit Ende der 50er Jahre in der Erkenntnis gegründet, daß in einer hochtechnisierten Armee zunehmend Offiziere in besonderen Verwendungen einer fachbezogenen akademischen Ausbildung bedurften. Bis dahin waren sie zum Studium an zivile Hochschulen und Universitäten entsandt worden. Jetzt sollten sie an eigens für den Bedarf der Teilstreitkräfte errichteten Schulen ausgebildet werden.
Die Fachhochschule der Luftwaffe in Neubiberg beispielsweise wurde 1958 als "Höhere Technische Schule der Luftwaffe" mit den Fachrichtungen Maschinenbau und Elektrotechnik in Neubiberg eröffnet,[290] erhielt 1966 vom BStMUK die Anerkennung als "Ingenieurschule" und wurde gleichzeitig in "Technische Akademie der Luftwaffe" umbenannt. 1971 erfolgte in Vollzug des Bayerischen Fachhochschulgesetzes (BayFHSG) vom 27.10.70 ihre Anerkennung als private Fachhochschule durch das Kultusministerium, verbunden mit der Aufnahme eines betriebswirtschaftlichen Studiengangs.

Thomas Ellwein hatte ursprünglich in seinem Konzept weder Fachhochschulen noch FHS-Studiengänge vorgesehen. Er war davon ausgegangen, daß nach einer Übergangszeit die gesamte Offizierausbildung von den Bundeswehrhochschulen abgedeckt werden würde und sich die Vorläufereinrichtungen dann erübrigten.[291] Entgegen dieser Annahme stellte sich aber bald heraus, daß es künftig nicht möglich sein würde, den gesamten Bedarf an Offizieranwärtern durch Abiturienten zu decken. Das Nachholen der Bildungsvoraussetzungen bis zum Abitur und ein anschließendes Studium innerhalb der Ausbildungszeit aber hätte diese gegenüber der Verwendungszeit unverhältnismäßig verlängert. Abgesehen davon, daß weiterhin ein bestimmter Anteil von Nichtabiturienten mit Fachhochschulreife und potentiellen Führungsqualitäten Verwendung fand, der aus den Fachhochschulen rekrutiert wurde, bestand darüber hinaus ein starker Bedarf an überwiegend

290 Nachdem sie ein Jahr in Faßberg/Lüneburger Heide stationiert gewesen war. - Diese und folgende Informationen aus: "Fachhochschule der Luftwaffe München/Neubiberg 1957-1974", München/Neubiberg 30.9.1974 (vervielfältigtes Typoskript).

291 Mündl. Auskunft H. E. Radbruch vom 20.8.91. - In einem Interview äußerte er 1990, seiner Meinung nach habe eine volle wissenschaftliche Universitätsausbildung eine "längere Halbwertzeit" als eine fachlich strengere FHS-Ausbildung. Wenn man nach dem Studium sieben oder acht Jahre draußen sei, falle der Anschluß für einen Universitätsabsolventen in der Regel leichter als für einen FHS-Absolventen, in: Nachdenkliches zu den Töchtern, HSK 17 (1990), S. 15.

anwendungsorientiert ausgebildeten Offizieren, die ebenfalls in den FHS-Studiengängen ausgebildet werden sollten - auch wenn man davon ausgehen konnte, daß sich die Offiziere mit Rücksicht auf ihre spätere zivile Laufbahn und angesichts der unterschiedlichen Einstufung von Diplom- und graduierten (heute Dipl.-Ing.(FH)) Ingenieuren im öffentlichen Dienst, in der Mehrheit um ein Hochschulstudium mit dem Abschluß "Dipl.-Ing." bemühen würden.[292]

In den Verhandlungen mit Bayern war man zunächst davon ausgegangen, daß die Fachhochschulen neben der Hochschule weiterbestehen und ihre technischen Einrichtungen den Studenten der Hochschule zur Verfügung stellen würden. Der Verteidigungsminister umriß es dahingehend, daß "die Offiziere (...) z.T. die Fachhochschule oder die Hochschule besuchen" würden.[293] Teile des Lehrpersonals der Fachhochschulen sollten dann sukzessive von der Hochschule übernommen werden, wobei Bayern im Interesse der Kompatibilität mit den zivilen Hochschulen außerordentlichen Wert auf die Erfüllung der "grundsätzlichen Anforderungen" legte.[294]
Ein Schwerpunkt im künftigen Hochschulrahmengesetz war die Neuordnung des Hochschulwesens durch die Bildung von Gesamthochschulen. Diese sollten die bis dahin von Hochschulen verschiedener Ausrichtung wahrgenommenen Aufgaben in Forschung, Lehre und Studium verbinden und ein Angebot von inhaltlich und zeitlich gestuften, integrierten und aufeinander bezogenen Studiengängen mit entsprechenden Abschlüssen gewährleisten.[295]
In dieses Konzept paßte eine Verbindung der in Neubiberg bzw. München ansässigen Fachhochschulen der Luftwaffe und des Heeres mit der dort entstehenden Bundeswehrhochschule gut hinein, zumal Bayern bereits frühzeitig durch die in seinem Fachhochschul-Gesetz von 1970 verankerte sog. "Experimentierklausel" eine große Aufgeschlossenheit gegenüber dieser Idee bewiesen hatte. So hieß es beispielsweise im Bescheid des BStMUK über die Errichtung und den Betrieb zweier Fachhochschulstudiengänge in der Kirchlichen Gesamthochschule (heute: Katholische Universität) Eichstätt vom 20. Oktober 1972, die Studiengänge würden "zur Erprobung neuer

---

292 12. Sitzung GA am 8.10.73, GA-Prot. 12 mit Anlage, Archiv UniBwM. - Der Unterausschuß wurde in der ersten Sitzung des GA am 1.2.73 gebildet und trat dreimal, am 10.4., 22.6. und 13.7.73 zusammen. Sein Vorsitzender war Prof. Dr. Horst Engerth. Am 8.10.73 legte er dem GA das Ergebnis seiner Beratungen vor.

293 BEBGenInsp an Generalinspekteur vom 9.3.72, BAMA Bw 2/8895.

294 Vermerk BEBGenInsp/PlGr vom 13.4.72 über Besprechung mit dem BStMUK am selben Tag in München, BAMA Bw 2/8895.

295 HRG, 2. Abschnitt, §4,1-3, Entwurf der Bundesregierung, BT-Drs. VI 1873 vom 25.2.1971.

Hochschulmodelle im Gesamthochschulbereich" [...] gemäß Art. 55a, Absatz 1 BayFHSG genehmigt.[296] Und es war die Fachhochschulabteilung des Kultusministeriums, die im Juni 1972 die nach bayerischer Gesetzeslage bestehende Möglichkeit der Einbeziehung von FHS-Studiengängen in die Hochschule in die Diskussion mit Bonn einbrachte. Nach Auffassung des Ministeriums konnten die Fachhochschulen der Luftwaffe und des Heeres 2 "Teile der Bw-Hochschule München werden".

Die Vertreter des BMVg nahmen diese Mitteilung mit Freuden auf, denn sie hofften, mit einer solchen Regelung "eine Reihe von Problemen" lösen zu können. So bot sich eine einheitliche Organisation und STAN (Stärke- und Ausrüstungsnachweisung) und damit die Vermeidung von Doppelkosten an. Die volle personelle, infrastrukturelle und materielle Kapazität der Fachhochschulen konnte ausgenutzt und die künftige Verwendung ihres wissenschaftlichen Personals erleichtert werden. Vor allem aber erleichterte die Eingliederung der Fachhochschulen die Durchlässigkeit zwischen den HS- und FHS-Studiengängen. Bei entsprechender curricularer Abstimmung - so die Vision - konnten dann beispielsweise Soldaten mit Mittlerer Reife über ein Ergänzungsstudium vom graduierten zum Diplomingenieur gelangen.[297] Tatsächlich erwiesen sich später insbesondere die Hinweise auf Einsparungsmöglichkeiten als Theorie, denn der Auf- und Ausbau der Hochschule insgesamt war so kostenaufwendig, daß das evtl. Eingesparte kompensiert wurde.

Die Entscheidung für eine Integration der Fachhochschulen in die HSBw war gefallen, und die notwendigen Maßnahmen, wie die Vorbereitung für ihre "Einordnung" mit dem Zeitpunkt der Errichtung des Gründungsausschusses und die Überarbeitung der Curricula durch eine Arbeitsgemeinschaft aus Dozenten der Fachhochschulen, Mitarbeitern des WInstEBSK sowie vom Führungsstab der Streitkräfte konnten eingeleitet werden. Mit der Bestimmung im Erlaß des BMVg über die Errichtung des Gründungsausschusses für die HSBwM vom 22.1.73,

> "An der Hochschule der Bundeswehr München werden außer wissenschaftlichen Studiengängen auch Fachhochschulstudiengänge gem. Art.55a, Abs.1 BayFHSG eingerichtet. Die Fachhochschulen des Heeres und der Luftwaffe sollen zu diesem Zweck in die Hochschule der Bundeswehr München eingegliedert werden,"[298]

war die Entscheidung schriftlich fixiert.

---

[296] Bescheid des BStMUK vom 20.10.72, HASdB 86ff.

[297] Vermerk BEBGenInsp/PlGr vom 9.6.72 über Verhandlungen in München vom 7.-9.6.72, BAMA Bw 2/8895.

[298] BMVg-Erlaß über die Errichtung des Gründungsausschusses für die HSBw vom 22.1.73, HASdB 408.

Die drei Teilstreitkräfte (TSK) waren von dieser Entwicklung, die faktisch eine Loslösung der Fachhochschulen aus ihrer Zuständigkeit bedeutete, nicht eben begeistert. Bereits in der Ellwein-Kommission hatte sich ja ein Vertreter der Luftwaffe in einem Minderheitsvotum für den Ausbau der TSK-eigenen (Fach-)Hochschulen und gegen die HSBw ausgesprochen. Demgemäß hielten sie auch während der Koordinierungsgespräche mit FüS im Juni 1972 bis auf weiteres an der "Organisationszuständigkeit für die Fachhochschulen, einschließlich Gesamtpersonal, Ausstattung und Infrastruktur" fest. Allenfalls wollten Heer und Luftwaffe ab dem 1.10.73, dem Zeitpunkt der Aufnahme des Hochschulbetriebs, Studienplatzkontingente sowie Räume und Einrichtungen nach Rücksprache mit ihren Fachhochschulen zur Verfügung stellen. Prinzipiell gingen die TSK davon aus, daß sie den überwiegenden Teil der zu den Fachhochschulen gehörenden Personal- und Material-STAN für neue Aufgaben würden übernehmen können und die HSBw die erforderlichen Dienstposten und die Ausstattung bei "STAN-Hochschule" neu forderte. Erst nachdem sie nachdrücklich darauf hingewiesen wurden, daß die Hochschulen langfristig die gesamte Offizierausbildung durchzuführen hatten und dies entsprechende haushaltsmäßige Konsequenzen haben mußte, erklärte man sich zur Prüfung bereit.
Dennoch fürchtete die Hochschulplanungsgruppe bei FüS, daß, wenn nicht eine "klare Leitungsentscheidung" fiele, die Bundeswehrhochschule durch die Inanspruchnahme der Fachhochschul-Einrichtungen "von Anbeginn auf das Wohlwollen der TSK angewiesen" sein würde - zumal diese offensichtlich an Organisations- und Infrastruktur-Zuständigkeit festhielten.[299]
Anfang 1973 rang sich die Luftwaffe zu einem Zugeständnis durch und schlug bei grundsätzlicher Zustimmung zur Eingliederung der Fachhochschule der Luftwaffe in eine Gesamthochschule vor, sie bis zur vollständigen Funktionsfähigkeit der HSBw (man ging hier von 1975/76 aus), bei unveränderten Kompetenzen ihres Kommandeurs, im Zuständigkeitsbereich des Führungsstabes der Luftwaffe zu belassen. Dabei bestanden keine Bedenken gegen eine Anpassung der Ausbildungsinhalte der derzeitigen Fachhochschulstudiengänge an die Erfordernisse der GHS.[300]Tatsächlich aber war der organisatorische Ablauf der Integration anders geplant.

---

299 Vermerk BEBGenInspPlGr vom 14.6.72 über Besprechung über Koordination Bw-HS/FHSen TSK am 12.6.72, BAMA Bw 2/8895.

300 FüL I 5 an BEBGenInsp vom 14.2.1973, HASdB 338ff. - Kommandeurs der FHS-Lw war damals BG Dipl.-Ing Meißner, sein Stellvertreter und Leiter des wissenschaftlichen Lehrstabs O Dipl.-Phys. Beck.

Die "Rahmenbestimmungen für Struktur und Organisation der HSBwM" vom 1.8.73 sahen für eine Übergangszeit die Zusammenfassung der FHS-Fachbereiche in die zwei "Fachbereichsgruppen" vor, nämlich:
1: Elektrotechnik, Luft- sowie Raumfahrttechnik und Betriebswirtschaft und
2: Allgemeine Wissenschaften und Bauingenieurwesen, [301]
die der HSBw angegliedert und in Rechten und Pflichten den "Hochschul-Fachbereichen" gleichgestellt werden sollten. Nach Beendigung des Integrationsvorgangs wollte man sie dann auflösen.
Mit Bescheid vom 3.8.73 durch das Land Bayern wurde die HSBw als "Hochschule mit wissenschaftlichen *und* Fachhochschul-Studiengängen" anerkannt und mit Wirkung vom 1.10.73 die staatliche Anerkennung der bis dahin selbständigen Fachhochschulen durch das BStMUK aufgehoben. Die damit eingeleitete Integration wurde durch die Bildung gemeinsamer Beschlußorgane (Senat und Fachbereichsräte) bis zum 6.3.74 fortgesetzt. Während also die beiden Fachhochschulen in akademischer Hinsicht integriert waren und bezüglich des Aufgabenbereichs Ausbildung dem Präsidenten unterstanden,[302] verblieben sie noch so lange im Organisationsbereich von Heer und Luftwaffe, bis die für eine organisatorische Eingliederung erforderlichen Voraussetzungen - insbesondere STAN und OSP (Organisations- und Stellenplan) - gegeben waren. Beide sollten bis Ende März 1975 fertig vorliegen. Bis Ende September 1975 wurde dann mit der "Abwicklung der vorbereitenden Maßnahmen zur Überleitung des Personals der betroffenen Dienststellen und zur Auflösung der Fachhochschulen auf der Grundlage der neuen Gesamt-STAN HSBwM" und zum 1.10.75 mit der Auflösung der Fachhochschulen der Luftwaffe und des Heeres 2 gerechnet.[303]
Die Eingliederung der Fachhochschulstudiengänge sollte in zwei Phasen ablaufen:[304]
1.) Während der ersten Phase ging der Studienbetrieb in der alten Form weiter. D.h. die Studienanfänger 1973/74 begannen nach den bis dahin gültigen Lehrplänen, die von einer Studiendauer von 6 theoretischen und 2 praktischen Semestern ausgingen und schlossen nach den alten Studienordnungen ab. Auch intern wurde in dieser ersten Phase nach den gültigen Be-

[301] Leiter der Fb-Gruppe 1 war Oberst Dipl.-Phys. Beck, Leiter der Fb-Gruppe 2 LtdRegBaudir a.D. Dipl.-Ing. K. Zirwas (zu seiner Person vgl. weiter unten Kap. 3.5.).
[302] Die Ausbildung im FHS-Studiengang Bauingenieurwesen stellte der Präsident in Zusammenarbeit mit dem Kommandeur der Pionierschule sicher, ebd.
[303] Bericht Leiter Hochschulgruppe bei BEBGenInsp an den Parlamentarischen Staatssekretär vom 6.8.74, BAMA Bw 2/13339.
[304] Zusammenfassender Bericht des GA-Unterausschusses für die Einbeziehung der FHS-Studiengänge in die HSBwM vom 13.7.73 über die Ergebnisse seiner Arbeit, Anlage zum Protokoll der 12. Sitzung des GA am 8.10.73, Archiv UniBwM.

stimmungen weitergearbeitet, so daß sich an den Voraussetzungen für die Anerkennung durch das Kultusministerium nach Art. 48 des BayFHSG nichts änderte. Da die Fachhochschulen in fachlicher Hinsicht von Anfang an der HSBwM unterstellt waren, konnten alle Veränderungen künftig automatisch im Zusammenwirken mit den neu gebildeten Fachbereichen erfolgen und dann durch den noch zu gründenden Senat koordiniert werden.
2.) In der zweiten Phase galt es, die vorhandenen FHS-Studiengänge ohne Veränderung des Studieninhalts zeitlich auf eine dreijährige Studiendauer im Trimester-Rhythmus umzustellen und in dieser neuen Form durch das BStMUK genehmigen zu lassen. Die Studienanfänger 1974/75 würden also mit dem neuen Lehrplan beginnen und das Studium - wie ihre Kommilitonen im Hochschulbereich - nach drei Jahren abschließen.
Allerdings bestand das Kultusministerium darauf, daß im Interesse der von ihm als Voraussetzung für die staatliche Anerkennung der Hochschule der Bundeswehr geforderten Kompatibilität mit zivilen Hochschulen auch das Lehrpersonal der Fachhochschulen die grundsätzlichen Anforderungen erfüllen müsse und nicht etwa "in toto als Professoren der Bw-Hochschulen" übernommen würde.[305] Nach den Vorstellungen des HRG-Entwurfs, der eine Vereinheitlichung der Personalstruktur an den Hochschulen vorsah, sollte nämlich die bisherige Vielfalt auf diesem Sektor beseitigt werden und künftig "für die im Beamtenverhältnis stehenden Lehrkräfte, die die der Hochschule obliegenden Aufgaben in Wissenschaft und Kunst selbständig und hauptamtlich" wahrnahmen, nur noch die Ämter des "Professors" und "Assistenzprofessors" geben, die untereinander in der Besoldung differenziert wurden. Übergangsregelungen garantierten den Hochschullehrern, die in die neue Personalstruktur übernommen wurden, die "Besitzstandswahrung".[306] Im Gesetzesentwurf zur "Besoldungsordnung der Fachhochschul- und Hochschullehrer" von 1972 waren vier verschiedene Verfahrenen des angemessenen Einsatzes der Dozenten der Fachhochschulen vorgesehen:

a) Einstellung als C3/C4-Professor in den WHS-Bereich aufgrund eines Berufungsverfahrens,
b) Übernahme als C2/C3-Professor in den FHS-Bereich, sofern die Voraussetzungen als Fachhochschullehrer uneingeschränkt vorlagen,
c) Übernahme als wissenschaftlicher Mitarbeiter (Akademischer Rat ...) in den WHS-Bereich, ggfls. mit nebenamtlichem Lehrauftrag und
d) Übernahme zunächst nach b) und nach weiterer wissenschaftlicher Entwicklung und Entfaltung nach a).

---

305 Aufzeichnung vom 13.4.72 einer Besprechung mit dem BStMUK am selben Tag in München, betr. Errichtung einer Bw-Hochschule, BAMA Bw 2/8895.

306 Entwurf eines "Informationsblatts für Hochschullehrer an den HSBw" (Stand: 23.5.1973) des BMVg, hier S. 2, HASdB 442ff.

Schon dieser Entwurf versprach für den überwiegenden Teil der Dozenten eine deutliche Besserstellung - statusmäßig durch die Ernennung der Lehrer zu Hochschullehrern und in finanzieller Hinsicht durch ihre Einstufung in die A15/16-Ebene.[307]
Eine wirklich funktionsgerechte Besoldung der Fachhochschullehrer würde allerdings nur das endgültige "Gesetz zur Neuordnung des Beamten- und Besoldungsrechtes im Hochschulbereich" (Bundestagsdrucksache 590/72), mit dessen Verabschiedung 1974 gerechnet wurde, gewährleisten. Hier ließ schon der Entwurf von 1973 erkennen, daß die Autoren eine Einstufung von Fachhochschullehrern gleich welcher Funktion in die Besoldungsgruppe A16 für nicht vertretbar erachteten, da für sie im Höchstfalle eine Einstufung nach C3 - A15 vorgesehen war.[308] Den Soldaten unter ihnen sollten besondere Möglichkeiten des Statuswechsels, der Zeitprofessur oder der nebenamtlichen Wahrnehmung (der Lehre) zugesichert.[309]
Angesichts der unsicheren Situation und der Perspektivlosigkeit bis zum Inkrafttreten dieses Bundesbesoldungsgesetzes war schon ab 1972 in der Dozentenschaft der Fachhochschulen erhebliche Unruhe aufgekommen. Unter Hinweis auf ihre herausragenden Leistungen beim Aufbau der Schulen forderte der Personalratsvorsitzende die "globale Übernahme aller FHS-Dozenten als Professoren der künftigen Hochschulen" - ein Ansinnen, das von den Vertretern des BMVg als rechtlich unhaltbar zurückgewiesen werden mußte.[310] Vor allem die an den Münchner Fachhochschulen des Heeres und der Luftwaffe tätigen und von den Ländern anerkannten Fachhochschullehrer fühlten sich spätestens dann benachteiligt, als auf der Ebene der Länder die entsprechenden Regelungen bezüglich des Status und der Besoldung vorhanden waren, zumal die fachliche Integration ihrer Einrichtungen in die HSBw bereits seit dem 1.10.1973 vollzogen war.[311]

Ein zusätzliches Problem ergab sich im übrigen aus der Übernahme von

---

[307] Bericht von Schelleis/HSPlGr 2/BMVg vom 13.6.72 über Dienstreise nach München-Neubiberg vom 7.6.-9.6.72, BAMA Bw 2/8895. - Das galt für etwa 90%; die übrigen 10% konnten ihren "Besitzstand wahren", wurden jedoch nicht mehr befördert, Auskunft Professor Dr. A. Kraut.

[308] FüS I 7 an Chef Stab FüS, Vortragsnotiz für den GenInsp vom 25.5.1973, HASdB 435-436.

[309] Bericht von Schelleis/HSPlGr 2/BMVg vom 13.6.72 über Dienstreise nach München-Neubiberg vom 7.6.-9.6.72, BAMA Bw 2/8895 sowie betr. Besoldung: HASdB 235, 244, 436 und 445.

[310] Ebd., S.5.

[311] BMVg an BMI vom 22.4.75, BAMA Bw 2/15294. - Das bestätigt auch Prof. Dr.-Ing. K. Knobling (FHS-Fb Maschinenbau), damals Vizepräsident.

Lehrpersonal aus der ebenfalls zu integrierenden Fachhochschule des Heeres 1 (FHSH 1)in Darmstadt. Sie hatte bis dahin die Aufgabe, den Bedarf des Heeres an graduierten Offizieren in den Fachrichtungen Maschinenbau und Betriebswirtschaft abzudecken.[312] Die FHSH 1 war ursprünglich eine technische Truppenschule, die zu einer Ingenieurschule ausgebaut und schließlich als FHS in den Geltungsbereich des hessischen FHS-Gesetzes einbezogen wurde. Da längere Zeit Unklarheit über die Aufgabe der FHSH 1 nach Errichtung der HSBw herrschte, war es auch nicht möglich, die entsprechend veränderten Organisationsgrundlagen (STAN/OSP) zu schaffen und Forderungen auf zusätzliche Personalstellen oder Höherdotierungen zu berücksichtigtigen. Andererseits war die FHS zur Deckung des Bedarfs an technisch und betriebswirtschaftlich ausgebildeten Offizieren solange unentbehrlich, als die HSBw nicht mit voller Kapazität arbeitete.[313]
Bayern hatte "aus Gründen des Territorialprinzips" von Anfang an eine Schwierigkeit darin gesehen, daß im Falle der Einbeziehung der FHSH 1 in die HSBwM eine gleichzeitige Aufsicht durch 2 Länder (Bayern und Hessen) gegeben gewesen wäre. Darüber hinaus waren aber an den hessischen Fachhochschulen sowohl die allgemeinen Eintrittsvoraussetzungen für ein Studium, als auch - wegen der in Bayern verlangten "Praxiszeit"[314] - die Lehrgenehmigungen für Dozenten von anderer Qualität als die bayerischen. Die FHS-Abteilung im Kultusministerium strebte Vorprüfung, studienbegleitende Leistungsnachweise und punktuelle Leistungsprüfungen an. Außerdem mußten die Darmstädter Lehrkräfte die bayerische Anerkennung als Fachhochschullehrer erwerben, wenn sie auf der Grundlage der bayerischen Prüfungsordnungen Prüfungen abnehmen wollten.[315]
Insgesamt war die Integration der Fachhochschul-Dozenten in den Lehrkörper der Hochschule der Bundeswehr, ihre Überführung in die C-Besoldung und in den Status eines "Professors" oder (gem. HRG-Entwurf) "Professors an einer Fachhochschule" mit außerordentlichen Schwierigkeiten verbunden, die in ihrer ganzen Dimension von den Hochschulplanern im Verteidigungsministerium wohl so nicht vorausgesehen werden konnten.

Die Fachbereichsgruppen 1 und 2 wurden zur fachlichen Zusammenarbeit mit dem jeweils korrespondierenden Fachbereich der neu gegründeten

---

312 Auf der Grundlage bilateraler Abkommen zwischen der Bundesrepublik und dem Iran bildete sie außerdem von 1974 bis 1981 iranische Offiziere zu graduierten Ingenieuren und Betriebswirten aus, HASdB 435.

313 Radbruch an Chef Stab FüS vom 25.5.73, HASdB 435/6.

314 Mündl. Auskunft Radbruch vom 24.5.93.

315 Auskunft Radbruch sowie Vermerk BEBGenInspPlGr 1 vom 9.10.1972, BAMA Bw 2/8895.

Hochschule der Bundeswehr angehalten. Im Senat (ab März 1974) hatten die beiden Kommandeure der Fachhochschulen in ihrer Eigenschaft als Leiter der zwei Fachbereichsgruppen Sitz und Stimme, und in seinen Ausschüssen war neben 5 bzw. 6 Hochschullehrern je "ein in FHS-Studiengängen tätiger Professor"[316] vertreten. In die 6 Fachbereichsräte wurden je zwei Fachhochschullehrer (mit Sitz und Stimme) entsandt.
Als Nachfolgeinstitution des vom GA am 20.2.73 ins Leben gerufenen "Ausschusses zur Planung und Vorbereitung eines Stufenplans zur Einbeziehung der FHS in die HSBwM" setzte der Senat am 13.3.1974 einen (nichtständigen) "Ausschuß zur Vorbereitung der Integration der FHS" ein.[317] Dieser Ausschuß erarbeitete ein Modell, nach dem die 5 Teilbereiche der beiden FHS-Gruppen eigene Fachbereiche bilden sollten, also insgesamt 11 Fachbereiche vorhanden sein würden. Zur Bearbeitung der gemeinsamen Belange fachlich verwandter Fachbereiche war eine besondere Kommission vorgesehen.[318] Gemäß Beschluß des Senats vom 9. Juli 1975 wurde dieses Organisationsmodell zwar in den neuen Entwurf der Rahmenbestimmungen aufgenommen,[319] die mit Erlaß des BMVg vom 28. Juli 1975 verfügte Auflösung der FHS zum 30. September 1975 stellte aber die Weichen anders. Das Personal der Fachhochschulen wurde mit Wirkung vom 1.10.75 an die HSBw versetzt und die Fachhochschulstudiengänge und -bereiche nunmehr auch organisatorisch in die HSBw einbezogen. Aus ökonomischen Erwägungen (gemeinsame Nutzung von Infrastruktur) und im Sinne der im künftigen HRG vorgesehenen "integrierten Gesamthochschule" wurden sie nach folgendem Schema zusammengeführt:

Fachhochschul-Studiengang	*Wissenschaftlicher Hochschul-Studiengang*
ET	ET
BAU	BAU
MB	LRT
BW	WOW
Allg. Wiss.	PÄD
	INF.

In Anlehnung an die Ziele der Hochschulreform sollten integrale, aufeinander bezogene Studiengänge mit Überwechselmöglichkeiten für die Studenten und Lehrverpflichtungen für die Professoren in beiden Bereichen geschaffen werden.[320] Die Rahmenbestimmungen wurden dann allerdings aus Zeitgrün-

---

316 GA-Protokoll vom 25.1.74, S.4ff.

317 Senatsprotokoll vom 13.3.1974, S.1.

318 Kraut, Chronik der FHSLw München/Neubiberg 1975-1982 (ms.), S.12.

319 Vgl. Anlage 2 des Senatsprotokolls vom 9.7.75, S. 10f.

320 FüL I 5 an BEBGenInsp vom 14.2.1973, HASdB 338ff sowie Vortrag Gen Friedrich in der 2. Sitzung des VerteidA des BT am 14.2.1973, HASdB 351/Rückseite.

den bis zum 1.10.75 nicht novelliert, und die "11-Fachbereiche-Lösung" blieb Modell.[321] Die in einer Verfügung vom 17.12.75 vorgesehene Wahl der FHS-Vertreter in die Gremien der Hochschule ging von den Zahlen aus, die der Gründungsausschuß im Januar 1974 festgelegt hatte und die zu einer gewissen von der betroffenen Seite beklagten Unterrepräsentanz des FHS-Bereichs führte.[322] Einen Ausgleich in vielerlei Hinsicht bot daher die Möglichkeit, einen Vizepräsidenten zu benennen, der neben dem Vizepräsidenten des universitären Bereichs dem Präsidenten zur Seite stand und die Interessen des gesamten FH-Bereichs an höchster Stelle vertreten konnte.

Damit war eine strukturell integrierte Gesamthochschule geschaffen worden, die allerdings über keine integrierten Studiengänge verfügte. Zwar wurden die universitären und die FHS-Studiengänge von einem gemeinsamen Fachbereich geführt, gemeinsame Lehrveranstaltungen und einen gemeinsamen Lehrkörper gab es jedoch nicht.

Als man dann 1979 im Hinblick auf die endgültige Anerkennung der Hochschule durch das BStMUK[323] die Frage ihrer künftigen Struktur aufrollte, hatte sich die bis dahin praktizierte Gliederung so eingespielt, daß FHS-Lehrkörper und -Studenten für ihre Beibehaltung plädierten. Der überwiegende Teil des universitären Bereichs dagegen lehnte dies mit der Begründung ab, die im HRG vom 26.1.76 beabsichtigte Zusammenführung der Hochschulen zu Gesamthochschulen sei ohnehin nur in wenigen Fällen realisiert worden. Man wollte auch in dieser Hinsicht den in Bayern bestehenden zivilen Hochschulen gleichen.[324] Auch die Anhörung der Standpunkte der Truppe, des Bundesministeriums für Bildung und Wissenschaft und des Wissenschaftsrats am 14.12.79 brachte keine neuen Argumente. Am 18. Juli 1980 erteilte das Verteidigungsministerium der Hochschule den Auftrag, einen Vorschlag für eine Neugliederung der Fachbereiche zu machen. Einerseits bestand die Möglichkeit (die allerdings auf den massiven Protest der FHS-Lehrer stieß), alle vier studiengangführenden Fachhochschul-Fachbereiche zu einem einzigen zusammenzulegen - andererseits konnten, unter Zusammenfassung von Bauingenieurwesen und Elektrotechnik zu "Bauingenieurwesen und Elektrotechnik" (BET), mit Betriebswirtschaft (BW) und Maschinenbau (MB) drei Fachhochschulbereiche gebildet werden. Mit den Hochschul-Fachbereichen Informatik, Elektrotechnik, Bauin-

321 Im Einvernehmen mit dem BStMUK nahm das BMVg auch in die Rahmenbestimmungen vom 6.1.1977 die Einrichtung von 11 Fachbereichen nicht auf und behielt die Übergangsregelung bei - Kraut, Chronik, S. 13.

322 Kraut, ebd.

323 Bis dahin war sie 1973, 1976 und 1979 jeweils auf die Dauer von drei Jahren genehmigt und anerkannt worden.

324 Dies und das Folgende, wenn nicht anders vermerkt, bei Kraut, Chronik, S 15ff.

genieur- und Vermessungswesen, Wirtschafts- und Organisationswissenschaften, Pädagogik, Luft- und Raumfahrttechnik und Sozialwissenschaften (der 1978 neu gegründete Fachbereich SOWI) ergaben sich dann insgesamt zehn Fachbereiche. Trotz des ausdrücklichen Votums des Dekans INF, der offenbar die auch diskutierte Zusammenlegung seines Fachbereichs mit WOW befürchtete, für die erste Lösung, gelang es der Mehrheit der Hochschule, sowohl das BMVg als auch das BStMUK für das zweite Modell zu gewinnen. Die Rahmenbestimmungen vom 12.8.1981 sahen 7 universitäre und 3 FHS-Bereiche vor.[325]

Gemeinsam blieb als oberstes Gremium der Senat, in den jeder Fachbereich ein stimmberechtigtes Mitglied und zusätzlich seinen Dekan als beratendes Mitglied in den Senat entsenden konnte, sowie die ständigen Senatsausschüsse für Forschung und wissenschaftlichen Nachwuchs (FuN), für Planung und Haushalt (PLH) und für Raum und Bauangelegenheiten (RuB). Nur für Lehre und Studium (LuST) besteht, wegen der unterschiedlichen Problemlagen im universitären und im Fachhochschulbereich, je ein eigener ständiger Senatsausschuß. Auch in die nichtständigen Senatsausschüsse, die Senatsunterausschüsse und die Kommissionen entsenden die Fachhochschulbereiche Vertreter - es sei denn, sie sind von den dort zu beratenden Gegenständen nicht betroffen.

Schließlich blieben die gemeinsamen Studentenfachbereiche bestehen, in denen Maschinenbau (FH) mit Luft- und Raumfahrttechnik (univ.), Betriebswirtschaft (FH) mit Wirtschafts- und Organisationswissenschaften (univ.) und Elektrotechnik (FH) mit Elektrotechnik (univ.) zusammengeschlossen sind.

Das sog. "Y-Modell" einer Gesamthochschule mit Vollintegration und gegenseitiger Durchlässigkeit der Studiengänge war damit letztlich gescheitert. Seit den späten 60er Jahren war es in der Bundesrepublik im Zeichen der angestrebten "Bildungsökonomie", also der stärkeren Planung und Kontrolle der Ausbildung, mit dem Ziel "größerer Chancengleichheit", "vertikaler und horizontaler Durchlässigkeit im Hochschulbereich" und gleichzeitig besserer Möglichkeit der Steuerung des wachsenden Studentenbergs diskutiert worden[326] und sollte auch an der Bundeswehrhochschule in München für die Offizierausbildung praktiziert werden. Jedoch hatten hier die universitären Hochschullehrer keinen Hehl aus ihrer Abneigung gegen das Modell ge-

325 Mit der Änderung des BayHschG vom 4.8.83 wurde, wie an den zivilen Hochschulen, zwischen (universitären) Fakultäten und (Fachhochschul-) Fachbereichen unterschieden.

326 Vgl. hierzu Flechzig/Huber/Plander, Gesamthochschule, Stgt. 1975. - Nicht zuletzt war die GHS auch als Gegenpol gegen die ungeliebte Ordinarienuniversität gedacht.

macht.[327] Auch das bayerische Kultusministerium zog die "kooperative Gesamthochschule" (gemäß §5, Abs.1, Satz 1 HRG - inzwischen weggefallen) der "integrierten" vor und rang daher dem Verteidigungsministerium die Trennung der wissenschaftlichen von den FHS-Bereichen ab.[328]
Ob sich das Konzept einer "egalitär-demokratischen Hochschule", wie es im Jargon der frühen 70er Jahre hieß, schon damals als utopisch erwies, weil "die Verbündeten in den Hochschulen" fehlten und "in dem weiterhin hierarchisch organisierten Beschäftigungssystem" der Bundesrepublik kein Platz dafür war,[329] ist daher und angesichts der weiteren Entwicklung der bundesrepublikanischen Gesamthochschulen bis heute, eine legitime Frage, die auch in Bezug auf die HSBwM gestellt werden kann.

3.3. Die Konzeption des Studiums

Ebenfalls unter "bildungsökonomischen" Aspekten wurde im Zuge der bundesrepublikanischen Studienreform der späten 60er und der 70er Jahre der Versuch unternommen, das Hochschul-Studium massiv zu straffen und die Studienzeiten zu verkürzen. In der Erkenntnis, daß die Komplexität seiner Gegenstände ständig zunahm, seine Bezüge zur Berufswelt undeutlicher wurden und ein Kanon allgemeiner und fachlicher Bildung fehlte,[330] ging man daran, Lehrpläne transparenter zu machen, sie neu zu strukturieren und von Überflüssigem zu befreien. Die moderne Erziehungswissenschaft füllte den alten Begriff "Curriculum" mit neuen Inhalten und machte die Curriculumforschung zum neuen Wissenschaftsgebiet der Analyse und Umsetzung von Lernprozessen im weitesten Sinne. "Curriculum bedeutet im Kern die organisierte Anordnung auch inhaltlich bestimmter Lernvorgänge im Hinblick auf bestimmte Lernziele. Diese können als ein Verhalten oder als Art und Grad bestimmter Fähigkeiten, Fertigkeiten oder Kenntnisse definiert sein", formulierte der Bildungsrat 1970.[331]
Mehr noch als an den öffentlichen Hochschulen, waren an den Hochschulen der Bundeswehr Curricula erforderlich. Nur mit einer entsprechenden Strukturierung des Studiums, einer Trimestereinteilung, mit Seminararbeiten

---

327 Vgl dazu Peter Zimmermann, Sechs Jahre Hochschulen der Bundeswehr, S. 62.

328 Ulbricht/Zimmermann, Reformstudiengänge, S. 12. - Abgesehen davon hatte der Inspekteur des Heeres bereits am 2.10.73 in einem Brief an den GenInsp die kooperative GHS als Möglichkeit für die Strukturierung der Münchner HSBw erwähnt.

329 Flechzig/Huber/Plander, ebd., S. 5.

330 Vgl. dazu u.a. Curricula für die HSBw, in: APuZG, B 15-16/74.

331 Strukturplan des Bildungsrates 1970 - Empfehlungen der Bildungskommission, verabschiedet auf der 27. Sitzung der Bildungskommission am 13.2.1970, auszugsweise im 'Grünen Buch', S. 108ff.

in kleinen Gruppen ("Kleingruppenkonzept") und den Vorteilen der Infrastruktur einer Campus-Universität war nämlich das extrem kurze Studium von drei Jahren möglicherweise zu bewältigen und die Erlangung eines mit dem an öffentlichen Universitäten kompatiblen Abschlusses erreichbar.
Drei Besonderheiten mußten daher bei der Entwicklung von Curricula für ein Offizierstudium beachtet werden:

- die begrenzte Zahl an Fachbereichen, die für Offizierstudenten angeboten werden konnten und ihre Ausrichtung auf die anschließende Dienstzeit (d.h., ihre Praxisbezogenheit) bzw. ihre Nutzungsmöglichkeit im zivilen Berufsleben,
- die innerhalb der etwa 5-jährigen Ausbildungszeit von vornherein nur auf 3 Jahre festgelegte Zeit des Studiums mit Trimestereinteilung und
- die besonderen, aus einer Analyse der späteren Tätigkeitsfelder und der "allgemeinen Lernziele" hergeleiteten, streitkräfte- und waffengattungsbedingten und der darüberhinaus auf den Offizier zukommenden Anforderungen, die durch ein das Fachstudium durchdringendes Begleitstudium erbracht werden sollten.[332]

Eine Studienplanung, die diese Aspekte berücksichtigte, erlaubte nicht nur eine zeitliche Straffung, sondern machte darüber hinaus das Studium für alle Beteiligten transparenter. Das war insbesondere bei Studiengängen mit erhöhter curricularer Verdichtung, d.h. mit auch an staatlichen Hochschulen langen Studienzeiten, hilfreich.[333]
Auch wenn der Grundgedanke einer Studiensteuerung durch Planung in weiten Bereichen der Natur- und Ingenieurwissenschaften bereits praktiziert wurde, war die Erstellung von Curricula Neuland. Weder lagen befriedigende Vorbilder aus dem Bereich der zivilen Hochschulen vor, noch konnten zureichende theoretische Grundsatzarbeiten die Diskussion erleichtern.[334] Auch die von der Bildungskommission mit der Entwicklung der Rahmencurricula für die sechs Fachbereiche - WOW, PÄD, ET, LRT, BAU und INF - beauftragten Mitarbeiter des Wissenschaftlichen Instituts für Erziehung und Bildung in den Streitkräften[335] waren mit diesem Problemen konfrontiert. "Curriculumtheorie wie curriculare Praxis (bezogen) sich in der Hauptsache auf die schulische Bildung und (ließen) sich keineswegs unmittelbar auf den Hochschulbereich übertragen. Zudem (bestanden) noch erhebliche Diskrepanzen zwischen den theoretischen Forderungen und den (bis dahin) vorliegenden konkreten Ergebnissen."[336]

---

332 Ebd., S. 5ff.
333 Ulbricht/Zimmermann, S. 23.
334 Vgl. Dillkofer/Ellwein u.a., Wirtschafts- und Verwaltungswissenschaften, S.14.
335 Im WInstEBSK waren damals rund 50 Mitarbeiter beschäftigt, Auskunft Lippert.
336 Am 1.6.73 wurden im GA der HSBwH die vorliegenden Entwürfe der Curricula

Daher mußte man im WInstEBSK zunächst von folgenden Zielvorstellungen ausgehen:

1. Das Curriculum sollte die Vielfalt der gesellschaftlichen Anforderungen an das Bildungssystem und dessen organisatorische Differenzierung bewältigen,
2. die zunehmende Beschleunigung der Veränderungsprozesse in vielen Teilbereichen des Lebens durch eine sorgfältige Analyse der bestimmenden Trends im Lernprozeß berücksichtigen,
3. den ständig wachsenden Umfang an Erkenntnis und die damit verbundene Fülle des Fachwissens durch eine begründete Auswahl bewältigen,
4. die damit zusammenhängenden gesellschaftlichen und politischen Aspekte des jeweiligen Fachs herausarbeiten und in den Lernprozeß einbringen sowie
5. den Lernprozeß insgesamt rationaler und durchsichtiger gestalten und dadurch wissenschaftlich angeleitete Kontrolle ebenso wie Beteiligung ermöglichen.

Im einzelnen ließen sich die Autoren dabei von den Fragen leiten:

- "Welche Aufgaben wird der Student nach dem Studium zu bewältigen haben? (Tätigkeitsfeldanalyse);
- Welche Kenntnisse, Einstellungen und Verhaltensweisen soll sich der Student aneignen? (Lernzielbestimmung);
- Anhand welcher Inhalte soll die Vermittlung der Lernziele erfolgen? (Inhaltszuordnung);
- Wann, in welcher Reihenfolge, in welchem organisatorischen Rahmen und mit welchen Verfahren und Hilfsmitteln soll die Vermittlung von Kenntnissen, Fähigkeiten, Einstellungen erfolgen? (Studienorganisation);
- Wie läßt sich der Lehr- und Lernerfolg kontrollieren? (Kontrollprozeß);
- Wie läßt sich aufgrund der Erfolgskontrolle das Curriculum weiterentwickeln? (Revisionsprozeß)".

Im Hintergrund der für den Entwurf von praxisbezogenen Studiengängen notwendigen Beschreibung von Tätigkeitsfeldern stand die Analyse von Gesellschaft, Berufsstruktur und Wissenschaft.[337] Hinzu trat ein starker partizipatorischer Impetus, der als besonderes Kennzeichen des gesamtgesellschaftlichen Wandels auch von dem Teilsystem Bundeswehr rezipiert wer-

---

verhandelt, wobei das Curriculum Vermessungswesen als Beispiel für die Möglichkeit einer Integration von erziehungs- und gesellschaftswiss. Elementen in einen Fachstudiengang vorgestellt wurde. Das Eingangsreferat hielt damals der stellv. Direktor des WInstEBSK, Ralf Zoll. Es ist abgedruckt in: Ellwein/v. Müller/Plander, HSBw zwischen Ausbildungs- und Hochschulreform, S. 126 - 142; hier S. 128.

337 Entwurf eines Curriculums Vermessungswesen, Bes. Teil, S. 1, München 5/1973, HASdB 303ff.

den sollte. Der bei diesen Vorgaben zwangsläufig auftretende, für den Berufsweg des Soldaten charakteristische Widerspruch zwischen der Forderung nach Partizipation und dem Prinzip von Befehl und Gehorsam in den Streitkräften wurde nicht als Hemmnis, sondern als Ansporn gesehen, die Rahmenbedingungen für Entscheidungsfindung und Führung sowie für das Miteinander in der Truppe immer wieder neu zu durchdenken und ggfls. zu revidieren.[338]
Die besonders in der Curriculum-Diskussion vertretenen progressiven, stark gesellschaftskritischen, z. T. aus dem gedanklichen Umfeld der "Frankfurter Schule" kommenden Thesen aber führten über die inhaltlichen Probleme hinaus zu Verständigungsschwierigkeiten mit den Vertretern der traditionellen Wissenschaft, die im Gründungsausschuß, in den Berufungsausschüssen und als Gutachter mit der Curriculum-Arbeit befaßt waren. Dies galt vor allem für die Vorstellungen der Arbeitsgruppe "Anleitstudium" innerhalb des WInstEBSK, die mit der curricularen Vorplanung des "erziehungs- und gesellschaftswissenschaftlichen Anleitstudiums" befaßt war. Diese Gruppe um den Soziologen Otwin Massing postulierte dezidiert die "'Partizipation' als oberstes curriculares Lernziel" und verstand die Idee materieller gesellschaftlicher Teilhabe, hier im Sinne bildungspolitisch verantwortlichen Handelns, statt als strikte Antithese zum Prinzip straffen militärischen Gehorsams, als durchaus mit diesem vereinbar. Einzig in "einer obligatorisch sozialwissenschaftlichen "Dimensionierung" aller Fachstudiengänge und [...] einer partizipatorischen curricularen und organisatorischen Hochschulstruktur" sah die Gruppe die Chance einer generell innovativen Wirkung auf die Hochschulen der Bundeswehr wie auch auf die reformerischen Intentionen im traditionellen Hochschulbereich.[339]
Die Professoren der etablierten Fächer dagegen fürchteten die Gefährdung der "Freiheit von Forschung und Lehre", aber auch die Infragestellung überkommener Werte und Sichtweisen und den Eingriff in tradierte Strukturen. Das galt insbesondere, wie noch zu zeigen sein wird, für das Curriculum des erziehungs- und gesellschaftswissenschaftlichen Anleitstudiums. Reizbegriffe wie "Analyse der gesellschaftlichen Verhältnisse" oder "bildungspolitische Option" im allgemeinen Teil des Curriculum-Entwurfs für den "Studiengang Vermessungswesen" stießen auf Mißfallen und mußten von den Autoren erläutert werden. Ja, es wurde sogar die "Gefahr der Indoktrination" gesehen. Es erhebe sich schließlich "die Frage, ob der Student nicht infolge eines eng begrenzten Vorlesungsangebots in einen ebenso eng begrenzten gesellschaftspolitischen Rahmen gezwungen werde".[340]

---

338 Vgl. dazu Curricula für die HSBw, S. 25f.
339 Partizipation als Lernziel, S. 5.
340 So der Theologieprofessor von der Universität Augsburg, Karl Forster, in der 7.

In die gleiche Richtung zielte auch die Kritik von Hubert Glaser, Professor für Didaktik der Geschichte an der Universität München und Mitglied des Gründungsausschusses der HSBwM. In seinem Gutachten zum Rahmencurriculum[341] betonte er zunächst grundsätzlich, daß sich die Curricula-Theorie im Anfangsstadium befand und es sich noch keineswegs um eine "kanonisierte wissenschaftliche Methode" handelte. Umsomehr vermißte er die kritische Erörterung der von den Autoren gebrauchten Terminologie und des "dahinterstehenden Geschichtsbildes im Hinblick auf Bedingungen und Grenzen". So entstehe der Eindruck, als sei der Zusammenstellung der Curricula eine bildungspolitische Festlegung vorausgegangen, ohne daß deren Grundlagen und inhaltliche Konsequenzen zur Diskussion gestanden hätten. Einerseits lag Glaser an der Festlegung bestimmter ethischer Normen und Werte - insbesondere jener, die die freiheitlich-demokratische Grundordnung bestimmen. Andererseits verstand er die Aufgabe der Curricula nicht dahingehend, daß sie Wertvorstellungen definierten. Vielmehr sollten sie die Notwendigkeit der Diskussion über diese deutlich machen. In jedem Falle sei zwischen den aufgezählten fachübergreifenden Lernzielen und den Berufspflichten des Soldaten "eine unübersehbare Konzeptionskluft" erkennbar.
Auch er fürchtete, wie seine Kollegen, um die Unabhängigkeit seines Faches. Die theoretische und methodische Eigenständigkeit der wissenschaftlichen Disziplinen werde übersehen und die Nachprüfbarkeit der Aussagen der Spezialwissenschaften erschwert, wenn man bei der Curriculum-Entwicklung überwiegend die Analyse von Tätigkeitsfeldern zum Ausgangspunkt mache.
Pädagogikprofessor Walter Tröger von der Universität Regensburg lobte in seinem ebenfalls für den Berufungsausschuß des Fachbereichs Pädagogik erstellten Gutachten[342] den Versuch, die aus der allgemeinen, seit Jahren laufenden Curriculum-Diskussion sich herausschälenden Ergebnisse auch in die Bundeswehr-Hochschulplanung zu integrieren, der "zweifellos in einem bewundernswerten Maß gelungen" sei. Gleichwohl sah auch er Lücken und Einseitigkeiten im Argumentationszusammenhang. Von zentraler Bedeutung schien ihm die Frage zu sein, inwieweit ein Studium neben der berufsbezogenen Ausbildung auch Allgemeinbildung zu vermitteln habe. Dabei konnte

GA-Sitzung am 22.6.73, Protokoll, S. 5, Archiv der UniBwM. Forster legte seine Kritik ausführlich schriftlich nieder. Sie sowie die schriftliche Entgegnung Ellweins darauf befinden sich in der Anlage des Protokolls der 9. GA-Sitzung am 3.8.73.

341 Hubert Glaser, Vorlage an den Berufungsausschuß für den Fachbereich Pädagogik an der Hochschule der Bundeswehr München, o.D., BAMA Bw 2/13340.

342 Walter Tröger, Regensburg: Gutachten zum Rahmencurriculum, S. 10, Anlage zu GA-Protokoll, 18. Sitzung vom 22.2.74.

er die Sicht der Bildungskommission nicht teilen, die in ihrem Gutachten die "Ausbildung" als der "Bildung" übergeordnet definiert und damit die Gefahr heraufbeschworen habe, daß spezielle Berufsprobleme zu wenig in größeren Zusammenhängen gesehen würden. In der heutigen Gesellschaft aber, so Tröger, sei es gerade der Beruf, der den Sozialstatus wesentlich bestimme, weshalb jede Berufsvorbereitung gleichzeitig auch eine Vorbereitung auf den gesamten Lebensstil darstelle.
Nur durch eine genaue "Analyse der gesellschaftlichen Entwicklung" und der "Grundsätze der philosophischen Anthropologie, insbesondere [...] des Wert- und Normenproblems" oder auch eine "Explikation des Grundgesetzes" konnten seiner Ansicht nach Bezugspunkte fachübergreifender Ziele entwickelt werden. Gerade in der pluralistischen Gesellschaft und insbesondere in den Streitkräften könne ein Mindestmaß an Werten und Normen wie beispielsweise der Friedensbegriff nicht vorausgesetzt werden. Während die Pflichten den Zentralpunkt der Überlegungen im Curriculum bilden sollten, hingen sie im vorgelegten Entwurf völlig in der Luft und seien logisch und stilistisch ein Fremdkörper. Alle diese Einzelpunkte waren für Tröger ein Indiz dafür, daß der eigenständigen Pädagogik der Garaus gemacht werden sollte. "Die Erziehungswissenschaft hat im Rahmencurriculum sowohl in der erziehungs- und gesellschaftswissenschaftlichen Anleitung wie im Diplomstudium ihre Eigenständigkeit verloren", lautete seine Diagnose. Nur von der Didaktik sei noch eine Spur übrig geblieben. Ansonsten dominierten bei den Studieninhalten die Fächer Psychologie und Soziologie sowie Einzelgebiete der Politikwissenschaft, Verwaltungslehre u.a. Und er gipfelte in der Aussage: "Hier ist weniger der Rahmen einer 'traditionellen akademischen Disziplin gesprengt' (das behauptete der Curriculum-Entwurf auf S. 9, d.Verf.), als diese Disziplin aufgelöst, ihr Bereich nicht 'erweitert', sondern eingeschrumpft; ihr eigener Ansatz ist hinter der Fremdbestimmung von den Nachbardisziplinen aus verschwunden". Schlimmer noch: er sah durch die globale Benennung der erziehungs- und gesellschaftswissenschaftlichen Anleitung als "Unterrichtsprinzip" anstatt als "eigenes Fach" und die Überakzentuierung des "Gesellschaftlichen" als "Erweiterung der Erziehungswissenschaft zur Sozialwissenschaft" die traditionelle Pädagogik grundsätzlich in Frage gestellt, die von dem pädagogischen Prozeß als überwiegend individuellem Verhältnis zwischen Erzieher und zu Erziehendem ausgeht.
Die Hauptkritik der Fachwissenschaftler - das klang schon mehrfach an - traf das "erziehungs- und gesellschaftswissenschaftlichen Anleitstudium". Dadurch daß es als integraler Bestandteil des Fachstudiums gedacht war und in seiner Berufsbezogenheit eine unbedingt notwendige Ergänzung für den Offizierstudenten als militärischen Führer wie auch als Berufstätigen im zivi-

len Bereich darstellte, fürchtete man, es könne innerhalb des Gesamtstudiums einen zu großen Raum einnehmen und die Fachdisziplin in den Hintergrund treten lassen. Schließlich hatte es nicht wie das herkömmliche Studium generale eine eher allgemeinbildende, das Fachstudium begleitende Funktion, sondern war vielmehr obligatorischer Bestandteil desselben. Es stellte letztlich, zusammen mit dem curricularen Aufbau, der Trimestereinteilung und der Campus-Struktur das Kernstück der bildungsreformatorischen Zielsetzungen der Hochschulplaner dar.

Entsprechend kontrovers war auch die Diskussion über Ziele und Inhalte sowie über seine Verankerung im Rahmencurriculum. Von vornherein erschwert wurde sie dadurch, daß kein gesichertes Ergebnis einer Berufsfeldanalyse für den Offizier als Grundlage für die Anforderungen an das Studium vorlag.[343] Auch angesichts des terminlichen Drucks gelang es bis Herbst 1972 nicht, das Anleitstudium voll auf die Fachstudiengänge zu beziehen. Den Fachcurricula wurde lediglich ein wenig konkreter "Allgemeiner Teil" beigefügt, der in der Hauptsache die allgemeinen, d.h. auch fachübergreifenden Lernziele und Hinweise auf besonders wichtige Themenkomplexe enthielt. Erst im Verlauf der weiteren Arbeiten kam es zu einer befriedigenden Integration von fachspezifischen und erziehungs- und gesellschaftwissenschaftlichen Studienteilen - vor allem in dem wirklich wissenschaftlich durchstrukturierten, 1975 veröffentlichten, Curriculum "Wirtschafts- und Verwaltungswissenschaften".[344] Dem Gründungsausschuß der HSBwM wurde jener Allgemeine Teil und später das Curriculum Vermessungswesen vorgelegt, obwohl beide Teile wegen ihrer unterschiedlichen Entstehungszeit noch nicht voll koordiniert waren.[345] Beide Teile waren auch Gegenstand der Grundsatzdiskussion, in deren Verlauf sich u.a. der Pastoraltheologe Karl Forster, Mitglied des Gründungsausschusses, überaus kritisch dazu äußerte. Beispielhaft für die Position der Wissenschaft in der Frage des Anleitstudiums sei hier aus seinen Anmerkungen zitiert.[346]

Forster begrüßte grundsätzlich die "enge zeitliche und thematische Verzahnung" der erziehungs- und gesellschaftswissenschaftlichen Studien mit den Fachstudien und hielt es daher auch für richtig, daß für jeden Fachbereich ein Anleitstudium vorgesehen war. Dagegen beurteilte er die vorgelegte Analyse der gesellschaftlichen Entwicklung und der Auswirkungen der all-

---

343 Hans-Georg Schultz-Gerstein, Das Anleitstudium an den HSBw, S. 21.

344 Dillkofer, Ellwein u.a., Wirtschafts- und Verwaltungswissenschaften.

345 Stellungnahme Thomas Ellweins zu den "Bemerkungen" Prof. Karl Forsters, Anlage zum Protokoll der 9. Sitzung des GA am 3.8.73.

346 Karl Forster, Bemerkungen zum erziehungs- u. gesellschaftswissenschaftlichen Anleitstudium in den Texten des Allg. Teils und des Besonderen Teils "Vermessungswesen" des Curriculumentwurfs für die HSBw, Anlage zum GA-Protokoll vom 3.8.73, Archiv der UniBwM.

gemeinen Wissenschaftssituation als Basis für die allgemeinen Lernziele eher negativ, da sie zu einseitig auf die Entwicklung der ökonomischen Verhältnisse und der Arbeitswelt sowie auf die Darstellung der gesellschaftlichen Funktion der Wissenschaft abgestellt seien. Wie Tröger vermißte er nicht nur Inhalte der bildungspolitischen Option, sondern auch die Benennung von Werten und Normen und damit die Thematisierung des besonders relevanten Problems der pluralistischen Gesellschaft. Forster war es auch, der seiner "Sorge um die Unabhängigkeit von Forschung und Lehre in den Disziplinen der Fachstudien" Ausdruck verlieh. Er glaubte nämlich in dem Curriculum Aussagen über den Ablauf des Anleitstudiums zu erkennen, die er als Postulate bezeichnete, und die in der Frage "integral oder studienbegleitend" keine Entscheidungsmöglichkeit offen ließen. Bereits die Bezeichnung "Anleitstudium" hielt er für mißverständlich. Sie sollte daher entweder zur Disposition der Hochschulorgane gestellt oder besser durch eine andere ersetzt werden. Ansonsten schwebte ihm eine Aufstockung der Lerninhalte (incl. entsprechender Planstellen) aus den Gebieten Philosophie, Geschichte, Rechtswissenschaft und Technik vor. Nur so könne dem Pluralismus der Wertesysteme in der Gesellschaft und dem legitimen Bedürfnis der Studenten nach freier Wahl unter den in diesem Zusammenhang relevanten Disziplinen Rechnung getragen werden.
Mit dieser Kritik war kurz vor Inbetriebnahme der HSBw am 1.10.73 an den Grundfesten der Gesamtkonzeption gerüttelt worden. Entsprechend deutlich war auch die Replik Thomas Ellweins. Entschieden verwahrte er sich vor allem gegen den Vorwurf eines mangelnden Pluralismus in dem dem Curriculum zugrundeliegenden Wertesystem. "Jedes Mehr wäre hier schon Gängelung", schrieb er in seiner Stellungnahme dazu.[347] Auch die Furcht Forsters vor einer Vereinnahmung der Fachwissenschaften durch das Anleitstudium fand er unverständlich. Vielmehr handele es sich dabei um "eine themen- und zeitgerechte Präsentation von Fragen, die sich nicht nur innerhalb historisch gewordener Fachgrenzen stellen und bewähren". Insgesamt stellte Ellwein fest, daß Forster in seiner Kritik durch die unrichtige Verwendung von Begriffen aus der Curriculum-Diskussion das Gespräch erschwert und Mißverständnisse provoziert hätte.
Dennoch wurde Forster in seiner Ansicht durch den Historiker Glaser in dessen Stellungnahme für den Berufungsausschuß Pädagogik unterstützt. Mit nahezu den gleichen Argumenten plädierte dieser für eine Erweiterung des Lernziel-Angebots, die eine größere Breite an Wahlmöglichkeiten für die Studenten erlaube und eine geringere Vereinnahmung der Fachwissenschaften garantiere.

---

347 Stellungnahme Thomas Ellweins zu den "Bemerkungen" Karl Forsters, ebd.

Jedenfalls hatte sich einmal mehr gezeigt, daß eine Studienreform, wenn sie in die überkommenen Strukturen der Fächer eingriff, nur schwer oder gar nicht gegen die etablierte Wissenschaft durchzusetzen war. Bezeichnenderweise gab es nämlich nicht nur auf dieser Ebene deutliche Konflikte, auch im Kreise der Mitarbeiter des WInstEBSK selbst kam es aufgrund von unterschiedlichen wissenschaftstheoretischen Positionen und ungleichen Auffassungen von politischer Praxis zu Schwierigkeiten in der Kommunikation zwischen "Technikern" und "Sozialwissenschaftlern".[348]

Tatsächlich wurden in der Folgezeit Konzessionen an die Kritiker gemacht. Die gesellschaftskritischen Ansätze wurden auf überwiegend sachlich-fachliche Inhalte reduziert, und die Gruppe "Anleitstudium" konstatierte in den folgenden Jahren in den Instituts-Curricula wie in der Praxis der Hochschulen der Bundeswehr eine sich abzeichnende deutliche "Reduktion der ursprünglichen Reformvorstellungen", die sie nicht bereit war, schweigend hinzunehmen,[349] deren Trend sie aber auch nicht verhindern konnte.

Neben diesen langwierigen inhaltlichen Diskussionen wurde der Entstehungsprozeß der Curricula zusätzlich durch die Tatsache erschwert, daß über die unmittelbar Beteiligten hinaus eine Vielzahl von weiteren gesellschaftlichen Gruppierungen ebenfalls beanspruchte, in die konzeptionellen Arbeiten einbezogen zu werden. Von seiten des BMVg waren das naturgemäß vor allem der Beauftragte für Erziehung und Bildung beim Generalinspekteur, Friedrich, aber auch eine Arbeitsgruppe der Teilstreitkräfte, der Führungsstab der Streitkräfte sowie die Personalabteilung.[350] Diese im Ministerium mit der Sache befaßten Stellen waren es letztlich, die die Beratungen insgesamt enorm verzögerten. Insbesondere die militärische Führung "prüfte eingehend".[351] Man sah die Gefahr eines Linksdralls und fürchtete, daß das Hinterfragen eigener Positionen wie es mit dem Studienkonzept vorgesehen war, zur Verunsicherung führte. Der Auftrag der Bundeswehr durfte auch wissenschaftlich nicht in Frage gestellt werden.[352]

BEB Friedrich mußte sich den Vorwurf gefallen lassen, nicht auf eine schnellere Bearbeitung gedrungen zu haben. Ende 1972 ließ der Verteidigungsminister durchblicken, daß "jetzt bei der Durchsetzung des (HS-) Konzepts eine härtere Linie verfolgt werden" müsse.[353]

---

348 So der stellvertretende Direktor, Ralf Zoll, in: Ellwein/v. Müller/Plander, HSBw, S.129.

349 Partizipation als Lernziel, S. 5.

350 Mündl. Auskunft Radbruch vom 20.8.91.

351 BEBGenInsp an GenInsp vom 28.11.1972, betr. Gespräche anläßlich der ersten Sitzung des GA der HSBwH am 27.11., BAMA Bw 2/8895.

352 "Konfliktstruktur des Gründungsvorgangs einer Hochschule der Bundeswehr in München (zusammengestellt im Mai 1973)", Nachlaß Klaus von Schubert.

353 BEBGenInsp an GenInsp vom 28.11.1972, betr. Gespräche anläßlich der ersten Sit-

Außer den im Verteidigungsministerium zuständigen Stellen mußten die Curricula-Entwürfe den beiden Kirchenämtern, dem Wissenschaftsrat und der Westdeutschen Rektorenkonferenz zur Kenntnis gebracht werden.[354]
Das katholische Militärbischofsamt erhob sogar den Anspruch, einen Theologen zu den Beratungen entsenden zu können und erbat außerdem die Übermittlung der Curricula, vor allem desjenigen für das erziehungs- und gesellschaftswissenschaftliche Anleitstudium.[355]
Nicht zuletzt wollte das Münchner Kultusministerium ständig über den Fortgang der Arbeiten informiert werden und die Rahmenfassungen zur Abstimmung vorgelegt bekommen, bevor sie zur Weiterbehandlung in den Gründungsausschuß gingen.[356] Das war insofern selbstverständlich, als neben Art und Anzahl ihrer Hochschul-Fachbereiche, Studiendauer und Prüfungen vor allem Form und Inhalt der Curricula zu den Voraussetzungen gehörte, von denen Bayern die staatliche Anerkennung der Hochschule abhängig machte.[357]
Prinzipielle Probleme in der Frage der curricularen Struktur des Studiums gab es zwischen Bund und Land zunächst nicht. Allerdings bezweifelte man in Bayern, ob ein auf entsprechend kompakten Studienplänen basierendes Studium in einer Regelstudienzeit von nur drei Jahren bewältigt werden konnte, bzw. ob es dann zu Abschlüssen führte, die mit denen der öffentlichen Hochschulen vergleichbar waren. "Gegen die knappe Regelstudienzeit von 3 Jahren bestehen aus dem Gesichtspunkt der Gleichwertigkeit der Hochschule Bedenken. Es muß daher vor allem noch geklärt werden, ob der volle Lehrstoff der vergleichbaren Studiengänge an den staatlichen wissenschaftlichen Hochschulen des Freistaates Bayern in dieser Zeit vermittelt und von den Studenten verarbeitet werden kann. Beim Studiengang für Bauingenieurwesen ist jetzt schon erkennbar, daß eine Studiendauer von 3 Jahren für ein gleichwertiges Studium voraussichtlich nicht ausreichen wird", hieß es daher zum größten Erstaunen des BMVg in der ersten Fassung des bayerischen Anerkennungsbescheids (Abs. 5.4.1.) vom 3.8.73.[358]

---

zung des GA der HSBwH am 27.11., BAMA Bw 2/8895.

354 Ebd.

355 Vermerk BEBGenInspPlGr 1 vom 13.7.72 über Gespräch mit dem Kultusministerium am selben Tag, BAMA Bw 2/7032.

356 Vermerke BEBGenInspPlGr 1 vom 13.4.72 und vom 29.9.72 über Gespräche mit dem Kultusministerium, BAMA Bw 2/8895.

357 BEBGenInsp an GenInsp vom 9.3..72 und vom 29.9.72 über Besprechung des BMVg mit der Bayerischen Staatsregierung am 8.3., BAMA Bw 2/8895.

358 Bescheid des BStMUK vom 3.8.73 über Genehmigung und Anerkennung der HSBwM, 1. Fassung, HASdB 523ff.

Wie schon beschrieben, wurde diese Passage nach Intervention durch Bonn gestrichen. Das Kultusministerium behielt sich allerdings auch in der 2. Fassung (Abs. 5.4.) vor, (künftig) "vom Hochschulträger und von der Hochschule Erfahrungsberichte auf der Grundlage von Hochschulprüfungen zur Sicherstellung und Wahrung der Gleichwertigkeit auf dem Gebiete des Studiums zu erbitten".[359]

Grundsätzliche Erkenntnisse hinsichtlich der Vor- und Nachteile eines durch lernzielorientierte auf die Berufspraxis bezogene Studienpläne gestrafften Studiums von nur 3 Jahren Dauer ergaben sich sehr bald aus der praktischen Arbeit an der curricularen Planung der Studiengänge nicht nur der Bundeswehr-, sondern auch der zivilen Hochschulen.
Zweifellos kann die Verbindung von Studienjahr und curricularer Gliederung der Studiengänge "die Realisierung kompakterer Formen des Lehrens und Lernens"[360] wie Projektstudium, Blockseminare und die trimesterübergreifende Bearbeitung komplexer Probleme erleichtern. Auch mag die lernzielorientierte Studiengangsplanung eine "den Problemstellungen der jeweiligen Disziplin angemessene Abfolge von Lernprozessen" und damit eine größere Transparenz des jeweiligen Studiengangs förderlich sein. Weiterhin sollte die bessere Überprüfbarkeit der in den Lernprozessen entwickelten Qualifikationen eine fachbezogene Studienberatung erleichtern. Schließlich kann eine optimale Nutzung der Hochschulkapazität und des wirtschaftlichen und didaktischen Einsatzes von Unterrichtsmedien erreicht werden.
Diesen Vorteilen stehen allerdings ernstzunehmende Nachteile gegenüber. So ergibt sich aus einer im hohen Maße gestrafften Organisation des Studiums zwangsläufig eine stärkere physische und psychische Belastung der Lehrenden und Lernenden, und es ist ein erheblich erhöhter Einsatz von Personal und Raum notwendig. Die Studenten müssen die enge Fixierung auf das Curriculum und damit die "Einschränkung der psychischen und intellektuellen Distanzierung von (ihrem) Studium" verarbeiten. Die Hochschullehrer dagegen werden durch das relativ enge Verhältnis zu den Studenten weit mehr beansprucht als in einem üblichen Hochschulbetrieb und unter Umständen in der Freiheit von Forschung und Lehre eingeschränkt. Insgesamt besteht die Gefahr einer Verschulung und Reglementierung der Studiengänge.[361]
Eine Minimierung dieser Schwachstellen des Systems versprach man sich

359 Anerkennungsbescheid, 2. Fassung, BAMA Bw 2/8896.
360 Dies und das Folgende bei Haeberlin/Nieschmidt, Regelstudium.
361 Dabei betonte Ellwein in der 3. Sitzung des GA am 7.3.73, daß die Belastung jeweils im ersten Trimester besonders stark sei, dann aber bis zum Ende des Studienjahres deutlich nachließe, GA-Prot.3, S. 5, Archiv UniBwM.

von einer ganzen Reihe von Maßnahmen, von denen einige hier aufgelistet werden sollen. So hielt man es für besonders wichtig, daß die Hochschule eine Vielzahl von Kontakten zu Institutionen, Gremien und Gruppen installierte, die sich mit hochschuldidaktischen Fragestellungen beschäftigten, und durch die die Professoren umfassend über die Entwicklung informiert wurden. Dann sollte ein computergestütztes Prüfungswesen einerseits den Studenten die Angst nehmen andererseits den Professoren die Arbeit erleichtern. Durch in bestimmten zeitlichen Abständen gewährte Forschungsfreiräume konnten Defizite in Forschung und Lehre ausgeglichen werden. Entscheidende Unterstützung erwartete man vor allem auch von den Fachbereichen. Die genannten Maßnahmen sollten durch ein umfangreiches Studienberatungssystem institutionalisiert und organisiert werden,[362] in dessen Mittelpunkt ein sog. "Hochschuldidaktisches Zentrum (HDZ)" stand. Ihm oblag u.a. die Beobachtung und Aufarbeitung hochschuldidaktischer Entwicklungen, die Durchführung von Adressatenanalysen unter dem Aspekt ständiger Curriculumrevision und die Evaluation der Fachcurricula. Es sollte darüber hinaus die Orientierungsphase als Einleitung jedes Studiengangs sowie die gesellschaftswissenschaftliche Dimensionierung des Studiums überwachen und fortschreiben, Entwicklungen in Berufsfeld, Wissenschaft und Gesellschaft analysieren, die Hochschullehrer informieren und mit der psychologischen Beratungsstelle kooperieren. Allerdings konnte dieses komplizierte Studienberatungssystem, wenn es nicht "die Funktion eines Alibis für eine nicht vollzogene, sondern bloß auf Studienverkürzung reduzierte Hochschulreform" haben sollte, nur mit hinreichender personeller und finanzieller Ausstattung funktionieren.[363]

Sowohl in Hamburg als auch in München nahm mit dem 1.10.73 ein HDZ seine Arbeit auf. Es war als "Zentrale Einrichtung" dem Präsidenten direkt unterstellt und arbeitete vor allem mit den Senatsausschüssen "Zentrale Einrichtungen " und "Lehre und Studium" zusammen. Die Legitimation für seine Arbeit war ein im HRG vorgesehener Passus, der den Hochschulen nahelegte, "die für die Studienreform und [...] die Förderung der Hochschuldidaktik notwendigen Maßnahmen" zu treffen sowie (für München) der entsprechende Artikel ähnlicher Formulierung im Bayerischen Hochschulgesetz. In den Rahmenbestimmungen der HSBwM vom 1.8.73 lautet es dann in Abschnitt E, II: "(1) Das HDZ hat die Fachbereiche bei der Fortentwicklung der Curricula zu unterstützen und ihre Arbeit in dieser Hinsicht zu koordinieren. (2) In enger Zusammenarbeit mit dem WInstEBSK wertet das HDZ die Wirk-

362 Vgl. zum Thema Studienberatung an der UniBwM, Ulbricht/Zimmermann, Studienorientierung, S. 121-150.

363 Haeberlin/Nieschmidt, Regelstudium, S. 771.

samkeit der Lehre zum Zwecke der Curriculumrevision aus. [...] (4) Die einzelnen Fachbereiche und Lehrpersonen sind gehalten, die zur Erfüllung der Aufgaben des HDZ nötigen Erhebungen und Versuche zu ermöglichen".[364]
Im Grunde war es als Instrument für den Präsidenten zur Weiterentwicklung der Hochschulstrukturen im Sinne der Hochschulreform gedacht.[365]
Nachdem das Zentrum zunächst kommissarisch geleitet worden war, übernahm im September 1974 ein promovierter Diplompsychologe die hauptamtliche Leitung. Inzwischen bestand der Mitarbeiterstab aus einem diplomierten Vermessungsingenieur, je einem promovierten Politologen und Theologen sowie einem Diplomsoziologen. Im Mai 1975 kam noch ein Diplomphysiker hinzu.[366]
Der bereits jetzt erkennbare Trend zu einem Übergewicht an geisteswissenschaftlich ausgebildeten Mitarbeitern verstärkte sich in der folgenden Zeit noch, so daß insbesondere im Hinblick auf die Gesamtstruktur der Hochschule, das ingenieurwissenschaftliche Fachwissen im HDZ zu gering vertreten war. Dies führte von vornherein zu einer gewissen distanzierten Haltung der ingenieurwissenschaftlichen Fachbereiche, die ihre Interessen in dieser, gerade für die curriculare Ausformung der Studiengänge so wichtigen Institution nicht ausreichend repräsentiert sahen. Außerdem glaubte man bei manchen Mitarbeitern eine einseitige, politisch linkslastige Ausrichtung zu erkennen, die sich in Papieren wie "Vorüberlegungen zur Frage der politischen Bewußtseinsbildung der Studenten der HSBwMünchen" oder "Zur Frage methodologisch reduzierter Wissenschaftsbegriffe - ein polemisches Papier" niederschlug.[367] Die Folge war eine mangelhafte Akzeptanz der Arbeiten des Zentrums in weiten Kreisen der Hochschule. Auch das in den HDZ-Jahresberichten 1975 und 1976-1977 präsentierte, überaus breit gefächerte Arbeitsprogramm hatte keine große Resonanz.
Die HDZ-Mitarbeiter sahen, neben den durch den relativ überstürzten Hochschulaufbau bedingten Schwierigkeiten, in den Fachbereichen die eigentlich für die unerfreuliche Situation Verantwortlichen.[368]. Gerade sie, die nach den Rahmenbestimmungen das HDZ ganz wesentlich bei der Erfüllung seiner Aufgaben unterstützen sollten, förderten in den eigenen Reihen weder die notwendige inhaltliche Diskussion der HDZ-Studie zur Curriculument-

---

364 Ähnlich formuliert es die aufgrund der Rahmenbestimmungen von der Hochschule erlassene Grundordnung vom 11.3.74.

365 Auskunft Radbruch vom 24.5.93.

366 Jahresbericht 1975 des HDZ.

367 Auskunft Zimmermann/LRT vom 25.3.93. Vgl. auch Peter Zimmermann, Nachruf auf das HDZ der HSBw München, in "Hochschulausbildung", 1. Jg. 1/1983, S.3-17, hier bes. S.10ff.

368 "Hochschuldidaktisches Zentrum der Hochschule der Bundeswehr München", Jahresbericht 1975, S. 27ff.

wicklung und der "Sammlung von Faktoren und Einflußgrößen für die Entwicklung curricularer Studienmodelle", noch trieben sie, mit Ausnahme der Curricula "Vermessungswesen" und "Allgemeiner Maschinenbau", die Curriculumentwicklung als solche mit ausreichender Intensität voran. Für konkrete Untersuchungen samt Auswertungen, wie etwa der "Fragebogen zur Beurteilung von Vorlesungen" wurde von seiten der Fachbereiche kein Bedarf signalisiert. Der Aufbau des für die mediendidaktische Beratung gedachten "Medienzentrums" konnte ebenfalls im geplanten Zeitraum nicht realisiert werden. Besonders schmerzlich aber empfand man, daß die Arbeitsbereiche "Methodologie und Theorie der Hochschuldidaktik", die die Schaffung langfristiger Arbeitskonzeptionen begünstigen, die Kontinuität der Arbeit sichern und damit das HDZ im Hinblick auf eine Ziel- und Rollenfindung konsolidieren konnten, nur in so geringem Maße berücksichtigt wurden.

Auch wenn diesen Mißerfolgen durchaus Erfolge in der Studenten- und Studienberatung sowie der Curriculumentwicklung entgegengehalten werden konnten, fiel das erste "Résumée" des HDZ von 1975 insgesamt überaus negativ aus. Bereits jetzt wurde auf den "Konflikt um die Funktion des HDZ innerhalb der Hochschule" als der eigentlichen Ursache dafür hingewiesen. Er habe zu Unsicherheiten geführt, die Arbeit des HDZ erschwert und es unter einen starken Handlungs- und Legitimationsdruck gesetzt.

Diese Situation änderte sich auch in den folgenden zwei Jahren keineswegs. Vielmehr stagnierte die Zusammenarbeit mit den Fachbereichen völlig und der Streit um Aufgaben und Funktion des HDZ gipfelte in der Forderung nach seiner Auflösung und der Verteilung der wissenschaftlichen Mitarbeiter auf den akademischen Bereich - ein Ansinnen, das allerdings zu diesem Zeitpunkt weder in der Hochschulleitung noch im BMVg auf Zustimmung stieß.[369]

Einen weiteren Impuls, wenn auch nicht die eigentliche Ursache für den Niedergang des HDZ, stellte ein Prüfverfahren des Bundesrechnungshofs (BRH) dar.[370] Die Diagnose, das HDZ sei die eigentliche "Achillesferse der Hochschule", fiel bei den bereits vorhandenen Kritikern auf fruchtbaren Boden und wurde durch die Haltung des Präsidenten nicht nachdrücklich genug widerlegt. Vielmehr bestätigte dieser bereits im April 1979 gegenüber dem Sonderbeauftragten für die Hochschulen im Verteidigungsministerium, "daß die Existenzberechtigung des HDZ (durch den BRH) in Frage gestellt sei".[371] Später äußerte er, die Hoffnungen, die in das HDZ gesetzt worden

---

369 HDZ-Jahresbericht 1976-1977, S. 31.

370 Zimmermann, Nachruf, S. 11.

371 Vermerk SdB vom 25.4.79 über Reise nach München am 23./24.4.79, "Allgemeines, Besuche, Gespräche", BAMA Bw 2/14361.

seien, hätten nicht verwirklicht werden können, weil die Mitarbeiter größtenteils fachfremd (im Sinne von "ingenieurwissenschaftlich unerfahren") und die Professoren nicht vom Wert der Arbeiten des Zentrums zu überzeugen gewesen seien.[372]
Der BRH stellte in seinem Bericht vom 10.12.79 fest, er habe "erhebliche Zweifel, ob die Beibehaltung des HDZ als zentraler Einrichtung der HSBwM mit den Grundsätzen der Sparsamkeit und Wirtschaftlichkeit vereinbar ist". Gleichzeitig eröffnete er aber die Möglichkeit, das Zentrum drei weitere Jahre bestehen zu lassen und ihm, allerdings bei reduziertem Personalbestand, die Chance zur Stabilisierung zu geben. Nach einem dann erneut zu erstellenden Bericht, wollte man eine endgültige Entscheidung treffen.[373]
Das HDZ nutzte diese Chance und verstärkte beispielsweise seine Anstrengungen zur Kontaktaufnahme mit den Fachbereichen. Ab Oktober 1979 wurde die Regelung eingeführt, daß jeder wissenschaftliche Mitarbeiter des HDZ drei volle Arbeitstage pro Woche in einem bestimmten Fachbereich der Hochschule unter der Verantwortung des betreffenden Dekans weisungsgemäß hochschuldiaktisch arbeiten sollte. Das bedeutete zwar eine Schmälerung der Autonomie des Zentrums, förderte aber auf der anderen Seite das gegenseitige Verstehen.[374] Außerdem wurden die Mitarbeiter entlassen, die ohnehin nicht bereit gewesen waren, fachbereichsspezifische Probleme anzugehen, so daß ein homogenerer und damit effektiverer Mitarbeiterstab entstand.
Trotz dieser erfreulichen Aufwärtsentwicklung, waren die Weichen durch schwerwiegende äußere Einflüsse bereits anders gestellt. Obwohl der personelle Aufbau der Hochschulen der Bundeswehr noch nicht abgeschlossenen war, mußten sie zusätzlich die Anfang der 80er Jahre einsetzenden massiven Einsparungen der öffentlichen Hand, die auch den Verteidigungshaushalt berührten, kompensieren. In der Folge entsprechender Beschlüsse des Bundestages 1982 kam der Senatsausschuß für Planung und Haushalt der HSBwM in seiner Sitzung am 20.10.82 zu dem Ergebnis daß die von der Hochschule geforderten Stelleneinsparungen nur durch die Schließung des HDZ erbracht werden konnten. Der Senat stimmte dem zu und nach Zustimmung von Verteidigungs- und Bayerischem Kultusminister löste der Sonderbeauftragte für die HSBw im BMVg mit Erlaß vom 16.5. und 1.6.83 das HDZ auf.[375] Seine Arbeitsbereiche wurden teilweise in das Sozialwissenschaftliche Institut der Bundeswehr (ehemals: WInstEBSK) zurückverlagert, zum anderen Teil von der 1978 gegründeten Fakultät Sozialwissenschaften über-

372 Zimmermann, ebd.
373 Dies und das Folgende bei Zimmermann, Nachruf, S. 12-15.
374 Vgl. K. Ulbricht, Arbeitsbericht (des HDZ) 1978 - Okt. 1980, S.18ff sowie 25ff.
375 Ebd., S.14.

nommen.[376] Möglicherweise aus Mangel an einer solchen Einrichtung in Hamburg, sicher aber auch, weil die dortige Hochschulleitung dem HDZ mehr Wohlwollen und Unterstützung entgegenbrachte,[377] konnte es seine Arbeit bis heute fortsetzen.

3.4. Auf- und Ausbau des Anleitstudiums und Gründung des Fachbereichs Sozialwissenschaften 1978

Anders als in Hamburg wo ein "Zentrum für Erziehungs- und Gesellschaftswissenschaftliche Anteile des Studiums"[378] für Ausrichtung und Organisation des EGA-Studiums zuständig ist, wurde in München hierfür eigens ein Fachbereich "Sozialwissenschaften" gegründet. Er sollte diesem Studium, einen entsprechenden institutionellen Rahmen geben und seiner in den ersten vier Jahren nicht eben erfolgreichen Entwicklung eine neue Richtung zu weisen.

Entsprechend der Bedeutung, die dem EGA-Studium innerhalb des Gesamtkonzepts eines Offizierstudiums an bundeswehreigenen Hochschulen von den Gründungsvätern beigemessen wurde, nimmt die Geschichte der Entstehung des Fachbereichs Sozialwissenschaften, die durch eine Vielzahl unterschiedlicher Probleme gekennzeichnet ist, einen besonders großen Raum ein. Insbesondere die strukturellen Probleme konnten bis heute nicht behoben werden und sind im Zuge der Geld- und Stellenknappheit wieder virulent.

Richten wir zunächst unser Augenmerk auf die Ursprünge. Seit Gründung der Münchner Bundeswehrhochschule bestanden sowohl für den Fachhochschul-, als auch für den Hochschulbereich Pläne für eine historisch-politische, erziehungs- und gesellschaftswissenschaftliche Dimensionierung der Fachstudiengänge sowie einen jeweils zuständigen Bereich mit dazugehörigem Lehrkörper.

Für den Fachhochschulbereich leitete sich seine Notwendigkeit aus dem Bayerischen Fachhochschulgesetz vom 27.10.1970 ab, in dessen Artikel 1(1) die Aufgabe der Fachhochschulen auch in der Entwicklung der

---

376 So z.B. die curriculare Fortschreibung "erziehungs- und gesellschaftswissenschaftlichen Anteile des Studiums (EGA)".

377 So Radbruch am 24.5.93.

378 Seinem ständigen Gremium, der "Gemeinsamen Kommission EGA", gehören 7 Professoren der Fachbereiche PÄD, WOW, ET und MB sowie 2 Wiss. Mitarbeiter, 3 Studenten und ein nichtwiss. Mitarbeiter an. Beratende Stimme haben die Leiter HDZ, Leiter EGA-Zentrum, Leiter SFB PÄD. Vgl. Vorlesungsverzeichnis der UniBwH.

"Fähigkeit zum kritischen Denken und zur Übernahme von Verantwortung in Gesellschaft und Staat" gesehen wurde. In Verbindung damit forderte Art. 9(3) einen "allgemein wissenschaftlichen Fachbereich", dessen Lehrveranstaltungen, übertragen auf die Anforderungen der HSBw, "die Vertiefung des beruflichen Selbstverständnisses des Offiziers als Staatsdiener im Sinn einer wissenschaftlichen und damit kritischen Umweltorientierung und einer grundsätzlichen Identifizierung mit den geistigen Fundamenten der freiheitlichen Ordnung unseres Staates im Sinne des Grundgesetzes"[379] leisten sollten. Zwischen einem solchen Fachhochschul-Fachbereich "Allgemeine Wissenschaften" und dem "Erziehungs- und gesellschaftswissenschaftlichen Anleitbereich (EGA)" der Hochschule, dessen Zielsetzungen im Teil G der "Rahmenbestimmungen" verankert waren, sollte eine prinzipielle und strukturelle Verbindung fachlicher, didaktischer und organisatorischer Art aufgebaut werden. Beide Bereiche waren mit dem Hochschul-Fachbereich Pädagogik insofern eng verbunden, als sie jeweils Professorenvertreter in dessen Fachbereichsrat entsandten und der Prodekan immer aus dem Fachhochschulbereich Allgemeine Wissenschaften stammte.

Schon frühzeitig stellte sich allerdings die Frage, inwieweit der zwangsläufig fortschreitende Prozeß der Integration der Fachhochschul-Studiengänge in die Hochschule der Bundeswehr mit der gleichzeitig zunehmenden Verselbständigung des Fachbereichs Allgemeine Wissenschaften, der zusammen mit dem Fachbereich Bauingenieurwesen die FHS-Fachbereichsgruppe 2 bildete, vereinbar war.

Der Fachbereich beanspruchte, allein für die Anleitfächer und die erziehungs- und gesellschaftswissenschaftliche Grundlegung der Fachstudiengänge des Fachhochschulbereichs zuständig zu sein und traf demgemäß wichtige Entscheidungen sowohl fachwissenschaftlicher und hochschuldidaktischer Art als auch in Bezug auf die Leistungskontrolle (Prüfungsordnung). Daraus ergab sich zwangsläufig eine entsprechende personelle und materielle (z.B. in Haushaltsfragen) Eigenständigkeit[380], die innerhalb der Fachhochschule selbst und im Kontakt mit dem Anleitbereich der Hochschule zu Kompetenzproblemen führte.

In beiden Anleitbereichen waren die erziehungswissenschaftlich dimensionierten Begleitstudien für das erste und die gesellschaftswissenschaftlichen für das zweite und dritte Studienjahr vorgesehen. Ein konkretes Lehrangebot der Allgemeinen Wissenschaften lag bereits Mitte 1974 vor. Es wurde im wesentlichen von den vorher in der Fachhochschule des Heeres tätigen Pro-

---

379 So formulierte es der damalige Leiter des Fachbereichs, LtdRegDir. Dr. Nittner, in seinen" Überlegungen zur Zielsetzung des Fb Allgemeine Wissenschaften", vom 1.12.73, Ordner: Allgemeine Wiss. - Anleitbereich 1973 - 1978, Archiv UniBwM.

380 Nittner, ebd.

fessoren Franz Seidler (Geschichte), Christiane Busch-Lüty (Wirtschaftswissenschaften), Paul Roth (Politikwissenschaft), Helmut Schorr (Soziologie) und Ernst Nittner (Zeitgeschichte) durchgeführt. Darüber hinausgehender Bedarf an Lehre in Nebenfächern sollte durch Lehrbeauftragte abgedeckt werden. Angeboten wurden jeweils über ein Studienjahr laufende Themenkomplexe wie "Der Totalitarismus in der europäischen Geschichte", "Grundfragen der politischen Ökonomie", "Grundfragen der Politik und Politikwissenschaft", "Gesellschaft im Wandel" und "Die Deutsche Geschichte seit dem Ende des 2. Weltkrieges".[381]

Zusätzlich zu diesem Angebot legte der Leiter des Fachbereichs als Beitrag zu einer weiterführenden Diskussion einen umfangreichen Konzeptentwurf vor, der Aufschluß über Rechtsgrundlagen, Auftrag und Organisation des Bereichs gab und curriculare Details für das 1. und 2. Studienjahr und die Modalitäten für Leistungsnachweise (Prüfungen) darlegte.[382]

Dieses Konzept nun war Stein des Anstoßes für eine kritische Stellungnahme des Leiters der Sektion Chemie in der Fachbereichsgruppe 1 (ET, LRT, BW). Sie offenbarte nicht nur die Auffassungsunterschiede zwischen beiden Fachbereichsgruppen hinsichtlich der Zuständigkeiten, sondern übte auch inhaltlich Kritik.[383] Der Autor lehnte den "Alleinvertretungsanspruch" der Allgemeinen Wissenschaften ab, denn bis dahin seien die drei Fachbereiche der Fachbereichsgruppe 1 für das Lehrangebot in den allgemeinwissenschaftlichen Wahlpflichtfächern mit Themen aus den Bereichen Philosophie, Anthropologie, Wirtschaft, Recht, Naturwissenschaften und Technik zuständig gewesen. Die neue STAN-Planung sähe sogar eine 50%-ige personelle Belastung der Fachbereichsgruppe 1 durch diese Fächer vor. Die mit ihnen befaßten Dozenten müßten die Möglichkeit erhalten, ihre Tätigkeit fortzuführen.

Abgesehen davon monierte die Stellungnahme inhaltlich den Mangel an allgemeinbildenden Themen gesellschaftlicher Relevanz aus dem Bereich der Naturwissenschaften und Technik in dem Konzept der Allgemeinen Wissenschaften. Sie verlangte ein breiter gestreutes Themenangebot, wie es auch an den öffentlichen Fachhochschulen Praxis sei und eine größere Freiheit der Auswahl für die Studenten, deren Fachstudium ohnehin bis ins Detail regle-

---

381 Lehrangebot für das Studienjahr 1974/75, für die Fb-Gruppe 1, Neubiberg und die Fb-Gruppe 2, Stettenkaserne, vom 24.6.74, Ordner: Allgemeine Wiss. - Anleitbereich 1973 - 1978, Archiv UniBwM.

382 Nittner, Konzeption des Fachbereichs Allg. Wiss, Entwurf vom 5.7., Rundschreiben vom 10.7.74, Ordner: Allgemeine Wiss. - Anleitbereich 1973 - 1978, Archiv UniBwM.

383 Prof. (FHS) Dr. Schumann, Stellungnahme zur Konzeption des Fachbereichs Allg. Wiss, vom 11.9.74, Ordner: Allgemeine Wiss. - Anleitbereich 1973 - 1978, Archiv UniBwM.

mentiert sei. Aus dem gleichen Grund lehnte die Stellungnahme Pflichtjahresthemen ab. Der Student solle die Freiheit haben, Fach, Vorlesung und Dozenten zu wechseln. Die hiermit letztlich aufgeworfene Frage nach der Notwendigkeit und grundsätzlichen Berechtigung des Fachbereichs Allgemeine Wissenschaften konnte in einem Gespräch des Autors mit einem Vertreter der Allgemeinen Wissenschaften in Anwesenheit des Präsidenten der HSBw, Engerth, im positiven Sinne geklärt werden.[384]

Jetzt war nur noch offen, ob er künftig auch neben dem Hochschul-Anleitbereich bestehen bleiben konnte. Nach den Vorstellungen des Bayerischen Kultusministeriums war nämlich in einer integrierten Gesamthochschule die Bildung eines allgemeinwissenschaftlichen FHS-Fachbereichs nicht zwangsläufig, während Art. 45(5) BayHschG sie für Fachhochschulen mit mehreren Ausbildungseinrichtungen vorschrieb. Hier stellte der in dem Ministerium zuständige Referent fest, daß die Fachhochschulen der Bundeswehr durch ihre Einbeziehung in die HSBwM nicht benachteiligt werden sollten und daher eine Lösung für den Fachbereich Allgemeine Wissenschaften gefunden werden müsse - z.B. durch eine künftige enge Kooperation mit dem Hochschul-Anleitbereich bei eigener Zuständigkeit in der Zusammenstellung des Lehrangebots in den allgemeinwissenschaftlichen Wahlpflichtfächern. Im Falle von Meinungsverschiedenheiten sollten der Senat oder die Gemeinsame Kommission für FHS-Fragen als Schlichtungsinstanzen fungieren.[385] Eine Vermischung von "allgemeinwissenschaftlichen" und "fachrichtungsspezifischen" Wahlpflichtfächern durch die Einbeziehung technischer und naturwissenschaftlicher Themen, wie sie gefordert worden waren, hielt das Kultusministerium nicht für sinnvoll. Im übrigen läge die Zuständigkeit für die Festlegung der Schwerpunkte des Studiums nach Maßgabe der Erfordernisse der Offizierausbildung letztlich beim BMVg.[386]

Das Problem der Zuständigkeit bei der Auswahl des Fächerangebots an allgemeinwissenschaftlichen Wahlpflichtfächern in den Fachhochschul-Studiengängen zog sich allerdings auch in der nächsten Zeit ungelöst hin.

Im April 1977 wandte sich der Prodekan des FHS-Bereichs Allgemeine Wissenschaften, Seidler, in einem Schreiben an seinen Kollegen im FHS-Bereich Maschinenbau[387] vehement gegen einen Beschluß des Studien-

---

384 Aktenvermerk Pause vom 7.1.75 über die Besprechung am 8.12.74, Ordner: Allgemeine Wiss. - Anleitbereich 1973 - 1978, Archiv UniBwM.

385 Die GK (FHS) hatte am 26.11.74 bereits in erster Sitzung getagt, Ordner: Allgemeine Wiss. - Anleitbereich 1973 - 1978, Archiv UniBwM.

386 Aktenvermerk des Leiters des Fb Allg. Wiss., Nittner, über die Besprechung im Kultusministerium am 9.12.74, Ordner: Allgemeine Wiss. - Anleitbereich 1973 - 1978, Archiv UniBwM.

387 Seidler an Hufnagel vom 20.4.77, Ordner: Allgemeine Wiss. - Anleitbereich 1973 - 1978, Archiv UniBwM.

gangsausschusses MB, in dem dieser die Zuständigkeiten den jeweiligen Fachbereichen zu- und dem FB Allgemeine Wissenschaften absprach. Seidler sah hierin nicht nur einen Widerspruch zu dem "wesentlichen Grundsatz der Hochschullehre: Keine Sachkompetenz ohne Fachkompetenz", sondern auch zu der entsprechenden Passage in den Rahmenbestimmungen vom 6.1.1977 (Abschnitt J, Ziff. II,4), wonach die Fragen des Studiums und des Lehrbetriebs, der Sicherstellung des Lehrangebots und der Durchführung der Hochschulprüfungen bei dem gleichen Ausschuß liegen sollten, der die Berufungsausschüsse bestellt und über die Vorschlagslisten beschließt, also im Falle der allgemeinwissenschaftlichen Wahlpflichtfächer der FHS-Bereich Allgemeine Wissenschaften. Dagegen vertrat der Vorsitzende des Senatsausschusses für die Grundordnung und Leiter des Instituts für Öffentliches Recht im Fachbereich Wirtschafts- und Organisationswissenschaften, Armin Steinkamm, die Meinung,[388] daß im Rahmen der Studien- und Prüfungsordnungen der Fachbereichsrat für die Sicherstellung der Lehre zuständig sei. Sofern aber diese Ordnungen bezüglich der Wahlpflichtfächergruppe der gesellschaftswissenschaftlichen Fächer bzw. der Allgemeinen Wissenschaften keine Konkretisierungen träfen, sei es der Senat, der die zugelassenen Fächer generell festzustellen habe, zumal die Wahlpflichtfächer nicht speziell auf einen Fachbereich, sondern auf alle Fachbereiche bezogen seien. Steinkamm gestand allerdings zu, daß die Fachhochschulkollegen im Rahmen der curricularen Vorgaben und der Festlegung des Studienablaufplanes hinsichtlich der inhaltlichen Gestaltung und konzeptionellen Durchführung ihrer Fächer frei sein müßten.

Im Zusammenhang mit dem Studienangebot für eine Gruppe ausländischer Studenten wurde die Frage erneut aufgerollt. Wieder war es der Prodekan des FB LRT - Fachhochschul-Studiengang Maschinenbau, der beanspruchte, besonders in diesem Falle bei der Ausgestaltung des allgemeinwissenschaftlichen Lehrangebots "mitwirken und mitreden"[389] zu dürfen. Konkret lag ihm an einem Mehrangebot an naturwissenschaftlich-technischen und betriebswirtschaftlichen Themen, speziell für die ausländischen Studenten. Seidler jedoch beharrte auf seinem Standpunkt einer alleinigen Zuständigkeit der Allgemeinen Wissenschaften für die allgemeinwissenschaftlichen Wahlpflichtfächer (AWF) und lehnte eine Mitarbeit der anderen FHS-Studiengänge ab. Veranlaßt durch die Intervention des Prodekans LRT, erfolgte im August 1977 ein Erlaß des Sonderbeauftragten für die HSBw beim BMVg, in dem dieser die drei entscheidenden Punkte klarstellte:

---

388 Steinkamm an Engerth vom 5.7.77, Ordner: Allgemeine Wiss. - Anleitbereich 1973 - 1978, Archiv UniBwM.

389 Hufnagel an BMVg S I 10/SdB HSBw vom 20.6.77, Ordner: Allgemeine Wiss. - Anleitbereich 1973 - 1978, Archiv UniBwM.

1.) Die erziehungs- und gesellschaftswissenschaftlichen Bestandteile des Studiums an den HSBw sind sowohl für die wissenschaftlichen, als auch für die Fachhochschul-Studiengänge integrale Teile des Offizierstudiums im Rahmen der 5-jährigen Offizierausbildung. Damit ist die Festlegung von Umfang, Inhalt und Berufsbezug der entsprechenden Wahlpflichtfächer - auch des FHS-Bereichs - Sache des Trägers der Bundeswehrhochschule, also des Verteidigungsministers.
2.) Ausländische Studenten genießen keine Sonderrechte und wählen daher, ebenso wie ihre deutschen Kollegen, aus den angebotenen Fachgebieten selbst aus.
3.) Die fachliche Zuständigkeit für die Auswahl des Angebots an allgemeinwissenschaftlichen Wahlpflichtfächern im FHS-Bereich liegt primär beim FB Allgemeine Wissenschaften. Wie beim Anleitbereich könnten wegen seiner fachbereichsübergreifenden Aufgabenstellung bei Meinungsverschiedenheiten der Senat bzw. seine Ausschüsse oder eine gemeinsame Kommission[390] die Schlichtung übernehmen.

Darüber hinaus teilte der Sonderbeauftragte mit, daß die künftige Gestaltung des Anleitbereichs ohnehin gerade Gegenstand von Beratungen im Ministerium seien, d.h. seine Umstrukturierung anstand.[391]

Zuvor war in einem anderen Erlaß bereits festgelegt worden, daß das Lehrangebot im Fach EGA zwei Trimester-Wochenstunden umfassen sollte, wobei die erziehungswissenschaftliche Schwerpunktbildung für das erste und die gesellschaftswissenschaftliche für das zweite und dritte Studienjahr vorgesehen war. Die Gruppengröße sollte auf 25 Studenten begrenzt werden. Keine Klarheit bestand allerdings über die Herkunft der dafür zusätzlich erforderlichen Stellen. Hier sollte der Anleitbereich in einer Übergangszeit von den Fachbereichen unterstützt werden, deren Studentenaufkommen hinter den Planzahlen zurückblieb.[392]

Trotz dieser Festlegungen von seiten des Ministeriums bzw. in ihrer Folge setzten sich die Kompetenzprobleme fort. Der Fachbereich Allgemeine Wissenschaften erkannte die im März 1977 vom Senat gegründete Gemeinsame Kommission für Fragen der Fachhochschul-Studiengänge[393] als Clearingstelle bei Meinungsverschiedenheiten innerhalb des FHS-Bereichs nicht an, weil er grundsätzlich Sonderregelungen des Senats für die Fachhochschulen ab-

---

390 Der Senat hatte in seiner Sitzung am 3.3.77 die Zusammensetzung der Gemeinsamen Kommission beschlossen (B 6 - 2/77).

391 Schoch/SdB-BMVg an HSBwM vom 9.8.1977, Ordner: Allgemeine Wiss. - Anleitbereich 1973 - 1978, Archiv UniBwM.

392 SdB-BMVg an den Präsidenten der HSBwM vom 13.7.1977, Ordner: Allgemeine Wiss. - Anleitbereich 1973 - 1978, Archiv UniBwM.

393 Die konstituierende Sitzung der Kommission war am 2.3.77, vgl. Vermerk im Protokoll der Senatssitzung am 23.3.77, TOP 3.6.

lehnte. Vielmehr hielt er den im März 1974 gegründeten, auch für die wissenschaftlichen Studiengänge zuständigen EGA-Ausschuß des Senats für das richtige Gremium.[394]
Zwei Beschlüsse der Gemeinsamen Kommission sollten daher nach Ansicht des allgemeinwissenschaftlichen Fachbereichs in der Folge der beiden BMVg-Erlasse revidiert werden. Zum einen war die Entscheidung hinsichtlich der Sonderbehandlung für die ausländischen Studenten aufzuheben, zum anderen sollte die Infragestellung der alleinigen Zuständigkeit des FHS-Bereichs Allgemeine Wissenschaften für die entsprechenden Wahlpflichtfächer rückgängig gemacht werden.[395]
Nach wie vor fühlten sich die übrigen FHS-Fachbereiche durch die Allgemeinen Wissenschaften übergangen, weil diese die "Zusammenarbeit [...] auf das kleinste erreichbare Maß" zu reduzieren suchten und jegliche Mitsprache verwehrten.[396]
Angesichts dieser Situation hoffte der FHS-Bereich Allgemeine Wissenschaften auf eine Beendigung der Zuständigkeitsprobleme durch die für 1978 geplante Errichtung eines Fachbereichs Sozialwissenschaften und freute sich "auf die fachlich affine Zusammenarbeit mit den 'Anleitern' der wissenschaftlichen Studiengänge".[397]

Die Funktion der Leitung und Organisation des erziehungs- und gesellschaftswissenschaftlichen Anleitstudiums der wissenschaftlichen Studiengänge der HSBwM oblag dem im März 1974 gegründeten Ständigen Senatsausschuß "Erziehungs- und gesellschaftswissenschaftliche Aspekte des Studiums", der nebenbei auch für den FHS-Bereich zuständig war.
Wie die vier anderen Ständigen Senatsausschüsse "Planung und Haushalt", "Lehre und Studium", "Forschung und wissenschaftlicher Nachwuchs" und "Zentrale Einrichtungen" auf ihren jeweiligen Gebieten, war auch er in erster Linie mit den personellen und infrastrukturellen Planungen befaßt.[398] Dabei standen vorrangig die Berufungen an, dann aber auch die konzeptionelle Ausgestaltung im EGA-Bereich. Am 20. Mai legte der Ausschuß eine Be-

---

394 Seidler an den Vorsitzenden des SA EGA, von Schubert, vom 18.1.78, Ordner: Allgemeine Wiss. - Anleitbereich 1973 - 1978, Archiv UniBwM. Der Ausschuß wurde in der Senatssitzung am 13.3.1974 gegründet.

395 Seidler an den Präsidenten der HSBwM vom 6.9.1977, Ordner: Allgemeine Wiss. - Anleitbereich 1973 - 1978, Archiv UniBwM.

396 Kraut an den Präsidenten der HSBwM vom 3.1.78, Ordner: Allgemeine Wiss. - Anleitbereich 1973 - 1978, Archiv UniBwM.

397 Seidler an den Vorsitzenden des SA EGA, von Schubert, vom 18.1.78, Ordner: Allgemeine Wiss. - Anleitbereich 1973 - 1978, Archiv UniBwM.

398 Konstituierung in der 2. Senatssitzung am 13.3.1974. Vorsitzender wurde der Leiter der HSBwM, Wachter, sein Stellvertreter Klaus von Schubert.

schlußvorlage vor, die der Senat in seinen substantiellen Teilen übernahm.[399] Hiernach sollte die Anleitung in die Abschnitte

1. Orientierungsphase (zur Information über das Studium allgemein und ggfls. zur Überprüfung der Wahl des Studienfachs) mit anschließenden Tutorien in den Fachbereichen,
2. Erziehungswissenschaftliche Anleitung (1. Studienjahr) und
3. Gesellschaftswissenschaftliche Anleitung (2. und 3. Studienjahr)

gegliedert werden.

Beispielsweise wurden im ersten Studienjahr als erziehungswissenschaftliche Lehrveranstaltung "Aspekte zum Begriff Lernen aus pädagogischer Sicht" (2 Trimester-Wochenstunden) und im zweiten und dritten Studienjahr alternativ 2-stündige Lehrveranstaltungen aus den Gebieten Politik, Neuere Geschichte, Recht, Wirtschaftswissenschaft, Technik und Gesellschaft, Pädagogik oder Theologie als gesellschaftswissenschaftliche Anteile angeboten.[400]

Insgesamt waren für Organisation und Durchführung dieser Abschnitte das HDZ, ein Professor aus dem FB Pädagogik sowie der Senatsausschuß selbst zuständig.[401]

Im Juli 1974 konstituierte sich der "Arbeitsbereich Sozialwissenschaften", dessen Geschäftsordnung der Senat zur Kenntnis nahm.[402] Er sollte "das Lehrangebot für die fachübergreifenden erziehungs- und gesellschaftswissenschaftlichen Elemente des Studiums sowie für sozialwissenschaftliche Nebenfächer sicherstellen und die entsprechende Forschung koordinieren". Im Einvernehmen mit den Fachbereichen hatte er auch das Lehrangebot von Hochschullehrern und Lehrbeauftragten, die nicht dem Arbeitsbereich angehörten, zu koordinieren und die Curriculumelemente hierfür in Zusammenarbeit mit dem HDZ weiterzuentwickeln. Ihm gehörten die für die genannten Aufgaben zuständigen Professoren, Assistenzprofessoren, wissenschaftlichen und nichtwissenschaftlichen Mitarbeiter sowie die Mitglieder des Fachbereichs Allgemeine Wissenschaften der FHS-Studiengänge an. Über die Mitgliedschaft mußte im Zweifelsfalle der Senatsausschuß entscheiden. Die Berufungsverfahren wurden von den zuständigen Fachbereichen unter Beteiligung von Fachvertretern des Arbeitsbereichs durchgeführt. Die Zuständigkeit legte auch hier wiederum der Senatsausschuß fest.[403] Überhaupt

---

399 Senatssitzung am 22.5.74. Ausführlicher Senatsbeschluß in Anlage ebd.

400 Vorlesungsverzeichnis der HSBwM Frühjahrs- u. Sommertrimester 1975.

401 Protokoll der Senatssitzung am 22.5.74, S. 2.

402 Protokoll der Senatssitzung am 24.7.74, S. 5; GO in Anlage. Der entsprechende Arbeitsbereichsrat tagte am 21.11.1974 in erster Sitzung. Protokolle in den Ordnern Arbeitsbereich SOWI und Fachber. Allg. Wiss. 1973-76 und 1974-76, Archiv Senatssekretariat der UniBwM.

403 Ebd., Anlage.

blieb der Ausschuß weiterhin für die entscheidenden Fragen in Bezug auf EGA zuständig - nämlich für Grundsatzfragen des Studiums, der Organisation, der Ausstattung und der personellen Ergänzung. Er hatte außerdem die zur Durchführung der Aufgaben erforderlichen Haushaltsmittel zu beantragen.
Mit dem Arbeitsbereich Sozialwissenschaften (ABS) war zwar ein den Fachbereichen in der Struktur sehr ähnliches Gebilde entstanden, das aber praktisch keine Kompetenzen hatte. Vor allem krankte der Arbeitsbereich von vornherein daran, daß die für die Organisation des EGA-Studiums erforderliche zusätzliche personelle und räumliche Ausstattung in keiner Weise ausreichend war und die Professoren und wissenschaftlichen Mitarbeiter, die die Arbeit neben ihren Lehrverpflichtungen in den Fachbereichen Pädagogik und Wirtschafts- und Organisationswissenschaften machten, völlig überlastet und angesichts des unsicheren Status' des Gremiums teilweise demotiviert waren. Die Protokolle der ersten Sitzungen des Arbeitsbereichsrats zeigen dies deutlich. Zu vielfältig waren die noch zu lösenden Probleme wie Prüfungsfragen, Leistungsnachweise, inhaltliches Angebot und grundsätzliche Fragen der konzeptionellen Ausgestaltung des Anleitstudiums, als daß sie ohne intensive Vorbereitungen und Diskussionen hätten bewältigt werden können.[404] Eine vom ABS angeforderte BAT IIa-Stelle für eine ausschließlich mit diesen Aufgaben befaßte Person, die der Präsident zugesagt hatte, konnte nicht bereitgestellt werden, weil sie nach Auskunft des Kanzlers einfach nicht vorhanden war,[405] bzw. dem dem Anleitbereich zustehenden Kontingent an wissenschaftlichen Mitarbeitern entnommen werden mußte.[406] Die dadurch gegebene Situation führte dazu, daß zum einen das Bayerische Kultusministerium Schwierigkeiten mit der Anerkennung der Fächerbezeichnungen und Leistungsnachweise hatte[407] und hochschulintern die Fachbereiche - was bereits im Zusammenhang mit dem Fachhochschulbereich deutlich wurde - dem Anleitbereich seine Stellung streitig machten. So forderte der Fachbereichsrat Pädagogik am 7.2.1975, man solle die erziehungs- und gesellschaftswissenschaftlichen Anteile sowohl in den Lehrveranstaltungen als auch in der Diplomhauptprüfung durch das vom Studenten

---

404 Vgl. entsprechende Bemerkung v. Schuberts in der 5. Sitzung des Arbeitsbereichsrats am 26.2.75, S. 2, Ordner ABS 1973-1976, Archiv UniBwM.

405 Protokoll der 4. Sitzung des Arbeitsbereichsrats am 29.1.75, Ordner ABS 1973-1976, Archiv UniBwM.

406 Protokoll der 5. Sitzung des Arbeitsbereichsrats am 26.2.75, Ordner ABS 1973-1976, Archiv UniBwM.

407 So monierte das Ministerium beispielsweise die globale Benennung der Fächer Geschichte, Politikwissenschaft etc. und forderte eine genauere Spezifizierung; vgl. Protokoll der 2. Sitzung des Arbeitsbereichsrats am 4.12.74, S. 2, Ordner ABS 1973-1976, Archiv UniBwM.

belegte Wahlpflichtfach ersetzen. Damit wären die Zuständigkeiten - vor allem im Hinblick auf die Prüfungen - vom Anleitbereich in den Fachbereich verlagert worden. Einer solchen Umgewichtung zu seinen Ungunsten konnte der Anleitbereich natürlich nicht zustimmen.[408]

Hauptursache für die prekäre Lage war letztlich der nicht gefestigte Status des Anleitstudiums insgesamt und der notorische Stellen- und damit Personalmangel. Zwar hob der Träger immer wieder die Unabdingbarkeit der erziehungs- und gesellschaftswissenschaftlichen Anleitung des Offizierstudiums und ihrer besonderen Bedeutung für die Reform von Bildung und Ausbildung in der Bundeswehr insgesamt hervor, versäumte jedoch, diesen Anspruch in ausreichendem Maße durch eine organisatorisch eindeutige Position innerhalb des Gesamtstudiums und die entsprechend großzügige materielle und personelle Ausstattung zu untermauern. Das an den Bundeswehrhochschulen durchgeführte Anleitstudium stellte eine Besonderheit dar, die in den Zahlen der Bund-Länder-Kommission keine Berücksichtigung fand. Daher war die Rechtfertigung der relativ vielen, für Kleingruppenarbeit und 3-jähriges Studium jedoch unabdingbaren Stellen gegenüber dem Haushalts- und dem Verteidigungsausschuß des Deutschen Bundestages und gegenüber dem Bundesfinanzministerium äußerst schwierig.[409] Von Vertretern des Haushaltsausschusses beispielsweise wurde gegen eine Bewilligung zusätzlicher Forderungen damit argumentiert, daß man bei der Hochschulgründung schließlich auch davon ausgegangen sei, "daß durch eine gute Organisation und eine entsprechende Straffung des Studiums mit weniger Personal in kürzerer Zeit gleiche oder bessere Leistungen wie an öffentlichen Hochschulen erbracht werden können".[410] Darüber hinaus befand sich der Bund insgesamt in einer überaus schwierigen Finanzlage. Für den Haushalt 1975 war bereits Mitte 1974 ein Defizit von 15 Milliarden DM errechnet worden.[411]

Aufgrund der zunehmenden internen Schwierigkeiten setzte der Arbeitsbereich Sozialwissenschaften am 16.4.1975 eine Unterkommission zur Prüfung

---

408 Protokoll der 5. Sitzung des Arbeitsbereichsrats am 26.2.75, S. 3, Ordner ABS 1973-1976, Archiv UniBwM.

409 Von Anfang an war versucht worden, den Anteil an Lehrenden für die erziehungs- und gesellschaftswissenschaftliche Anleitung "besonders auszubringen". Dies vermerkte bereits am 24.4.74 der Leiter der Hochschulgruppe im BMVg in seinem die HSBwM betreffenden "Problemkatalog", BAMA Bw 2/8430. Ebenso ein Vermerk von ihm vom 24.6.74, S. 7/8, BAMA Bw 2/8896.

410 Vermerk vom 9.6.75 über Besuch von Mitgliedern des HA des Dt. BT am 6.6.75, BAMA Bw 2/14360.

411 Vermerk LtrHSGr vom 24.6.74, BAMA Bw 2/8896. Daher mußte um so mehr die Sonderstellung des Anleitstudiums deutlich gemacht werden, und es wurden Besuche von Abgeordneten der Bundestagsausschüsse bei den HSBw organisiert, FüS/SB/HSBw an den Verteidigungsminister vom 22.11.74, BAMA Bw 2/8899.

der Organisation des Anleitbereichs ein. Diese kam zu dem Ergebnis, daß ein eigener, aus den wissenschaftlichen Einrichtungen Politikwissenschaft, Geschichte, Theologie, Recht sowie Technik und Gesellschaft bestehender Fachbereich Sozialwissenschaften gebildet werden müsse. Er sollte in Lehre und Forschung

- die gesellschaftswissenschaftlichen Anteile des Fachstudiums,
- die seinen wissenschaftlichen Einrichtungen entsprechenden Lehrangebote in den übrigen Fachbereichen sowie
- das allgemeinwissenschaftliche Lehrangebot in den FHS-Studiengängen

vermitteln. Sinnvoll erschien die Fachbereichsstruktur deshalb, weil zur Erledigung all dieser Aufgaben eine eigene zusammengefaßte Personal- und Sachhoheit notwendig war, die Koordinationsaufgaben durch Zusammenfassung vereinfacht wurden und die Fachbereiche damit einen eindeutigen Ansprechpartner für die Belange des Anleitstudiums erhielten. Dem möglichen Einwand, daß der Fachbereich aber keinen eigenen Studiengang anbot, setzte die Kommission entgegen, daß derartige Konstruktionen an anderen Universitäten auch üblich seien.[412]

Der ABS fand zwar, der Zeitpunkt für eine endgültige Entscheidung sei noch nicht gekommen, wollte aber Gespräche in dieser Richtung forcieren.[413] Erwartungsgemäß waren die Fachbereiche mit der Idee nicht einverstanden. Aus ihren Reihen kam der Vorschlag, den Bereich nach dem Modell einer "Zentralen wissenschaftlichen Einheit" (ZWE), wie sie für das Fach Physik bereits bestand, zu strukturieren.[414] Der Anleitbereich sollte nämlich nicht nur von den beiden sozialwissenschaftlichen Fachbereichen (PÄD und WOW), sondern als Zentrale Wissenschaftliche Einrichtung von allen Fachbereichen getragen werden. Damit konnten u.a. auch Mißverständnisse, wie sie mit den Bezeichnungen Anleitbereich und Arbeitsbereich Sozialwissenschaften teilweise schon vorgekommen waren, vermieden und außerdem die technische Komponente mehr mit einbezogen werden. Vor allem aber versprach eine derartige Lösung, aufgrund des größeren Gewichts, das die

---

412 "Vorschlag zur Organisation des Anleitbereichs", Sitzung der Unterkommission am 18.4.1975, Ordner ABS 1973-1976, Archiv UniBwM.

413 Protokoll der 7. Sitzung des Arbeitsbereichsrats am 14.5.75, S. 3, Ordner ABS 1973-1976, Archiv UniBwM.

414 Protokoll der 8. Sitzung des Arbeitsbereichsrats am 4.6.75, S. 3, Ordner ABS 1973-1976, Archiv UniBwM. - Die ZWE wird von den Fachbereichen getragen und ausgestattet, deren Studenten hier im Fach Physik ausgebildet werden. Dies hat den Vorteil, daß nicht jeder beteiligte Fachbereich eine entsprechende Professur einrichten muß. Der Nachteil ist. wie sich im Laufe der Jahre herausstellte, daß angesichts der hochgradigen Spezialisierung der Physik (das gilt natürlich im gleichen Maße für die Mathematik) in den verschiedenen Fächern eine einzige Professur nicht ausreicht. Bis heute wird aber dieses Modell aus Ersparnisgründen immer wieder diskutiert.

ZWE haben würde, mehr Mitsprachemöglichkeit bei der Stellenbesetzung - wobei die Fachbereiche ebenfalls einen gewissen Einfluß beanspruchten. Darüber hinaus war durch den eigenen Haushalt eine wirksamere haushaltsmäßige Vertretung im Senatsausschuß für Planung und Haushalt und damit ein besserer Zugriff zu den Mitteln gewährleistet. Nicht zuletzt wurde nachdrücklich ein proportionaler Stellenaufwuchs, entsprechend dem der Fachbereiche gefordert, denn man empfand es als absurd, daß gerade dem Anleitbereich in der Gründungsphase ein solcher verweigert wurde.[415]
In der Tat war die personelle Ausstattung des Bereichs völlig unzureichend, und dies verschlimmerte sich in der Folgezeit. Im Februar 1976 mußte der Fachbereich Pädagogik gegenüber dem Senatsausschuß EGA und dem ABS einen Offenbarungseid leisten und zugestehen, daß er sich künftig nicht mehr in der Lage sehen würde, sein erziehungswissenschaftliches Angebot für das erste Studienjahr im Rahmen des Anleitstudiums aufrechtzuerhalten. Damit wäre automatisch auch dem gesellschaftswissenschaftlichen Konzept des 2. und 3. Studienjahres eine wesentliche Basis entzogen worden. Der Arbeitsbereich appellierte daher vehement an den Träger, mehr Stellen zu schaffen und gleichzeitig an die entsprechenden Hochschulgremien, bei zulaufenden Stellen die Anteile des Fachstudiums für das 1. Studienjahr im Auge zu behalten. Zur Überbrückung wurde der Fachbereich Pädagogik gebeten, "ein entsprechendes Lehrangebot mit Lehraufträgen durchzuhalten".[416] Außerdem sollten Pädagogikstudenten im Rahmen des Anleitstudiums als Tutoren für Studierende anderer Fachbereiche eingesetzt werden.[417]
Insgesamt konnte es sich hierbei nur um Übergangslösungen handeln. Der Zustand des Anleitstudiums war alarmierend, und es mußte dringend eine tragfähige Konzeption gefunden werden. Dies erkannte man im BMVg deutlich und beauftragte die Hochschule, bis Mitte April 1976 Vertreter für die Errichtung einer Arbeitsgruppe "Erziehungs- und gesellschaftswissenschaftliche Anleitung" zu benennen, die die Probleme gezielt diskutieren sollte.[418] Eine schlechte Voraussetzung für einen Erfolg dieser Bemühungen war die Ankündigung, daß dem Anleitbereich, der noch am geringsten ausgebaut war und der doch, wie von Bonn immer wieder betont, den Kern des Ausbildungskonzepts darstellen sollte, im Zuge der neuerlich geplanten Haushaltskürzungen ab Sommer 1976 nun überhaupt keine Stellen mehr

---

415 Schreiben Steinkamms an den Präsidenten vom 5.11. und an den ABS vom 14.11.75, Ordner ABS 1974-1976, Archiv UniBwM sowie Protokoll der 11. Sitzung des Arbeitsbereichsrats am 11.11.75, S. 2, Ordner ABS 1973-1976, Archiv UniBwM.

416 Protokoll der 13. Sitzung des Arbeitsbereichsrats am 4.2.76, S. 2f, Ordner ABS 1973-1976, Archiv UniBwM.

417 Protokoll der 3. Sitzung des Senats am 24.3.76, TOP 3.2.

418 Ebd., TOP 5.

zufließen sollten. Die Empörung des Sprechers des Arbeitsbereichs Sozialwissenschaften, Stegmann, war so groß, daß er an die Adresse des Ministeriums anregte, dann doch lieber ganz auf das Anleitstudium zu verzichten.[419]

Zum besseren Verständnis der Entwicklung, die zu diesem Notstand im EGA-Bereich führte, muß kurz auf die durch den raschen Aufbau von Anbeginn äußerst prekäre Personalausstattung eingegangen werden.
Gemäß STAN 1972 waren insgesamt **1051** Stellen vorgesehen [im STAN-Entwurf 1975 **1935** Stellen]. Davon konnten bis einschließlich Haushalt 1975 **941** Stellen besetzt werden. Nach der weiteren Planung sollten 1975 durch Umsetzung **337** und über die Nachschiebeliste ca. **50** weitere Stellen besetzt werden. Darüber hinaus waren für den Haushaltsentwurf 1976 **238** und für den Resthaushalt 1977 Forderungen in Höhe von **369** Stellen vorgesehen. Zum Zeitpunkt der Erhebung betrug das Soll an zu besetzenden Stellen **695**, davon waren **645** besetzt. Das Fehl von ca. **50** Stellen bezog sich dabei überwiegend auf das wissenschaftliche Personal der HSBwM.[420]
Insgesamt war der in der STAN-1975 vorgesehene Stellenumfang gegenüber der noch gültigen STAN-1972 für das wissenschaftliche Personal doppelt und für das Laborpersonal ca. dreimal so hoch. Die Notwendigkeit dieser Stellenvermehrung wurde aber vom BMF bestritten.[421]
Umfangreiche Beratungen führten im September 1976 insofern zu einer Einigung mit dem BMF, als für die neue STAN **1870** Stellen zugestanden wurden. Aber auch wenn das gegenüber der STAN-1972 eine Stellenvermehrung von rund 80% darstellte, war es deutlich weniger als die von der Hochschule zuletzt geforderten **2228** Stellen. Das Fehl von **358** Stellen ging neben anderen Bereichen vor allem erneut auf Kosten des Anleitbereichs. Die für ihn geforderten **71** Stellen wurden nämlich um fast 50% auf **36** (davon 15 Professoren und 21 wissenschaftliche Mitarbeiter) gekürzt.
Diese Kürzung war in der Tat so, daß sie zu einer Revision der curricularen Ansätze des Studiums zwang und künftig nur noch eine Durchführung des Lehrbetriebs in großen Gruppen erlaubte, also letztlich ein völliges Abgehen von der Grundkonzeption zur Folge hatte. "Ob der Fehlbedarf (erneut) durch den Einsatz nebenamtlicher Lehrbeauftragter aus Bundeswehr und Öffentlichkeit gedeckt werden" konnte, sollte die Arbeitsgruppe Anleitstudium im Zuge ihrer Untersuchungen ab Oktober prüfen.[422] Soviel war jedenfalls klar:

---

419 Stegmann an BMVg-FüS I 10 - Hochschulgruppe vom 6.8.76, Ordner ABS 1973-1976, Archiv UniBwM.

420 Unterrichtung des Parl. Staatssekretärs über Sachstand und die derzeitigen Probleme der HSBw durch SB/HSBw vom 21.5.1975, BAMA Bw 2/14373.

421 Vermerk des SB/HSBw vom 8.4.75, BAMA Bw 2/14360.

422 Sachstandsbericht des SB/HSBw vom 17.9.1976, S.7, BAMA Bw 2/14360.

zur endgültigen Realisierung des HSBw-Konzepts bedurfte es "nachhaltiger Hilfestellungen".[423]

Alsbald sollte sich aber zeigen, daß diese allein nicht ausreichten. Vielmehr bedurfte es, sollte das EGA-Konzept als Kern der Ausbildungsreform in den Streitkräften durchgehalten werden, eines völligen Umschwungs in der organisatorischen Konzeption und einer sofortigen Notmaßnahme in Sachen Personalausstattung.

Auch wenn er nicht ausschlaggebend war, so beschleunigte doch ein Vorfall auf dem Neubiberger Campus im Februar 1977 (unfreiwillig!) die entsprechenden Bemühungen. Bis heute rankt sich in den Köpfen Vieler eine Legende um das Ereignis. Daher erscheint es sinnvoll und notwendig, die Zusammenhänge etwas ausführlicher zu beschreiben.[424]

In offenbar hochgradig alkoholisiertem Zustand hatten acht oder zehn Studenten in Zivil während einer privaten Feier im Wohnbereich der Hochschule Toilettenpapierrollen und Pappen verbrannt und dabei NS-Lieder sowie tendentiell antisemitische Äußerungen von sich gegeben. Erst sieben Monate später, zeitgleich mit einer "Großen Waffenschau" in Köln-Wahn, lancierte die durch einen Informanten in Kenntnis der Vorgänge gesetzte "Frankfurter Rundschau" einen Bericht darüber. Nicht zuletzt wegen der ohnehin latent vorhandenen, durch das Säbelrasseln der Waffenschau zusätzlich sensibilisierten antimilitärischen Grundeinstellung in der Bevölkerung löste der Bericht eine grenzenlose Empörung aus, die zu einer Kette sich immer mehr von den Fakten des Geschehens entfernender Berichterstattungen führte.

Das BMVg - wie die Hochschulleitung[425] auch zu spät und unvollständig informiert - ließ den Vorfall prüfen und belegte die beteiligten Offizierstudenten mit Disziplinarmaßnahmen.[426] Das hatte wiederum zur Folge, daß weder eine offene Diskussion in der Hochschule und in der Öffentlichkeit möglich war, noch die Straftäter, durch pädagogisch wirksameres Vorgehen, geläutert und zur Einsicht gebracht werden konnten. Trotz ihrer Härte wur-

---

423 Vermerk des SB/HSBw vom 17.9.76, S.7, BAMA Bw 2/14360.

424 Die folgenden Ausführungen wurden dem sehr differenzierten Bericht "Die antisemitischen Vorfälle in der Münchner Bundeswehrhochschule und ihre Spiegelung in der Presse - ein Vergleich und ein Nachwort" des wissenschaftlichen Mitarbeiters in der Abteilung Evangelische Theologie im Fb Sozialwissenschaften, Helmut Piechowiak, entnommen, der sich insbesondere mit der Verantwortung der Presse kritisch auseinandersetzt, ohne damit den eigentlichen Tatbestand zu beschönigen, unveröff. Manuskript, Neubiberg (Januar) 1978.

425 Schriftl. Auskunft Engerth vom 5.9.93.

426 Dabei kam es sowohl zu Disziplinarverfahren als auch zu Verwaltungsgerichtsverfahren, soweit eine sofortige Entlassung der Soldaten auf der Grundlage des § 55 SG, Abs. 4 möglich erschien. Schriftl. Auskunft Steinkamm vom Juni 1994.

den die Strafen in der Öffentlichkeit im übrigen kaum registriert. Vielmehr verstärkten sich die Schuldzuweisungen gegen das Ministerium, den Hochschulpräsidenten und die unmittelbaren militärischen Vorgesetzten der Studenten. Auch der Tatbestand der Volltrunkenheit - sonst im Strafrecht eher als strafmildernd angerechnet - fand keine Gnade vor der öffentlichen Meinung. Erst im Oktober begann eine leise Selbstreinigung der Presse, die aber das vorher Geschriebene nicht mehr korrigieren konnte.
Auf die Bundeswehrhochschulen warf der Vorfall "plötzlich ein weithin sichtbares grelles Licht". Es zeigte sich einmal mehr, daß die Offizierstudenten in ihrem Auftreten und in ihrem Verhalten im Privatleben völlig anders beurteilt wurden als Studenten an zivilen Hochschulen. Und das Ausland lastete ohnehin grundsätzlich antisemitische Äußerungen unmittelbar der Bundesrepublik Deutschland an.[427] Jedenfalls zwang die öffentliche Meinung, die den Eindruck eines erschreckenden Ausmaßes an historischer, politischer und menschlicher Unbildung einzelner Studenten gewonnen hatte, die Hochschulen, sich mit der Frage nach der Qualität ihres Beitrages zur politischen Bildung auseinanderzusetzen - auch und gerade im Zusammenhang mit dem Anleitstudium. Dabei war man sich hier der Grenzen und Möglichkeiten politischer Bildung nur zu bewußt. "Niemand darf erwarten, daß die Verstärkung der politischen Bildung im Jahre 1978 dazu führt, daß im Jahre 1979 keine irrationalen Eskapaden mehr zu befürchten sind".[428]

Entscheidenden Einfluß auf die Sanierung des EGA-Bereichs nahm Andreas von Bülow, der Ende 1976 das Amt des Parlamentarischen Staatssekretärs im BMVg antrat. Er hatte sich die besondere Unterstützung der hilfebedürftigen Bereiche "Innere Führung" und "Politische Bildung" in der Bundeswehr aufs Panier geschrieben und wollte in diesem Zusammenhang vor allem die Stellenkürzungen in den HSBw rückgängig machen und das Anleitstudium entsprechend seiner wichtigen Funktion besser ausstatten.[429]
Der Zeitpunkt für ein Eingreifen war gerade richtig, denn mittlerweile hatte sich zwischen den beteiligten Professoren beider Hochschulen einerseits und dem Verteidigungsministerium bzw. den Teilstreitkräften andererseits ein regelrechter Graben des Nichtverstehens aufgetan.
Die Hochschullehrer sahen angesichts des drastischen personellen Abbaus

427 So später der Parlamentarische Staatssekretär beim BMVg Andreas von Bülow in seiner Red anläßlich der Gründung des Fachbereichs Sozialwissenschaften am 14.6.1978, unkorrigierte Tonbandmitschrift, NL KvS.

428 Klaus von Schubert am 27.12.1977 im "Politischen Forum" des NDR, hektographiertes Manuskript, Ordner "Allgemeine Wissenschaften - Anleitbereich" 1973-1978, Archiv UniBwM.

429 Ebd.

keine Basis mehr für eine inhaltliche Diskussion. Ihrer Meinung nach war das Anleitstudium dadurch ernstlich bedroht, daß sich der Träger (BMVg) gegenüber dem Bundesfinanzminister nicht durchsetzen konnte.[430] Außerdem fühlten sie selbst sich von BMVg und TSK völlig übergangen. Beispielsweise hatte der Sonderbeauftragte seinerzeit mit Schreiben vom 3.3.76 nur die Teilstreitkräfte und die Hochschulpräsidenten von der Einsetzung der "Arbeitsgruppe Anleitbereich" informiert, nicht aber die Professoren, die die eigentlich Betroffenen waren. Die in dem Schreiben ebenfalls mitgeteilte Entscheidung, nach der die Tätigkeit der Arbeitsgruppe zeitlich begrenzt und "Beratung und Erprobung des Anleitstudiums bis 1982 terminiert" sein sollten, war ihnen folglich auch nicht bekannt. Gerade diese Vorgabe aber empfanden sie angesichts der schwierigen Situation als "Täuschung [...] über ihre Arbeitsbedingungen" und als den Versuch einer administrativen Beseitigung des Anleitbereichs. Daher beantragten sie die Vertagung der Diskussion, bis dieser Zeitplan zurückgenommen und durch einen solchen ersetzt worden war, der eine kontinuierliche Weiterarbeit der Anleitbereiche sicherte. Im übrigen verwies man auf die sowohl in Hamburg als auch in München bereits entwickelten tragfähigen Konzepte für das Anleitstudium und stellte fest, daß sie durch die zuständigen Stellen im BMVg mehr oder weniger ignoriert würden. Darüber hinaus wertete man auch die Tatsache, daß die TSK in den Sitzungen der Arbeitsgruppe nur unzureichend vertreten seien, als bewußte Abwertung des Anleitstudiums.[431]
Um so mehr war die Festlegung der Zahl der Trimesterwochenstunden, der Schwerpunkte für die einzelnen Studienabschnitte und der Anzahl der Studierenden je Gruppe während einer Besprechung mit den Präsidenten der Hochschulen im Juni 1977 in Kronenburg als erstes wichtiges Ergebnis der Bemühungen von Bülows einzuschätzen. Auf sie wurde im einzelnen bereits oben im Zusammenhang mit dem Fachbereich Allgemeine Wissenschaften eingegangen.
Nächster Schritt zur Einigung war eine, ebenfalls von dem Staatssekretär initiierte Klausurtagung am 16. Dezember 1977, bei der die Vorstellungen der Hochschulen bezüglich des Anleitbereichs dargelegt und mit den Überlegungen der Streitkräfte abgestimmt werden sollten. Auf der Grundlage der Ergebnisse dieser Tagung erwartete von Bülow Vorschläge der HSBw für

430 Protokoll über die Besprechung der Arbeitsgruppe 'Anleitbereich' am 6.5.77, Ordner ABS 1973-1976, Archiv UniBwM.

431 Engerth bestätigt, die TSK hätten erkannt, daß das ihnen aufgezeigte Konzept auf diesem Weg nicht realisiert werden konnte, komplexe gesellschaftspolitische Lehrinhalte in 2 Trimesterwochenstunden nicht vermittelbar waren, schriftl. Auskunft vom 5.9.93.

die Realisierung des Konzepts.[432] Im Vorfeld verlautbarte aus dem Ministerium, daß eine Konzeption des Anleitstudiums mit den Disziplinen Politische Wissenschaft, Geschichte, Christliche Gesellschaftslehre und Recht gewünscht sei und dafür ab dem 1.1.79 weitere Stellen zur Verfügung gestellt werden sollten. Auch würden die Realisierungsmöglichkeiten eines Fachs "Technik und Gesellschaft" geprüft werden. Hierbei ging es darum, die vorhandenen Fachrichtungen durch einen weiteren Ansatz zu ergänzen - der Frage nach den sozialen und ökonomischen Folgen technischen Wandels.[433] Außerdem hatte der Parlamentarische Staatssekretär vor dem Verteidigungsausschuß eine Verlängerung der Verträge der wissenschaftlichen Mitarbeiter im Anleitbereich zugesagt.[434]
Um ein Konzept vorlegen zu können, diskutierte der Fachbereichsrat Sozialwissenschaften noch einmal die Alternativen zur künftigen Organisationsstruktur des Anleitbereichs. Die Vorteile einer Zentralen Wissenschaftlichen Einheit Sozialwissenschaften waren, daß die Professoren Vollmitglieder ihrer Fachbereiche blieben und z.T. ihre Wahlpflichtfächer "besser bedienen" konnten. Allerdings war eine ZWE eine Serviceeinrichtung für die Fachbereiche und konnte eigene Lehre der Professoren, nicht aber einen eigenen Studiengang anbieten. Dies barg in sich die Gefahr der Zersplitterung und die Tendenz, daß jeder Fachbereich ein eigenes Anleitstudium anbot. Auch war eine ausreichende Vertretung nach außen sowie in den internen Gremien nicht gewährleistet. Dagegen hatte ein eigener Fachbereich den Vorteil einer eindeutigen hochschulrechtlichen Stellung mit eigenem Haushalt, Vertretung in Senat und Ausschüssen, Kompetenz zur eigenverantwortlichen Gestaltung des Lehrangebots, der Erteilung von Lehraufträgen, der eigenen Verwaltung und Selbstverwaltung. Die als Integrationsfaktor gedachte Verteilung der sozialwissenschaftlichen Professoren auf mehrere Fachbereiche hatte sich als eher desintegrierend erwiesen. Ihre Zusammenfassung in einem Fachbereich war daher wünschenswert. Allerdings mußte geprüft werden, ob in den Fächern Pädagogik und Rechtswissenschaften eine Bedienung des Anleitfachs möglich war. Hochschulrechtlich ist es nämlich nicht möglich, daß

---

432 von Bülow an Engerth vom 22.11.1977, Ordner "Allgemeine Wissenschaften - Anleitbereich" 1973-1978, Archiv UniBwM.

433 "Wir halten es für dringend notwendig, daß die Wechselbeziehungen zwischen Technik und Gesellschaft, die Probleme des menschlichen Umgangs mit der Maschine, der Beherrschung der Instrumente schlechthin, wissenschaftlich untersucht und in einer problemorientierten wissenschaftlichen Lehre mitvertreten werden." So Klaus von Schubert später in seiner Rede anläßlich der Eröffnung des Fachbereichs Sozialwissenschaften am 14.6.78, NL KvS.

434 Protokoll über die Sitzung des Arbeitsbereichsrats Sozialwissenschaften am 12.12.77, Bericht des Sprechers, Prof. Pikart, Ordner "Allgemeine Wissenschaften - Anleitbereich" 1973-1978, Archiv UniBwM.

sich in zwei Fachbereichen derselben Hochschule die gleichen wissenschaftlichen Einrichtungen mit jeweils eigener Prüfungsberechtigung befinden[435] - ein Problem, das sich bis heute bei der Ausarbeitung von Prüfungsordnungen immer wieder stellt.
Im Zuge der Klausurtagung, an der Vertreter der Hochschulen und des Verteidungsministeriums teilnahmen, wurde die Gründungskonzeption bekräftigt und die Konsequenzen aus der Fehlentwicklung der letzten 4 Jahre gezogen. Ganz offensichtlich hatte hier nämlich, abgesehen von den strukturellen und personellen Problemen, auch inhaltlich eine Entfernung von der ursprünglichen Intention der Bildungskommission und des WInstEBSK stattgefunden. "Der innere Zusammenhang zwischen Curriculum, Prüfungsordnung und Anleitstudium (war) unbeachtet (geblieben)".[436] Im einzelnen wurden Beschlüsse zu Ziel und Aufbau des Erziehungs- und gesellschaftswissenschaftlichen Studiums sowie zur Frage der hierfür erforderlichen Leistungsnachweise gefaßt. Da sich die organisatorischen Regelungen als unzweckmäßig erwiesen hatten, sollte für EGA nach einer Erprobungsphase eine Zentrale Einrichtung und/oder ein Fachbereich mit hauptamtlichen Lehrkräften errichtet werden.[437] Die erforderlichen zusätzlichen Stellen wurden durch den BMF zugesagt.[438]
Während die Realisierung des EGA-Konzepts in Hamburg gemäß Rahmenbestimmungen, Abschnitt C V 7 durch eine Zentrale Einrichtung getragen werden sollte,[439] lief die Entwicklung in München auf einen eigenen Fachbereich Sozialwissenschaften hinaus. Im Januar 1978 sprach sich der Senatsausschuß-EGA mehrheitlich für diese Organisationsform aus, die neben den allgemeinen Aufgaben der Pflege von Forschung und Lehre die spezifische Funktion haben sollte, das EGA-Lehrangebot entsprechend der Zielsetzung sicherzustellen, die entsprechenden Prüfungen abzunehmen und die Studienpläne zu erarbeiten. Der Fachbereich sollte die Organisationseinheiten Geschichte, Politikwissenschaften, Öffentliches Recht, Theologie und Erziehungswissenschaft für Ausbilder haben. Im weiteren Aufbau waren zusätzliche Wissenschaftliche Einheiten, wie "Soziologie" und/oder "Soziale und ökonomische Konsequenzen technischen Wandels" vorgesehen. Die Sicherstellung des allgemeinwissenschaftlichen Lehrangebots in den Fachhoch-

---

435 Ebd.

436 Schultz-Gerstein, Das Anleitstudium, in: APuZG 6 (1978), S. 24.

437 Niederschrift über das Ergebnis der Klausurtagung am 15. und 16.12.77 im BMVg, Ordner "Allgemeine Wissenschaften - Anleitbereich" 1973-1978, Archiv UniBwM.

438 FüS-SB/HSBw an Parl. Staatssekr. vom 20.2.78, betr. "Offene Einzelfragen von grundsätzlicher Bedeutung", S.5, BAMA Bw 2/13338.

439 Tischvorlage für die Klausurtagung am 13./14.6.78 - Entwurf eines Beschlußpapiers, S. 2f, Ordner "Allgemeine Wissenschaften - Anleitbereich" 1973-1978, Archiv UniBwM.

schul-Studiengängen sollte nach dem Willen des Trägers analog zu den wissenschaftlichen Studiengängen erfolgen.[440] Der Senat bejahte einstimmig eine Neuorganisation des Anleitbereichs. Allerdings konnte kein Einvernehmen in der Frage nach dem wie erzielt werden, so daß auf Empfehlung des Präsidenten kurzfristig eine Senatskommission aus Vertretern der beteiligten Interessengruppierungen eingeschaltet werden mußte.[441] Die Kommission erstellte einen Katalog von 11 Problemkreisen, die ihrer Meinung nach zu lösen waren und kam zu dem Ergebnis, die Errichtung eines Fachbereichs zu empfehlen.[442] Diese Empfehlung gab der Senat an das Verteidigungsministerium weiter.[443] Klaus von Schubert wurde außerdem beauftragt, mit der Ausarbeitung der Studienpläne für EGA zu beginnen.[444]

Worum es bei den internen Auseinandersetzungen ging, wird in einem Brief deutlich, den eine "Minderheit von Hochschullehrern" am 13.6.78 an Staatsskretär von Bülow mit der Bitte schickte, sie mit in die Diskussion während der abschließenden Klausursitzung in Neubiberg am 13./14.6.78 einzubeziehen. Die Hochschullehrer, die an den Beratungen nicht beteiligt waren, brachten hierin ihre Bedenken gegenüber dem vorgelegten Entwurf zum Ausdruck, der nicht ihren Auffassungen entsprach. Vor allem monierten sie, daß von der in der Klausurtagung am 15./16.12.77 festgelegten Studienkonzeption (Nebenfachkonzeption), die sich an den im Arbeitsbereich Sozialwissenschaften vorhandenen Fachrichtungen orientierte, zugunsten einer EGA-Sonderkonzeption abgewichen worden sei. Außerdem sahen sie in dem Angebot ein "Studium generale", bei dem die im Arbeitsbereich SOWI vertretenen Wissenschaften kaum zur Geltung kämen. Der Wissenschaftscharakter gehe dadurch weitgehend verloren. Eine Integrationswissenschaft "Politische Bildung", wie sie in dem Entwurf angenommen worden sei, gäbe es nicht. Inakzeptabel erschien ihnen auch die Dominierung der vertretenen Wissenschaften durch ein jährlich abzustimmendes Generalthema, das dem

---

440 Vorlage des Vorsitzenden des SA-EGA für die Erarbeitung einer Beschlußvorlage für den Senat vom 16.1.78, Ordner "Allgemeine Wissenschaften - Anleitbereich" 1973-1978, Archiv UniBwM.

441 Protokoll der 1. Sitzung des Senats am 25.1.1978, S. 8. Vgl. auch Beschlußvorlage des Kanzlers dazu vom 23.1.78, Ordner "Allgemeine Wissenschaften - Anleitbereich" 1973-1978, Archiv UniBwM.

442 Mit 13 Ja-Stimmen bei 2 Enthaltungen und keiner Gegenstimme; Ergebnisprotokoll über die Sitzungen der Senatskommission für die Organisation des EGA-Bereichs am 3. und 15.2.78, Anlage 2 zum Protokoll der 2. Sitzung des Senats am 22.2.1978. Ein Mitglied hatte dagegen gestimmt, daß das Angebot im EGA-Fach Recht durch WOW erbracht werden sollte (Punkt 10 des Katalogs).

443 Mit 14 Ja- und 1 Nein-Stimme bei 4 Enthaltungen; Protokoll der 2. Sitzung des Senats am 22.2.1978, TOP 5, öT.

444 Brief SB/HSBw an die Präsidenten der HSBw vom 2.2.78, Ordner "Allgemeine Wissenschaften - Anleitbereich" 1973-1978, Archiv UniBwM.

grundlegenden Wissenschaftscharakter der HSBw widerspräche.[445] Schließlich wandte man sich viertens gegen die Prüfungsmodalitäten, weil sie keinen einheitlichen, von jedem Mitglied des Fachbereichs beliebig "überprüfbaren" Themenkatalog vorsahen und daher eine erhöhte Leistungsanforderung an die Studenten neben ihrem Fachstudium bedeuteten.[446]

Neben diesen Monita der Professoren, die teilweise gleich, manche auch erst später berücksichtigt wurden, hatte es auch in der militärischen Führung Kritik gegeben. "Im Dauerkonflikt zwischen akademischem Auftrag und militärischem Anspruch, der in die Dualität von zivilen Präsidenten und militärischen Vorgesetzten angelegt ist," schrieb das "Deutsche Allgemeine Sonntagsblatt", "sind die Militärs dabei, die beiden Hochschulen der Bundeswehr in ihren Griff zu bekommen".[447] Anlaß für diese kühne Behauptung gab ein Papier des für die Hochschulen zuständigen stellvertretenden Generalinspekteurs Hans Poeppel von Anfang Juni, in dem dieser zur Verbesserung "der Inneren Ordnung an den HSBw" für eine Vergrößerung der Verantwortung der militärischen Vorgesetzten "in Erziehungsangelegenheiten" plädierte. Im einzelnen sollte die Anzahl der militärischen Vorgesetzten erhöht und die Disziplinarbefugnisse der Fachbereichsoffiziere erweitert werden. Darüber hinaus sollte eine militärische Beurteilung der Studenten eingeführt werden.

Diese Planungen mögen dem Wunsch mancher Militärs nach einer stärkeren Disziplinierung der Offizierstudenten entgegengekommen sein. Auf die Entwicklung des neuen EGA-Konzepts hatten sie dank des großen Engagements des Parlamentarischen Staatssekretärs keinen Einfluß. Ihm gelang es, wie auch der Autor des Sonntagsblatts bescheinigt, "mit Autorität und Überzeugungskraft [...] das Problemkind EGA hochzupäppeln".[448]

Am 14. Juni 1978 konnte er das neue Konzept und den Fachbereich Sozialwissenschaften inaugurieren. "Ich bin glücklich", leitete er seine Rede ein, "daß wir am Ende einer Klausurtagung letztlich einvernehmlich zwischen den Hochschulen einerseits und dem Verteidigungsministerium unter Einschluß der militärischen Führungsstäbe andererseits das sogenannte erziehungs- und gesellschaftswissenschaftliche Anleitstudium aus der Taufe heben können. Damit wird einer der letzten Bausteine für die Konzeption des Studiums an den Bundeswehrhochschulen gesetzt." Von Bülow dankte ganz

---

445 Dabei war, lt. Engerth, der Gedanke an ein Generalthema der letzte Versuch, von dem geltenden Thema der allgemeinbildenden Fächer zu einer zielgerichteten Thematik zu kommen, schriftl. Ausk. vom 5.9.93.

446 Jürgen Schwarz (Professor für Politikwissenschaft im Fachbereich WOW) an von Bülow vom 13.6.78, NL KvS.

447 Bernd C. Hesslein in: DAS vom 25.6.78.

448 Ebd.

besonders den beiden Professoren Klaus von Schubert und "seinem technischen Gegenüber", Peter Zimmermann, die das Münchner Konzept federführend erarbeitet hatten und fuhr fort: "Hier in München haben die Techniker [...] sich in den Führerstand, nicht ins Bremserhäuschen begeben, sie haben sich aktiv an der Gestaltung dieses Studienanteils beteiligt". Schließlich zeigte er auch Verständnis für die Sorgen der Studenten angesichts der Stoffülle des Studiums mit dem jetzt zusätzlichen EGA-Anteil und für die Bedenken der Professoren der technischen Fachbereiche wegen der möglichen Einengung ihrer anspruchsvollen Studienfächer.[449]

In der Rückschau stellte sich 1983 die Entscheidung für einen eigenen Fachbereich überwiegend positiv dar. Als Vorteile wurden im Sinne früherer Argumentationen bestätigt:

- die eindeutig definierte institutionelle Verantwortung für EGA,
- die gleichberechtigte Teilnahme und Mitwirkung an allen Hochschulgremien und die damit gegebene wirkungsvolle Vertretung der EGA-Belange,
- das Anwachsen des Verständnisses für EGA als Folge fortwährender Kooperation in den Gremien und
- die Autonomie des Fachbereichs, vor allem bei Berufungen, die bei der Gewinnung neuer Dozenten eine besondere Gewichtung der EGA-Belange erlaubte.

Es war von einer "erfreulichen Homogenität der Hochschullehrer" die Rede, die sich auf die Gestaltung der Lehre, die Intensivierung des Fachgesprächs und schließlich die Ausbildung gemeinsamer Forschungsinteressen auswirkte. Auch die Mehrheit der Studenten schien mit dem EGA-Studium eher zufrieden als unzufrieden zu sein, obwohl bei einer kleinen Gruppe eine extrem seltene Teilnahme an den Veranstaltungen konstatiert wurde und wohl auch die ansonsten zufriedenen Studenten EGA "ausschließlich unter prüfungstaktischen Gesichtspunkten" betrieben und im Ernstfalle immer dem Fachstudium Vorrang einräumten.[450] Dieses Problem ist bis heute aktuell, ebenso wie die Bedenken einiger sozialwissenschaftlicher Professoren hinsichtlich ihres Status' und der Einschränkung ihrer Möglichkeiten zur freien Gestaltung von Forschung und Lehre angesichts der Verpflichtungen zu Serviceleistungen für die anderen Fachbereiche.

---

449 Andreas von Bülow in seiner Rede anläßlich der Gründung des Fachbereichs Sozialwissenschaften am 14.6.1978 im Auditorium Maximun der HSBwM, unkorrigierte Tonbandmitschrift, NL KvS. - Zimmermann (Prof. für Technische Mechanik) war damals Dekan des Fachbereichs Luft- und Raumfahrttechnik.

450 Vgl. Jürgen von Kruedener, Sachstand, Zielsetzung und Auswirkungen des EGA-Studiums an der HSBwM - Vortrag vor der Arbeitstagung für Lehrgruppenkommandeure und Inspektionschefs der Schulen des Heeres an der HSBw am 20.9.1983, Fachbereich Sozialwissenschaften HSBwM, München 1983.

1986 sah man sich durch diese kleineren "Schönheitsfehler" veranlaßt, nach neuen Strukturformen zu suchen und begann - auch weil das Verteidigungsministerium einen erhöhten Bedarf an sozialwissenschaftlich ausgebildeten Offizieranwärtern signalisierte - mit den Planungen für einen Studiengang "Staats- und Sozialwissenschaften", der "insbesondere für Tätigkeiten in Politik, Wirtschaft, Verwaltung und für allgemeine Führungswissenschaften qualifizieren" würde. Er sollte "aus einem *Hauptfach* mit einem "Kernbereich" im Grundstudium und einem frei zu wählenden Schwerpunktbereich im Hauptstudium (Politikwissenschaft oder Geschichte oder Öffentliches Recht- und Verwaltungswissenschaft), dem *ersten Nebenfach Volkswirtschaftslehre*, dem *zweiten Nebenfach Soziologie*, einem *Wahlpflichtfach* (Psychologie oder Ethik), dem Fach *Methodenlehre* (Methoden der empirischen Sozialforschung, Statistik, EDV und insbesondere Wissenschaftslehre) und dem Fach *Erziehungs- und Gesellschaftswissenschaftliche Anteile* (EGA) bestehen".[451] Nachdem sowohl der Sonderbeauftragte, als auch das Kultusministerium in München das Konzept akzeptiert hatten, verabschiedete der Senat am 29.1.86 die Vorlage der Fakultät (wie die universitären Fachbereiche jetzt hießen) für Sozialwissenschaften vom 27.1.86.[452] In einem Sondervotum wandte sich Bernd Becker (Professor für Verwaltungswissenschaften an der Fakultät WOW) gegen diesen Beschluß des Senats und kritisierte die seiner Meinung nach wie vor bestehende inhaltliche Heterogenität, die ein Studiengang Staats- und Sozialwissenschaften nicht zu tragen in der Lage wäre. Die Deklaration eines "Kern"- und eines "Schwerpunktbereichs" könne nicht verschleiern, daß "immer noch mehrere wissenschaftliche Hauptdisziplinen (...) Gegenstände des Studienkonzepts und des geplanten Studiengangs sein" sollten.[453] Hiermit sprach er sicher nicht nur pro domo, sondern artikulierte die Vorbehalte auch anderer Kollegen gegen einen eigenen Studiengang. Dennoch wurde, am Ende ausführlicher Diskussionen, der Senatsbeschluß im Januar 1988 vollzogen und die Einrichtung des neuen Studiengangs endgültig beschlossen. Der Sonderbeauftragte bat das Bayerische Staatsministerium für Unterricht und Kultus, den Genehmigungsbescheid entsprechend zu ergänzen. Als Bezeichnung für den Abschluß des Studiengangs Staats- und Sozialwissenschaften wurde "Diplomstaatswissenschaftler univ." festgelegt.[454]

---

451 "Studiengang Staats- und Sozialwissenschaften" - am 15.1.86 revidierte und vom Senatsausschuß für Lehre und Studium am 27.1.86 einstimmig verabschiedete Fassung, Anlage 3 zum Senatsprotokoll 2/86 ö.T.

452 Mit 10 Ja-Stimmen, 2 Nein-Stimmen und 7 Enthaltungen; Protokoll der 1. Sitzung des Senats am 29.1.86, TOP 5.

453 Anlage 4 zum Protokoll der 2. Senatssitzung am 26.2.86 ö.T.

454 Protokoll der 1. Sitzung des Senats am 27.1.88, TOP 2.

Der für EGA zuständige Fachhochschulanteil der Fakultät für Sozialwissenschaften wurde im Zuge der Novellierung der Rahmenbestimmungen und ihrer Anpassung an das Bayerische Hochschulgesetz mit Wirkung vom 1.4.1991 aus dieser Fakultät aus- und in den Fachbereich Betriebswirtschaft eingegliedert.[455]

3.5. Realisierung des Reformkonzepts HSBwM? - Die Personal-, Raum- und Sachmittelausstattung, insbesondere der technischen Fachbereiche in den ersten Jahren

Eines der gravierenden Probleme der Bundeswehrhochschulen in den ersten Jahren ihres Bestehens war ein eklatanter Mangel an wissenschaftlichen Mitarbeitern sowie an Laboren samt Personal und Ausstattung. Eine Ursache hierfür war generell der Aufbau unter starkem Zeitdruck. Hinzu trat eine gewisse Verkennung der Brisanz dieser Probleme auf seiten des Verteidigungsministers. Dies zumindest legt ein Vermerk des BEBGenInsp Friedrich vom März 1972 nahe. Danach hatte der Minister während eines Vorgesprächs in München, "trotz mehrfacher deutlicher Hinweise" der zuständigen Herren, Friedrich aufgefordert, seine "Personalausstattung mit Druck zu beschleunigen" und "mit großer Robustheit tätig zu werden". So entstand der Eindruck, Schmidt suche eine "billige Lösung" und unterschätze die personellen und vor allem die finanziellen Schwierigkeiten: "Dabei stellte der Minister sich offenbar vor, trotz Warnung, in Neubiberg mit wenigen Zubauten die technischen Disziplinen anlaufen zu lassen und zugleich, d.h. ohne zeitliche Straffung an beiden Bundeswehrhochschulen am 1. Oktober 1973 zu beginnen".[456]

Diese Defizite in der Vorplanung konnten durch einen völlig überforderten Gründungsausschuß nicht wettgemacht werden. Zusätzlich wirkte sich das bundeswehrspezifische System der Festlegung der Personal- und Sachmittelausstattung in einer Stärke- und Ausrüstungsnachweisung (STAN) äußerst ungünstig aus. Anders als an den öffentlichen Hochschulen, die sog. Globaltitel zugewiesen bekamen, mit denen sie relativ flexibel wirtschaften konnten, wurde hier mit Bestellisten gearbeitet, aus denen im Nachvollzug jeweils eine STAN entstand. Dies bedeutete einen erheblichen Verwaltungsaufwand, da die STAN praktisch laufend novelliert werden mußte.

---

455 Protokoll der 2. Senatssitzung am 22.2.89 ö.T., Sonstiges und Vorlesungsverzeichnis der UniBwM, Frühjahrstrimester 1991, S. 241ff.

456 Vermerk des BEBGenInsp vom 9.3.72 über Besprechung des BMVg mit der Bay. Staatsregierung am 8.3. in München über Hochschulplanung der Bundeswehr, BA-MA Bw 2/8895.

Insgesamt ergab sich - insbesondere für die technischen, aber auch für andere Fachbereiche - zeitweise eine Situation, die die Durchführung einer auftragsgemäßen Lehre erschwerte, wenn nicht unmöglich machte.

In einem SOS-Schreiben an den Sonderbeauftragten für die Hochschulen der Bundeswehr beim BMVg, Böttcher, artikulierte der Präsident der Münchner HSBw, Engerth, im Februar 1975 seine "Befürchtung, daß die Hochschule ohne eine sofortige wesentliche Verbesserung ihrer personellen Ausstattung unter keinen Umständen in der Lage ist, ihren Auftrag zu erfüllen." Er habe lediglich die Hoffnung, schrieb er weiter, "daß es Ihnen gelingen wird, noch rechtzeitig die notwendigen Haushaltsmaßnahmen durchzusetzen, damit das für die HSBwMünchen, für den Offiziernachwuchs der Bundeswehr und für die Bundeswehr selbst unglückliche Scheitern des Reformprojekts 'Hochschule der Bundeswehr' verhindert wird."[457]
Drei Punkte waren es im wesentlichen, deren Entwicklung Engerth zu dieser ("auch für einen Optimisten, als den ich mich immer bezeichnet habe") pessimistischen Prognose veranlaßte.
Erstens sollte die alte Personal-STAN (Pers-STAN-alt) von 1972 nicht etwa durch die Zuweisung neuer Stellen, sondern mittels Übertragung von 46 Stellen aus dem Laborbereich der ehemaligen FHS der Luftwaffe, d.h. auf Kosten der Fachhochschulstudiengänge erfüllt werden. Damit wäre nicht nur die alte STAN um diese 46 Stellen in den Fachhochschulstudiengängen und um 11 weitere gestrichene Stellen nicht erfüllt worden, sondern in den Laboren der beiden größten geplanten Fachbereiche für die universitären Studiengänge der Hochschule hätte fast kein Personal zur Verfügung gestanden. LRT sollte statt der ursprünglichen geplanten 33 Stellen nur 6 erhalten und ET statt 16 eine. Damit konnten die Studierenden beider Fachbereiche nicht, wie vorgesehen, zum 1. April mit den für das Hauptdiplom erforderlichen Übungen und Arbeiten in den eigens eingerichteten provisorischen Laboren beginnen.
Zweitens war auch ansonsten eine völlig willkürliche personelle Ausstattung vorgesehen. So sollte entgegen einem im Juli 1974 zwischen dem Verteidigungsministerium und der Hochschule der Bundeswehr München vereinbarten Kompromiß die Zahl der Professoren bei Pädagogik und Informatik sowie der wissenschaftlichen Mitarbeiter insgesamt erheblich vermindert werden - die Professoren bei INF um fast 2/3 und die wissenschaftlichen Mitarbeiter bei PÄD und Wirtschafts- und Organisationswissenschaften annähernd um die Hälfte. Die Briefe der Hochschule, die auf einen Rechenfehler

[457] Engerth an Böttcher vom 12.2.1975, BAMA Bw 2/14360.

und die dadurch entstandene falsche Zahl hinwiesen, wurden gar nicht erst beantwortet und die von INF geforderten Professoren einfach zugunsten der vereinbarten Zahl der wissenschaftlichen Mitarbeiter vermindert. Damit konnte das auf dem besonderen Fächerkanon des Fachbereichs beruhende selbständige Lehrangebot durch Professoren nicht durchgeführt werden.
Drittens wandte sich der Präsident gegen die vom BMVg vorgesehene Realisierung der Dringlichkeitsforderung 1975. Vor allem die Forderungen bezüglich der wissenschaftlichen Mitarbeiter in den Fachbereichen und des Laborpersonals waren seiner Meinung nach Minimalforderungen, die ohnehin lediglich die unumgänglich notwendigen Arbeiten sicherstellten, nicht aber hochschulkonforme Lehre zuließen. "Die Hochschule der Bundeswehr München hat infolge eines überholten Hochschulrahmenkonzepts der Bundesregierung eindeutig zu wenig wissenschaftliche Mitarbeiter und infolge einer irrtümlichen Planung des BMVg in den Laboratorien der beiden größten naturwissenschaftlichen Fachbereiche fast kein Personal," schrieb Engerth. Eigentlich hätte das Stammpersonal gegenüber der STAN-alt nahezu verdoppelt und die 170 zusätzlich geforderten Stellen bewilligt werden müssen (das BMVg wollte nur 90 "nachschieben"), damit die ab dem 1. Oktober 1975 in der Hochschule anwesenden 3 Studentenjahrgänge überhaupt unterrichtet werden konnten. Die STAN-alt aber war überhaupt erst zu knapp 85% erfüllt.
Auch der Dekan des Fachbereichs Wirtschafts- und Organisationswissenschaften, Rainer Marr, sah sich veranlaßt, in Verantwortungsbewußtsein "gegenüber dem Träger der Hochschule und gegenüber dem Hochschulexperiment" auf die Konsequenzen dieser Stellenreduktion hinzuweisen.[458] Er hatte während der STAN-Verhandlungen über den Laborbereich der Hochschule erfahren, daß als Grundlage für die Verhandlungen mit dem Bundesfinanzminister auch bei WOW die Zahl der wissenschaftlichen Mitarbeiter gekürzt werden sollte. Dabei war eine Umschichtung der entsprechenden Stellen zugunsten der HSBwHamburg vorgesehen, weil dort bei Beibehaltung der ursprünglichen Verhandlungsgrundlagen eine deutlich schlechtere Lehrsituation entstanden wäre. Marr kam zu dem Ergebnis, daß die sich daraus ergebende Stellensituation in seinem Fachbereich nur noch Plenumsveranstaltungen erlaube, bei denen das unbedingt notwendige, aktive Tätigwerden des Studierenden nicht möglich sei. Damit sei "das Kleingruppenkonzept dort, wo es dringend gebraucht wird, nicht mehr existent". Aber nicht nur dort, auch bei der technischen Durchführung der Abschlußprüfun-

[458] Marr an Staatssekretär Berkhan am 6.2.75, BAMA Bw 2/14360.

gen seiner Studenten sah der Dekan im Falle der Kürzung von WM-Stellen gravierende Konsequenzen auf sich zukommen. Ein Professor der Volks- oder Betriebswirtschaftslehre, so führte er aus, mußte bei ca. 120 Diplomprüfungsarbeiten mit einer Korrekturbelastung von etwa 4 Wochen rechnen. Hierzu traten bei etwa 10 Diplomanden rund 6 Wochen Korrekturen der Diplomarbeiten. Diese beiden Prüfungsblöcke sowie die mündliche Diplomprüfung, Trimester-Abschluß-Klausuren, Vorlesungs- und Übungsvorbereitungen und der Jahresurlaub fielen in die vorlesungsfreie Zeit zwischen Juli und September und waren mit einem wissenschaftlichen Mitarbeiter pro Professor nicht zu bewältigen.

Bereits kurz nach der Aufnahme der Lehrtätigkeit in der HSBw, im November 1973, hatte einer der Professoren des Fachbereichs Bauingenieur- und Vermessungswesen dem BMVg "die Sorgen (seines) Fachbereichs um eine angemessene personelle Ausstattung der beiden wissenschaftlichen Studiengänge" mitgeteilt.[459]

Aber nicht nur der eklatante Mangel an WM-Stellen als solcher, auch die Tatsache, daß für erfolgreiche Abschlüsse von Berufungsverhandlungen mit profilierten Bewerbern der notwendige Spielraum für Zusagen entsprechender Stellen fehlte, bewirkte, daß die HSBwM bereits in der Anfangszeit ihrer Existenz kaum in der Lage war, dem Offiziernachwuchs der Bundeswehr auftragsgemäß in 3 Jahren einen gleichwertigen Diplomabschluß zu ermöglichen.

Damit wird deutlich, daß die Struktur des wissenschaftlichen Mittelbaus - mehr noch als die Frage der Besetzungen von Professorenstellen - das zentrale Problem der Bundeswehrhochschulen war. Angesichts ihres neuen Konzepts mit kompakten Studiengängen, einer Trimestereinteilung und dem Kleingruppenkonzept hatte es hier ganz besonderes Gewicht. Aber auch die zivilen Universitäten hatten bereits seit den späten 60er Jahren im Zusammenhang mit dem Hochschulbauförderungsprogramm deutlich die Notwendigkeit einer Revision auf diesem Sektor erkannt.

Der Begriff "wissenschaftlicher Mitarbeiter (WM)" als Funktionsbeschreibung war relativ neu. Vor der Verabschiedung des Hochschulrahmengesetzes 1974 kannten die Hochschulen nur die "Assistenten", die in den meisten Fächern, allerdings nicht an den ingenieurwissenschaftlichen Fakultäten, promoviert sein mußten. Und sie kannten die "Verwalter wissenschaftlicher Assistentenstellen" für diplomierte, aber nicht promovierte Stelleninhaber. Beim quantitativen Ausbau der Universitäten in den 60er Jahren war diese Gruppe unverhältnismäßig vergrößert worden. Sie hatte zwar einen großen

---

459 Berkhan an den Leiter der HSBwM, Wachter am 7.6.1974, PLH-Akten, Archiv Prof. Straub/LRT.

Teil der Studentenüberlast zu tragen, ihre Stellung innerhalb der Hochschule war jedoch rechtlich nicht festgelegt. Sie blieb abhängig von "ihrem" Ordinarius und fühlte sich ausgebeutet. "Ihr Zusammenschluß in der Bundesassistentenkonferenz (BAK) war - jedenfalls in der 1. Phase der Reformpolitik - die zielgerichtetste und einflußreichste Lobby, die Einfluß auf die Hochschulgesetzgebung nahm. Das änderte sich erst, als die treibenden Kräfte - an der Spitze Fischer-Appelt (damals Präsident der Universität Hamburg, d.Verf.) - vom Establishment aufgesogen worden waren."[460] Auf den Einfluß der BAK geht es auch zurück, daß das Hochschulrahmengesetz ursprünglich nach amerikanischem Vorbild den abhängigen "wissenschaftlichen Assistenten" in einen unabhängigen "Assistenzprofessor" umwandelte. Daneben sollte eine neue Gruppe von "wissenschaftlichen Mitarbeitern" eingeführt werden, die ausdrücklich als "nichtlehrender Mittelbau" definiert wurde. Es sollten Qualifikationsstellen sein, die den Professor entlasteten, damit er mehr Zeit für die Forschung zur Verfügung hatte.[461]

Zum Zeitpunkt des Entstehens der Hochschulen der Bundeswehr bestand der Lehrkörper aus:
1. Professoren
2. Assistenzprofessoren
3. wissenschaftlichen Assistenten
4. Verwaltern von Assistentenstellen

Die wissenschaftlichen Mitarbeiter, die es durchaus auch gab, mußten funktionell, vorwiegend im Zusammenhang mit Laboren, begründet werden. Da aber im Vorfeld - eine Folge des überstürzten Aufbaus der Bundeswehrhochschulen - weder an Labore in nennenswertem Umfang gedacht wurde, noch endgültige inhaltliche Aussagen (Curricula etc.) zu den Studiengängen vorlagen, konnte FüS I 7 in den Ressortverhandlungen mit dem Bundesministerium für Wirtschaft und Finanzen (BMWF) auch keine konkreten Forderungen stellen. Auch Planstellen für Professoren und Assistenzprofessoren konnten nicht gezielt aufgrund von Einzelbegründungen zugeteilt werden, sondern richteten sich nach den Schlüsselzahlen aus den Empfehlungen des 4. Zwischenberichts für einen Bildungsgesamtplan der Bund-Länder-Kommission (BLK). Diese aber waren naturgemäß nicht für das neue Konzept der Bundeswehrhochschulen zugeschnitten,[462] sondern zielten auf die Studi-

---

460 Die Darstellung des folgenden Abschnitts stützt sich auf einen Brief entsprechenden Inhalts von H. E. Radbruch an die Verfasserin vom Januar 1994.

461 Radbruch ebd.

462 So Engerth während eines Gesprächs im Juli 1974, Vermerk über das Gespräch Parlamentarischer Staatssekretär am 30. Juli 1974 mit den Präsidenten der Bundeswehrhochschulen am Brahmsee, Privatarchiv Radbruch.

enpläne der zivilen Hochschulen ab. Und die für die HSBw günstigeren Zahlen des Wissenschaftsrats (WR) wollte das Bundesfinanzministerium nicht akzeptieren, weil der WR im Unterschied zur Bund-Länder-Kommission nur beratende, nicht aber planende Funktion hatte.[463]
Die Schlüsselzahlen der BLK sahen für die geistes- und sozialwissenschaftlichen Fachbereiche ein Verhältnis Professor : Studenten von 1:20 und in den technischen Fachbereichen von 1:9 vor. Auf einen Professor (C2-C4) kamen danach 1,3 Assistenzprofessoren (C1).[464] Nach Zugrundelegung dieser Schlüsselzahlen war vom Hochschulträger für München folgende Ausstattung an Professoren und Assistenzprofessoren vorgesehen:

Pädagogik	20
Wirtschafts- und Organisationswissenschaften	20
Informatik	22
Maschinenbau	43
Luft- und Raumfahrttechnik	43
Elektrotechnik	33
Bauingenieurwesen	44
	insgesamt 225 Prof/AssProf.[465]

Um den gesellschafts- und erziehungswissenschaftlichen Anteil der technischen Fachbereiche auszugleichen, wurden einige Planstellen in die Fachbereiche Pädagogik und Betriebs(Wirtschafts)- und Organisationswissenschaften umgeschichtet. Daraus ergab sich folgendes Bild:

Pädagogik	38 (+18)
Wirtschafts- und Organisationswissenschaften	33 (+13)
Informatik	21 (-1)
Maschinenbau	37 (-6)
Luft- und Raumfahrttechnik	37 (-6)
Elektrotechnik	23 (-10)
Bauingenieurwesen	36 (-8)
	insgesamt 225 Prof/AssProf.

Als Verhältnis zwischen den Professoren der einzelnen Besoldungsgruppen (C2-C4) sah der der Ausschreibung zugrundeliegende Gesetzesentwurf C4/C3 : C2 = 85 : 15 bzw. C4 : C3/C2 = 45 : 55 vor.

---

463 Vermerk FüS I 7 vom 2.2.73 betr. Berechnung der Planstellen der Professoren und Assistenzprofessoren an den HSBw, Privatarchiv Radbruch.

464 Ebd.

465 Diese wie auch die folgenden Zahlen in: Vermerk FüS I 7 vom 2.2.73 betr. Berechnung der Planstellen der Professoren und Assistenzprofessoren an den HSBw, Privatarchiv Radbruch.

Mit der Verabschiedung des Bildungsgesamtplans am 15.6.1973 wurden die Verhältniszahlen Professoren : Studenten neu festgesetzt, und zwar nach dem Schlüssel:

- 1:15 in den Geisteswissenschaften und
- 1:7,6 in den Natur- bzw. Ingenieurwissenschaften.

Dabei enthielten diese Schlüsselzahlen, im Gegensatz zu den alten, auch die in der Lehre tätigen wissenschaftlichen Mitarbeiter - zusätzlich zu den Professoren. Das bedeutete für die HSBwM, daß sich die bisher festgelegte Zahl von 225 Lehrenden unter Einschluß der in der Lehre tätigen WM auf 277 (+52) erhöhte. Dazu gehörten allerdings nicht die in den Laborbereichen tätigen WM,[466] womit das Hauptproblem, die in den technischen Fachbereichen fehlenden WM, weiterhin nicht gelöst werden konnte.

Die personelle Ausstattung der Hochschulen der Bundeswehr basiert auf einem Organisations- und Stellenplan (OSP) zum einen und der Personalstellen- und Ausrüstungsnachweisung zum anderen. Während es sich bei dem einen um ein reines Organisationspapier für die Planungen handelt, ist das andere ein konkret wirksames, von Parlament und Haushaltsausschuß zu verabschiedendes Grundlagen-Arbeitspapier. Zwischen beiden Papieren klaffte bis Ende der 70er Jahre zunehmend eine Schere, da sich die Zahlen der Pers-STAN durch Stellenstreichungen und -sperrungen immer mehr von denen des OSP entfernten.
Der personelle Aufbau in den ersten Jahren richtete sich nach einem STAN-Vorläufer von 1972, der ein Gesamt-Stellenvolumen von 644 Stellen vorsah - davon 613 zivile Stellen. Die Ressortverhandlungen über die Professorenstellen konnten, wie eingangs erwähnt, nur anhand der Schlüsselzahlen der BLK (1:20 bzw. 1:9) geführt werden. Daraus ergaben sich für die HSBw die 225 Professoren- und Assistenzprofessoren-Stellen.[467] Im Juni 1973 wurde bekannt, daß der Haushaltsausschuß des Deutschen Bundestages von den über eine Nachschiebeliste neu geforderten 361 Stellen im Einzelplan 14, Kapitel 05 des Verteidigungshaushalts 135 gestrichen bzw. nicht bewilligt hatte. Es blieben also nur insgesamt 226 neue Planstellen übrig. Die Kürzungen trafen ganz besonders die Schreibkräfte, wo von 59 beantragten Stellen nur 21 bewilligt wurden, aber auch das Verwaltungspersonal (statt 58 33).
Prozentual schwerer wogen aber im Hinblick auf die Lehre die Streichungen

---

466 Vermerk Leiter HSGrp Bw vom 24.4.1974, betr. HSBwM, Problemkatalog, BA-MA Bw 2/8430.

467 Vermerk FüS I 7 vom 2.2.73 betr. Berechnung der Planstellen der Professoren und Assistenzprofessoren an den HSBw, Privatarchiv Radbruch.

bei den Assistenzprofessoren (statt 55 38) und den C2-Professoren (keiner von 12 geforderten bewilligt!) sowie die Streichungen bei den wissenschaftlichen Mitarbeitern im Laborbereich (statt 6 einer). Um die volle Funktionsfähigkeit der Hochschule sicherzustellen, so vermerkte man bei FüS I 7, mußten aber in jedem Falle vorübergehend

1 Leiter des Labors Bodenmechanik
1 Sprachlehrer
4 Fachbereichsverwaltungsleiter
1 Rechnungsführer
1 Ingenieur für Vermessungstechnik
1 Zeichner
1 Fotolaborant
1 Bürokraft
2 Bibliotheksgehilfen und
4 Schreibkräfte

zugeführt werden.[468] Diese Auflistung, berücksichtigte die Bedürfnisse von Fachbereichen wie beispielsweise LRT gar nicht und zeigt nur zu deutlich, welch geringes Verständnis den Besonderheiten einer Technischen Hochschule entgegengebracht wurde.[469] Dabei sollten nicht einmal neue Stellen geöffnet, sondern der Mehrbedarf durch vorübergehende Abordnung oder Kommandierung von Personal aus anderen Bereichen wie der Bundeswehrverwaltung oder dem Militärgeographischen Amt sichergestellt werden. Darüber hinaus wollte man dem Haushaltsausschuß nach der Sommerpause erneut eine Nachschiebeliste vorlegen, zumal die Mehrheitsfraktionen im Bundestag offenbar eine wohlwollende Behandlung der Sache zugesagt hatten. Auf diesem Wege hoffte man, die gestrichenen Professoren- und WM-Stellen rechtzeitig zur Verfügung zu haben und die zunächst per Abordnung oder Kommandierung bereitgestellten Stellen ersetzen zu können.[470] Im März 1974 hatte sich die Situation bezüglich des Verhältnisses von Professoren (C3/C4) zu Studenten scheinbar entspannt. Bis auf Elektrotechnik, wo auf einen Professor 21 Studenten kamen und WOW, wo das Verhältnis 1 : 9,1 ausmachte, unterschritten die Studentenzahlen pro

---

468 Vermerk FüS I 7 vom Juni 1973, betr. Nachschiebelisten für die HSBw, Privatarchiv Radbruch.

469 Mündl. Auskunft Straub vom 21.3.94; Herrn Prof Dr.-Ing. Dieter Straub danke ich an dieser Stelle für die Unterstützung.

470 Vermerk FüS I 7 vom Juni 1973, betr. Nachschiebelisten für die HSBw, Privatarchiv Radbruch.

Professor in den anderen Fachbereichen zum Teil weit die Schlüsselzahlen der Bund-Länder-Kommission. Das zeigt die folgende Gegenüberstellung[471]:

	Studenten	Professoren	Stud. : Prof.
PÄD	70	12	5,8
WOW	100	11	9,1
INF	90	10	9
LRT	110	17	6,5
ET	190	9	21
BAU	80	16	5

Tatsächlich war diese Liste grundlegend für die Entwicklung der Hochschule der Bundeswehr München (und mittelbar wohl auch für ihre Hamburger Schwester).[472] Sie kam nach langen und zähen Verhandlungen auf Veranlassung des damaligen stellvertretenden Vorsitzenden[473] des Senatsausschusses für Planung und Haushalt (PLH) und Professors für Thermodynamik, Dieter Straub, zustande, der zuvor seine Kollegen im Fachbereich Luft- und Raumfahrttechnik dazu bewogen hatte, auf die Einrichtung eines universitären Fachbereichs Maschinenbau (MB) zu verzichten. LRT war für die Planung von MB zuständig gewesen und sollte auch die Berufungsverfahren der dafür vorgesehenen Professoren durchführen. Durch diesen Verzicht, der vom Hochschulträger überraschend schnell akzeptiert wurde, gelang es mit Einverständnis des Sonderbeauftragten, die 37 nun offenen Stellen für Professoren und Assistenzprofessoren in ein neues Planungskonzept für zusätzliche wissenschaftliche Mitarbeiter an allen Fachbereichen der HSBw einzubringen. Voraussetzung dafür war, daß auch die anderen Fachbereiche ihre offenen Assistenzprofessoren-Stellen diesem Konzept unterordneten.[474] Dadurch blieben nur noch die in o.a. Liste aufgeführten Professorenstellen übrig. Sie war in der Folgezeit jahrelang die Grundlage für die Planungen im Personalbereich - primär für Professuren und wissenschaftliche Mitarbeiter, in der Konsequenz aber auch für das nicht-wissenschaftlich-technische Personal.Warum aber war diese Durchschlagung des Gordischen Knotens zwingend geworden?

Die ganzen ursprünglichen Überlegungen der Personalausstattung hatten im

---

471 Vermerk Prof. Flachenecker/ET (damals Vizepräsident) vom 25.3.1974, PLH-Unterlagen Archiv Straub.

472 Dies und das Folgende lt. schriftl. Auskunft Straub vom 21.3.94.

473 Vorsitzender des PLH ist qua Amt der Kanzler; seinerzeit war es der Jurist Dr. Selmayr.

474 Außerdem forderte LRT, daß im EGA-Bereich eine die Belange der technischen Fachbereiche thematisch stützende C4-Professur eingerichtet wurde. Erster Stelleninhaber war 1982 - 1988 Frederic Vester.

Grunde nur auf die Abdeckung des Bedarfs für die Lehre der HSBw abgezielt. Sie hatten, entgegen den Versicherungen der Verantwortlichen im BMVg bei Berufungsverhandlungen, für den Träger zunächst einmal nichts mit der Ausstattung für Forschung zu tun. Im Sommer 1973 hatte Thomas Ellwein dazu festgestellt, man müsse sich in der Gründungsphase der Hochschulen der Bundeswehr ganz auf die Lehre beschränken.[475] Und die Lehre sollte - wie an den Fachhochschulstudiengängen - ausschließlich von Professoren durchgeführt werden.[476] Die wissenschaftlichen Mitarbeiter hatten nur lehrunterstützend zu wirken - etwa nach folgendem Schema einer 40-Stunden-Woche:

- 10 Stunden unselbständige Lehre (lehrunterstützende Tätigkeit),
- 10 Stunden Vor- und Nachbereitung der vorgenannten Tätigkeit,
- 10 Stunden Korrekturarbeiten und
- 10 Stunden Wissenschaft und Forschung.

Lapidar hieß es darüber hinaus: "die Zahl der WM im Fachbereich muß mindestens den Korrekturaufwand abdecken."[477]

Die Stellenforderungen wurden also mit dem Bedarf an Lehre bzw. an Unterstützung der Lehre der Professoren begründet. Damit war von vornherein ein eklatanter Mangel an wissenschaftlichen Mitarbeitern vorprogrammiert, denn die Professoren wollten ja nicht nur lehren, sondern - wie sogar verfassungsrechtlich garantiert und im Dienstvertrag festgelegt - auch forschen. Und das Verteidigungsministerium war ebenfalls stark daran interessiert. "Für die Gleichwertigkeit als wissenschaftliche Hochschule ist für die Hochschule der Bundeswehr die Durchführung von Forschungsprogrammen von entscheidender Bedeutung. Dies gilt vor allem für die Grundlagenforschung".[478] Hierbei wie auch bei Drittelmittelprojekten sagte das Ministerium Unterstützung "in jeder Hinsicht" zu. Die Voraussetzungen für die Durchführung der Forschungsvorhaben sollte allerdings die Hochschule bzw. ihre dafür zuständigen Gremien im Rahmen ihrer Ausstattung mit Per-

---

475 Vermerk des Persönlichen Referenten des Parl. Staatssekr. vom 30.7.74 über Gespräch Parl. Staatssekr. mit den Präsidenten der HSBw am Brahmsee am selben Tag, Privatarchiv Radbruch.

476 Auch wenn sich während der Beratungen des Hochschulrahmengesetzes nach und nach der Standpunkt der Länder durchzusetzen begann, die darauf bestanden, daß auch Wissenschaftliche Mitarbeiter in der Lehre eingesetzt werden sollten, war das Ergebnis der Diskussionen ein grundsätzlich nicht lehrender Mittelbau, der, wenn er zur Abdeckung des Lehrbedarfs notwendig ist, subsidiär zur Lehre verpflichtet werden kann, schriftl. Auskunft Radbruch vom Januar 1994.

477 Ergebnisniederschrift einer Besprechung zum Bedarf der HSBwM an wissenschaftlichem Personal am 9.7.1974, PLH 7/74-4, Archiv Senatssekretariat UniBwM.

478 Leiter der Hochschulgruppe 1, Schoch an die HSBwM vom 24.4.74, PLH-Unterlagen Archiv Straub.

sonal, Haushaltsmitteln und Geräten selbst schaffen. "Dazu zählen z.B. auch die Möglichkeiten, wissenschaftliche Kräfte für zeitlich begrenzte Schwerpunktaufgaben einzustellen und Mittel im Rahmen der Kostengesamtansätze in den verschiedenen Haushaltstiteln einzusetzen".

Zusätzlich sollte von seiten des BMVg auch die Möglichkeit erschlossen werden, Forschungsaufträge aus dem Themenbereich der wehrtechnischen Forschung an die HSBw zu vergeben, was im systematischen Sinne nie geschah.[479]

Allerdings war in der Anfangszeit die organisatorische Durchführung dieser Planungen schwierig. "Forschung ist ausgeklammert", monierten die Professoren.[480] Wiederholt wurden die Präsidenten gebeten, analog zum Lehrbetriebskonzept auch ein Forschungsbetriebskonzept vorzulegen, anhand dessen dann Personalstellen hätten gefordert werden können. Aber die Präsidenten sahen sich dazu außerstande[481] - wohl nicht zuletzt deshalb, weil sie von seiten der mit anderen Problemen befaßten Professorenschaft kaum oder keine Unterstützung erfuhren.

Jedenfalls mangelte es, neben vielem anderen, nach wie vor an wissenschaftlichen Mitarbeitern - insbesondere in den technischen Fachbereichen. Und die während des Jahres in München anreisenden zahlreichen Delegationen aus Bonn mußten sich immer wieder dieselben Gravamina anhören. Anläßlich des Besuchs einer Abordnung des Führungsstabs des Heeres (Fü H I 6) in München im Februar 1974 beispielsweise beklagten sich die Professoren über eine unzulängliche Planung und Unterstützung durch das BMVg und Thomas Ellwein sowie schlechte materielle Ausstattung - vor allem aber die nicht stimmende Personalrelation und den fehlenden Unterbau (gemeint waren die wissenschaftlichen Mitarbeiter). Insbesondere im Fachbereich Luft- und Raumfahrttechnik, dem größten seiner Art in der Bundesrepubklik, wie betont wurde, empfand man die Situation als indiskutabel. Einem Personal-Soll von 150 stand hier ein Ist von 3 Professoren gegenüber. Das 1. Semester sei bereits "schiefgegangen", sagten die Professoren, das 2. sei "im Begriff". Letzter Termin für eine Hilfsaktion sei der 1.10. (Beginn eines neuen Studienjahres), "sonst bricht alles zusammen". Insgesamt könne das 3-jährige Studium nur bei ungleich besseren Bedingungen bewältigt werden, und die Delegation des Heeresinspekteurs notierte am Ende: "Rasch Abhilfe erforderlich, sonst Gefahr des Mißerfolgs".[482]

---

479 Schriftl. Auskunft Straub vom 21.3.94.

480 Steinkamm anläßlich Besuch FüH I 6, Vortragsnotiz vom 10.2.74 für RefLtr. Fü H I 6, betr. Informationsbesuch bei HSBwM am 8.2.74, BAMA Bw 2/8566.

481 Schriftl. Auskunft Radbruch vom Januar 1994.

482 Vortragsnotiz vom 10.2.74 für RefLtr. Fü H I 6, betr. Informationsbesuch bei HSBwM am 8.2.74, BAMA Bw 2/8566.

Im Mai kam Minister Leber an die Hochschule. Ihm gegenüber erbaten die Professoren "eine Willenserklärung des Ministeriums, daß es um eine ausreichende (personelle und materielle) Ausstattung der Hochschule bemüht sein werde." Der Vertreter des Fachbereichs LRT bezweifelte erneut, daß das Studium dort in drei Jahren erfolgreich abgeschlossen werden könne. Geprüft werden sollte auch, ob wenigstens während der ersten Aufbauzeit "mehr als bisher wissenschaftlich vorgebildete Wehrpflichtige als Mitarbeiter an die Hochschule abkommandiert werden" könnten und inwieweit beim Aufbau auch die Möglichkeit der Forschung berücksichtigt würde. Der Minister beantwortete die Fragen grundsätzlich positiv. Hinsichtlich der Ausstattung sei unbedingt jeweils eine überzeugende Begründung notwendig und es sollten auch, sofern nicht Belange der Streitkräfte entgegenständen, künftige HSBw-Absolventen an der Hochschule tätig sein können. Unbedingt müsse an der dreijährigen Regelstudienzeit festgehalten werden.[483]
Dies unterstrich mit Nachdruck auch der Chef des Bundespräsidialamtes, Staatssekretär Spangenberg, als er im Juni desselben Jahres nach München kam. Die Hochschulen der Bundeswehr als Modell für künftige Entwicklungen im Hochschulbereich und Aushängeschilder für die Universitäten und Hochschulen der Bundesrepublik bedürften des Engagements aller Beteiligten. Ja, die HSBw seien die einzige Chance für die Bundesrepublik, die Hochschulbildung zu erneuern - das Projekt müsse funktionieren. Die Bundesregierung werde den Ehrgeiz haben, "dem von ihr eingeleiteten Projekt zum Erfolg zu verhelfen". Gleichzeitig wies er aber auch auf die schwierige Finanzlage des Bundes hin und konterkarierte damit die Bekundungen des guten Willens von Seiten des Staates. Es gelte, im Haushalt 1975 ein Defizit von 15 Milliarden DM (!) aufzufangen. Er habe im Hinblick darauf Zweifel, ob alle Forderungen zu erfüllen seien. Für wichtig hielt Spangenberg es, daß Mitglieder des Verteidigungs- und Haushaltsausschusses mit der Hochschule in Verbindung gebracht würden.[484]
Aber es traten keine merklichen Veränderungen ein und der nächste Besucher in München, der Vizepräsident des Deutschen Bundestages, Schmitt-Vockenhausen, der von BM Leber zu dem Besuch ermuntert worden war, stellte mit Bedauern fest, "daß es im Bereich der HSBw z.Zt. Mißstimmungen und negative Atmösphäre" gäbe. Ihm gegenüber hatten alle Gesprächsteilnehmer (neben der Hochschulleitung waren die Dekane und Studenten anwesend) die Sorge geäußert, daß die dreijährige Regelstudienzeit in ernster Gefahr sei, weil die dafür notwendigen personellen und infrastrukturel-

483 Protokoll über den Besuch des BMVg bei der Hochschule der Bundeswehr München am 3.5.74, BAMA Bw 2/8898.

484 Vermerk vom 24.6.74 betr. Besuch Chef Bundespräsidialamt - Sts. Spangenberg - bei der HSBw München am 21.6., BAMA Bw 2/8896.

len Voraussetzungen nicht in ausreichendem Umfang gegeben seien. Schmitt-Vockenhausen erkannte deutlich, daß dieses "wichtige Reformkonzept des Bundes" nur zu verwirklichen war, wenn die personellen und materiellen Voraussetzungen vorlagen. Es war auch deshalb unabdingbar, weil damit "der ständigen Gefahr politischer Vorwürfe von außen rechtzeitig entgegen(ge)treten" werden konnte.[485] - Trotz all dieser Bekundungen des guten Willens von Staatsseite änderte sich an der negativen Personalsituation in der Hochschule nichts. Immer wieder wies Präsident Engerth darauf hin, daß die Zahlen der Bund-Länder-Kommission, die den Finanzministerien als Grundlage für ihre Berechnungen dienten, (...) nicht mit dem Konzept des Regelstudiums in 3 Jahren zusammenpaßten. Dieses Konzept lasse sich nur durch Unterrichtung und Arbeit in kleinen Gruppen verwirklichen. Keine öffentliche Hochschule habe bis heute das Studienjahr eingeführt, so daß alle Zahlenvergleiche aus diesem Bereich auf die HSBw nicht recht zuträfen.[486] Das bestätigte auch eine ausführliche Untersuchung der Hochschulgruppe im BMVg. "Die Auswertung zeigt," hieß es dort, "daß die für das Lehrbetriebskonzept der Hochschulen der Bundeswehr charakteristischen Werte im Vergleich mit denen des Bildungsgesamtplans kleiner sind; d.h. das Konzept der HSBw ist personalintensiver. Ferner verlangt das Lehrbetriebskonzept (...) eine annähernde Gleichbehandlung der Ingenieur- und Geistes(...)- sowie Sozialwissenschaften. Auch dies ist im Bildungsgesamtplan nicht vorgesehen."[487] Bereits im Dezember 1973 hatten daher zehn C1-Stellen (Assistenzprofessoren), die mangels ausreichend qualifizierter Bewerber ohnehin nicht besetzt werden konnten, in WM-Stellen nach BAT IIa/Ib bzw. -Planstellen nach A13/14 umgewandelt werden müssen.
Außerdem wurde im Laufe der Zeit deutlich, daß Professoren, die einen Ruf an die Hochschule erhalten hatten, die Annahme desselben "von der Verfügbarkeit der Hochschule über Stellen für wissenschaftliche Mitarbeiter anstelle der für Assistenzprofessoren abhängig" machten. Um diese Forderungen in den STAN-Änderungsanträgen der Hochschule befriedigen zu können, mußten mindestens 80% der 1973/74 zur Verfügung stehenden und für 1975 geplanten C1-Stellen umgewandelt werden.[488]

---

485 Vermerk Böttcher für Minister Leber vom 22.11.74 über Besuch des Vizepräs. des Dt. Bundestages, Schmitt-Vockenhausen bei der HSBw München am 21.11., BA-MA Bw 2/8899.

486 Vermerk des Persönlichen Referenten des Parl. Staatssekr. vom 30.7.74 über Gespräch Parl. Staatssekr. mit den Präsidenten der HSBw am Brahmsee am selben Tag, Privatarchiv Radbruch.

487 Vermerk HSGrp 1/Hueber vom 19.6.1974, betr. Personalbedarf der HSBw, hier: Bemessungsgrundsätze des wissenschaftlichen Personals, PLH-Unterlagen Archiv Straub.

488 Selmayr an den Leiter der Hochschulgruppe im BMVg vom 20.5.1974, PLH-Unter-

Im Juni 1974 teilte Staatssekretär Berkhan dem damaligen Leiter der Hochschule der Bundeswehr München Wachter u.a. mit, wenn sich herausstellte, daß der (nach Verabschiedung des Bildungsgesamtplans verbesserte) Schlüssel zur Sicherstellung des Lehrangebotes nicht ausreichte, müßte eine neue Bemessungsgrundlage gefunden werden. Die dafür notwendigen STAN-Änderungsverhandlungen sollten bald aufgenommen werden und der Bundesminister für Bildung und Wissenschaft hätte sich bereit erklärt, die aktuellen Probleme an den beiden Hochschulen zu diskutieren. Außerdem wollte der Vorsitzende des Haushaltsausschusses, gemeinsam mit anderen Ausschußmitgliedern ein allgemeines Informationsgespräch an den Hochschulen führen.[489]

Die Bonner Hochschulgruppe sah vor, daß die STAN-Änderungsverhandlungen des BMVg mit BMF und BMBW unter Beteiligung der Hochschulen so rechtzeitig geführt wurden, daß die Ergebnisse z.T. noch für den Haushalt 1975 berücksichtigt werden konnten. Insbesondere der Anteil an Lehrenden für die erziehungs- und gesellschaftswissenschaftliche Anleitung mußte gesondert ausgebracht werden, weil gerade diese Spezialität des Studiums an den Hochschulen der Bundeswehr im Sinne einer Kombination aus Offizierstudium und Studienreform eben nicht in den Zahlen der Bund-Länder-Kommission berücksichtigt wurde.[490]

Das Ergebnis der Verhandlungen, die dann vom 18.-20. Juni 1974 stattfanden, entsprach den Erwartungen in keiner Weise. Entgegen der Bitte der Hochschule konnten die Argumente und Begründungen für die Personalforderungen vor Beginn der Verhandlungen nicht mit der Hochschulgruppe abgestimmt werden. Dahingegen hatte die Hochschulgruppe das von ihr angestrebte Verhandlungsergebnis mit den Abteilungen Haushalt (H) sowie Verwaltung und Recht (VR) im BMVg abgesprochen. So fanden die Anliegen der Hochschule von vornherein nicht den eigentlich notwendigen Niederschlag. Beispielsweise wurde die von ihr aus Personalersparnisgründen geforderte Einheitsverwaltung abgelehnt, so daß sie weiterhin auf die territorialen Einrichtungen wie Standortverwaltung (StOV), Wehrbereichsverwaltung (WBV) und Standort-Kommandantur angewiesen war und keine eigene Liegenschaftsverwaltung hatte. Auch die besondere Belastung durch die Gesamthochschulstruktur zum einen und die vier technischen Fachbe-

---

lagen Archiv Straub.

489 Berkhan an den Leiter der HSBwM, Wachter am 7.6.1974, PLH-Unterlagen Straub.

490 Vermerk Leiter HSGrp Bw vom 24.4.1974, betr. HSBwM, Problemkatalog, BA-MA Bw 2/8430.

reiche mit ihrem besonders hohen Bedarf an wissenschaftlichen Mitarbeitern für die Labore zum anderen wurden nicht berücksichtigt.

Deutlich zeigte sich insgesamt, daß die zunehmend schlechte Haushaltslage des Bundes überhaupt nur einen äußerst geringen Spielraum für Personalforderungen erlaubte. Nur 30% der Forderungen wurden letztlich erfüllt. Frühestens im Haushalt 1976 - so hieß es - könnte mit zusätzlichen Stellen gerechnet werden - es sei denn, die Lücken in der STAN wären durch bundeswehrinterne Verlagerungen von Stellen und Planstellen aufzufüllen.[491]

Die nicht geklärten personellen Verhältnisse hatten auch Auswirkungen auf das Studium und die Studenten, denn das Kleingruppenkonzept konnte nicht überall realisiert und Prüfungen z.T. nur unter Schwierigkeiten durchgeführt werden. Außerdem waren aufgrund der Anfangsbelastungen die Informationen für die Studenten über Studienmöglichkeiten und die für das curriculare Studium notwendige Studienberatung so mangelhaft, daß mit einem größeren Prozentsatz von Studiengangwechslern und Prüfungswiederholern gerechnet wurde. Diese mußten dann von der Möglichkeit der Höchstudienzeit von 4 Jahren bei einer Verlängerung der gesamten Zeit des Verbleibs in der Bundeswehr auf 15 Jahre Gebrauch machen.[492] Die Assistenzprofessoren und wissenschaftlichen Mitarbeiter, selbst in einer schwierigen Lage, z.T. völlig überlastet, fanden, daß die Studenten zu schnell resignierten, zu wenig arbeiteten und die vorlesungsfreie Zeit und Freizeit nicht im notwendigen Ausmaß für die Prüfungsvorbereitungen nutzten und forderten, man solle Ablösungsandrohungen und Leistungskontrollen mit militärischer Hilfe durchführen. Den Studenten ginge es ganz gut, denn die ständig betonte Belastung der Aufbauphase würde ja vom Lehrkörper getragen und weitgehend abgefangen.[493]

Aber von seiten der Professoren wurde anerkannt, daß die verschiedenen Restriktionen zu Lasten der Studenten gingen. Das Kleingruppenkonzept sei in Frage gestellt und im Vergleich zu den Fakultäten z.B. für Luft- und Raumfahrttechnik der zivilen Universitäten in München und Stuttgart sei ein Vorlesungsdefizit von 32 bis 48% aufzufangen.

Die Studenten selbst zählten eine ganze Reihe von Anfangsbelastungen auf: es seien zu wenig Professoren da, die Mathematik sei zu schwierig, wesentliche Fächer wie Soziologie fehlten noch vollkommen, durch mehrfachen Dozentenwechsel seien Stoffbrüche zu verzeichnen und zwischen den Tri-

---

491 5. Sitzung des Senatsausschusses für Planung und Haushalt (SA PLH) a, 20.6.1974, Archiv Senatssekretariat.

492 Vermerk LtrHSGrp Bw vom 24.4.74 über die Hochschule der Bundeswehr München (Problemkatalog), BAMA Bw 2/8430.

493 Vermerk vom 24.6.74 betr. Besuch Chef Bundespräsidialamt - Sts. Spangenberg - bei der HSBw München am 21.6., BAMA Bw 2/8896.

mestern hätten sie zu wenig Pausen. Auch funktioniere das erziehungs- und gesellschaftswissenschaftliche Begleitstudium noch nicht.[494]

Präsident Engerth vor allem hob in seinem Schreiben vom 12. Februar 1975 hervor, daß die Nichtbesetzung der von der Hochschule angeforderten 66 Laborpersonalstellen spätestens im April zur Folge haben würde, daß der erste Studentenjahrgang seine für das Hauptdiplom notwendigen Arbeiten in den Laboren nicht würde aufnehmen können.[495]

Ende Februar verzeichneten die Leiter der Studentenfachbereiche folgende Durchfallquoten, die die eingeplanten 18% bei weitem überstiegen:

INF	von 23 Studenten des Jgs. '73 meldeten sich 7 zum Vordiplom, davon bestand einer, von 59 Studenten Jgs. '74 wechselten 5 den Fachbereich, nur ein Student hatte die 4 notwendigen Scheine, 33 hatten noch keinen Schein; vermutlich werden am Ende des 1. Studienjahres 50% ausfallen,
LRT	vermutliche Durchfallquote mehr als 50%,
WOW	vermutliche Durchfallquote mehr als 30%,
ET	vermutliche Durchfallquote 20%,
PÄD	vermutliche Durchfallquote 20%.[496]

Dabei wurden neben dem Fehl an Mittelbau (Assistenten) zur Förderung der Kleingruppenarbeit sowie an Funktionspersonal (Laborangestellten) und der unterschiedlichen Qualität der Professoren und Studenten in Methodik und Didaktik als weitere Ursachen genannt:

- eine teilweise falsche Motivation der SaZ 12-Soldaten, besonders des Jahrgangs '73, von denen bei der Einstellung nicht allen die Pflicht zum Studium bekannt war,
- das Handicap der Heeresoffiziere, die im Gegensatz zu denen von Luftwaffe und Marine nicht systematisch auf das Studium vorbereitet wurden,
- großer Leistungsdruck wegen der hohen Stundenbelastung und
- unterschiedlicher Schwierigkeitsgrad mit einem Gefälle von Luft- und Raumfahrttechnik und Informatik über Wirtschafts- und Organisationswissenschaften und Elektrotechnik zu Pädagogik, daher deutliches Bestreben, nach Pädagogik überzuwechseln.[497]

Noch im Juni 1977 klagte der Präsident der Hochschule gegenüber dem Parlamentarischen Staatssekretär beim BMVg, "daß bei den derzeit bestehenden Bedingungen damit gerechnet werden müsse, daß nur 40% eines

---

494 Ebd.

495 Engerth an Böttcher vom 12.2.1975, BAMA Bw 2/14360.

496 Reisebericht des stellv. Heeresinspekteurs vom 3.3.75 über Besuch bei der HSBwM am 26.2.75, BAMA Bw 2/8566.

497 Ebd.

Jahrgangs pünktlich nach drei Jahren mit Diplom in die weitere Ausbildung" gingen. Und er sah nur eine Möglichkeit, dem entgegenzuwirken, nämlich durch eine Verlängerung der Studienzeit um drei Monate und die signifikante Verbesserung der Ausstattung der Hochschule mit wissenschaftlichem Personal.[498]

Hinsichtlich der Festlegung der Anzahl der wissenschaftlichen Mitarbeiter an den Fachbereichen zeichnete sich während einer Klausurtagung in Sonthofen Anfang Mai 1975 eine Lösung ab. Die Teilnehmer an der Tagung waren sich einig, daß das bis dahin angewendete Konzept aufgegeben und eine neue Planung verfolgt werden mußte, die

- die aktuellen Bestimmungen des Freistaates Bayern erfüllte - hier wurde auf die "Verordnung über die Grundsätze über eine einheitliche Kapazitätsermittlung und -festsetzung zur Vergabe von Studienplätzen" des Kultusministeriums vom 9. Juli 1974 verwiesen - ,
- die besonderen Studienbedingungen der HSBw berücksichtigte,
- die rechtzeitige Abstimmung von Personal-, Bau- und Sachmittelplanung ermöglichte und
- gemeinsam von der HSBw und dem Sonderbeauftragten/HSBw beim BMVg gegenüber Dritten vertreten werden konnte.

Letzteres hieß, und der Sonderbeauftragte bestätigte das auch, daß die zukünftigen mittelfristigen Personalverhandlungen mit dem BMF erstmals auf der Grundlage einer neuen adäquaten Konzeption entsprechend der jeweiligen Haushaltslage geführt werden sollten. Dieses sog. "Sonthofener Modell" basierte auf einem vom stellvertretenen PLH-Vorsitzenden Straub ausgearbeiteten Vorschlag. Nach einem dort in 13 Punkten festgelegten, komplizierten Berechnungsverfahren ließ sich der Bedarf der Fachbereiche durch folgende Planzahlen[499] für die wissenschaftlichen Mitarbeiter abdecken:

PÄD	45
WOW	60
INF	50
ET	113
LRT	67
BAUV	51

498 Protokoll vom 22.6.77 über das Gespräch des ParlSts. Dr. von Bülow mit den Präsidenten der HSBw, BAMA Bw 2/14361.

499 Konzept zur Planung der Anzahl der wissenschaftlichen Mitarbeiter an den Fachbereichen der HSBwM bis zum Abschluß der Aufbauphase vom 23.6.75, Vorlage für den SA PLH, Bezug: Klausurtagung von Vertretern des SB HSBw (MinRat Schelleis, OTL Hueber) und der HSBwM (Dr. Selmayr, Prof. Flachenecker, Prof. Marr, Prof. Straub, Dr. Lippig) am 1.5.1975 in Sonthofen sowie Archiv Straub.

Der Senat nahm das Konzept als hochschulinternes Arbeitspapier zustimmend zur Kenntnis. Und genau darin liegt bis heute die eigentliche Schlüsselfunktion des "Sonthofener Modells": Zum ersten Mal einigte sich die Hochschule auf seiner Grundlage auf eine Personalplanung, die für alle Fachbereiche verbindlich war und die außerdem auf einem Soll-Konzept für die vom Träger gebilligten Studentenzahlen beruhte.[500] Angesichts dieses Erfolges war es zweitrangig, daß die konkrete Realisierung des Konzepts noch eine Weile auf sich warten ließ.[501]

Es gab aber auch vereinzelt Stimmen, die das "Unternehmen Hochschulen der Bundeswehr" vom ökonomischen Standpunkt aus in Frage stellten. So fragten die Mitglieder des Haushaltsausschusses des Deutschen Bundestages, ob angesichts der Personalforderungen und der im Vergleich zur früheren Planung geringere Studentenzahl von knapp 4000 Studierenden (statt 6000) "die ursprünglich zugrundegelegte Wirtschaftlichkeit des Unternehmens (HSBw) noch gegeben" sei. Dabei wurde beanstandet, daß sich die Bundeswehrhochschulen bei ihren Stellenforderungen immer wieder auf den öffentlichen Hochschulbereich bezögen, wo man doch bei der Entscheidung über die Errichtung von HSBw gerade davon ausgegangen sei, "daß durch eine gute Organisation und entsprechende Straffung des Studiums mit weniger Personal in kürzerer Zeit gleiche oder bessere Leistungen wie an öffentlichen Hochschulen erbracht werden" könnten. Es wurde ferner kritisiert, daß zwischen der ursprünglichen STAN und den jetzigen Neuforderungen ein krasses Mißverhältnis bestände.[502]
Was die Anzahl der geforderten Stellen betraf, so konnte die Kritik sehr schnell entkräftet werden: Wegen der Abhängigkeit der Hochschule von der anerkennenden bayerischen Kultusbehörde muß nämlich grundsätzlich die im bayerischen Anerkennungsbescheid zur Auflage gemachte Personalausstattung, die sich an der der öffentlichen Hochschulen orientiert, erfüllt werden. Und hinsichtlich der Personalvermehrung mußte seitens der Haushaltsabteilung und des Sonderbeauftragten für die HSBw beim BMVg zugegeben werden, "daß die ursprüngliche STAN ohne die Hochschulen verhandelt worden (sei) und ausdrücklich unter dem Vorbehalt der Änderung nach 1 bis 2 Jahren gestanden (habe)."

---

500 Schriftl. Auskunft Straub vom 21.3.94.

501 Der Senatsausschuß für Planung und Haushalt rechnete nämlich nicht mit einer Verwirklichung in naher Zukunft, da die Gespräche hierüber mit dem BMVg erst aufgenommen werden mußten. 6. Sitzung des Senats am 25.6.75 sowie 5. Sitzung des Senatsausschusses für Planung und Haushalt am 17.7.1975, Archiv Senatssekretariat.

502 Vermerk vom 9.6.75 über den Besuch von Mitgliedern des Haushaltsausschusses des Dt. Bundestages bei der HSBw München am 6.6.75, BAMA Bw 2/14360.

Letztlich blieb am Ende des Besuches der Gesamteindruck zurück, daß die Mehrheit der Abgeordneten die Notwendigkeit einer Stellenvermehrung "vorbehaltlos" anerkannten, allerdings im Hinblick auf die Finanzlage des Bundes nur in der Einsparung innerhalb des Ressorts selbst oder in der Bundesregierung die Chance einer Realisierung sah.[503]

Zur Frage der Wirtschaftlichkeit, deren Klärung die Abgeordneten ausdrücklich gewünscht hatten, wurde bereits kurze Zeit später eine Vergleichsrechnung aufgemacht, die im wesentlichen folgendes Ergebnis brachte: eine Verlängerung der Studiendauer auf 4 Jahre hätte zwar eine Einsparung an wissenschaftlichem Personal um ca. 10% und an Hauptnutzfläche um ca. 15% zur Folge gehabt, auf allen anderen Sektoren wie Aufwendungen für die Studenten, die Verwaltung und die Infrastruktur mußte mit höheren Kosten gerechnet werden. Außerdem sprachen konzeptionelle Erwägungen gegen eine Änderung. Mit einem Verhältnis Berufs- zu Zeitoffizieren von 60:40% lag nämlich in der Bundeswehr eine ungünstige Altersstruktur vor. Durch die Einführung des Studiums und die 12-jährige Verpflichtungszeit sollte die Anzahl der Berufsoffiziere verringert werden. Wäre die Verpflichtungszeit verlängert worden, hätte man angesichts der angespannten Arbeitsmarktsituation damit rechnen müssen, daß sich eine noch höhere Anzahl der Offizieranwärter für die BO-Laufbahn entschied. Die längere Verpflichtungszeit konnte aber auch dazu führen, daß sich im Gegenteil die Attraktivität des Status des Zeitoffiziers verminderte und der Ergänzungsbedarf der Truppe nicht mehr gedeckt werden konnte. Wenn andererseits das Studium um ein Jahr verlängert und dabei die Verpflichtungszeit beibehalten worden wäre, hätte, zum Ausgleich dafür, daß die Zeitoffiziere dann ein Jahr weniger voll ausgebildet zur Verfügung gestanden hätten, die jährliche Ergänzungsquote erhöht werden müssen, was erneut mit höheren finanziellen Aufwendungen verbunden gewesen wäre.[504] Kurz, alle Argumente sprachen für die Beibehaltung des Konzepts eines 3-jährigen Studiums mit 12-jähriger Verpflichtungszeit.
Die Entwicklung der Personalausstattung trug jedoch dieser Erkenntnis nicht Rechnung. Nachdem sich der personelle Aufbau der HSBwM in den ersten Jahren nach dem schon erwähnten Pers-STAN-Vorläufer aus dem Jahre 1972 bemessen hatte, der ohne Beteiligung der Hochschule ausgehandelt worden war und der ein Stellenvolumen von 644 (davon 613 zivilen) Stellen aufwies, wurde erstmals 1975 eine umfassende, auf den Vollausbau abzielende Pers-STAN erstellt. Hierbei fand ein sorgfältiges, die Fachkompetenz

503 Ebd.
504 Vermerk FüS I 10 vom 7.7.75 betr. Wirtschaftlichkeit des dreijährigen Studiums (wiss. Studiengang), BAMA Bw 2/14360.

der Hochschule mit einbeziehendes Prüfungsverfahren bezüglich des Stellenbedarfs unter Beteiligung des Finanzministeriums und des Bundesrechnungshofes statt.[505] Das Ergebnis mit einem Gesamtvolumen von 1304 (davon 1244 zivilen) Stellen war nicht nur erstmals die Folge einer rationalen, zwischen der Hochschule und allen zuständigen Bundesbehörden adäquat abgestimmten Planung. Langfristig von größerer Relevanz, weil sie den inneren Frieden und damit den raschen Aufbau der Hochschule gewährleistete, war die damit verbundene Abstimmung der Planzahlen zwischen den Fachbereichen.[506]

Kurz darauf waren für den öffentlichen Hochschulbereich Personalrichtwerte erarbeitet worden, denen die auch an öffentlichen Hochschulen einzuführende neue Personalstruktur nach dem Hochschulrahmengesetz zu Grunde lag. Zur Anpassung an diese Richtwerte wurde die Pers-STAN im Jahre 1978 vom BMVg auf ein Stellenvolumen von insgesamt 1118 (davon 1049 zivile) Stellen zurückgeschnitten. Hierbei fanden die besonderen Verhältnisse der Hochschule erneut kaum Berücksichtigung.

Diese Personal-STAN vom Februar 1978 wurde bis heute nicht erfüllt. Die Dienstpostenforderung des STAN-Antrages 1983 umfaßte 1148 Dienstposten, dem Organisationsausstattungsrahmen von 1040 zum 1. Januar 1989 standen 978 Haushaltsstellen gegenüber, und im Februar 1994 hatte die Hochschule 998 Haushaltsstellen zur Verfügung.[507] Dennoch sollte man nicht übersehen, daß diese Realität 50% über der vom Gründungsausschuß zu verantwortenden Personalplanung lag. Und es läßt sich leicht denken, wie sehr in den Jahren 1974 bis 1976 die Existenz des Universitätsstatus auf dem Spiel stand.[508] Dies gilt um so mehr, wenn man, wie im folgenden skizziert, sieht, daß die ohnehin besonders sensitive Personalsituation entscheidende Auswirkungen auf die entsprechende Raum-, Bau- und Sachmittel-Investitionsplanungen sowie letztlich auf die curricularen Konzepte hatte.

Natürlich war die faktische Umsetzung der Pers-STAN 1978 ein Kapitel für sich: Die Stellen für wissenschaftliche Mitarbeiter waren immer besonders rar. So hieß es in einer Mitteilung des Sonderbeauftragten an den Parlamentarischen Staatssekretär vom Mai 1975, die zu dem Zeitpunkt nicht besetzten 50 Stellen bezögen sich überwiegend auf das wissenschaftliche Personal der HSBwM.[509]

---

505 "Antrag der HSBwM auf Änderung der Pers-STAN 1978 vom 25.7.1983 aufgrund des Beschlusses des Senatsausschusses für PLH vom 16.6.1982 und des Senats vom 23.6.1982", S. 5 und 22, Archiv Kanzler UniBwM.

506 Schriftl. Auskunft Straub vom 21.3.94.

507 Auskunft Zentrale Verwaltung UniBwM.

508 Schriftl. Auskunft Straub vom 21.3.94.

509 Unterrichtung des Parl. Staatssekretärs über Sachstand und die derzeitigen Probleme der HSBw durch SB/HSBw vom 21.5.75, BAMA Bw 2/14373. Die vollständige Er-

Zwei Jahre später, im Juni 1977, stellte der Parlamentarische Staatssekretär erneut fest, "daß die umgehende Realisierung der noch offenen Stellen für das wissenschaftliche Personal (104 für beide Hochschulen) erforderlich" sei. Da aber eine nochmalige Stellenverlagerung innerhalb des Einzelplans 14 des BMVg zu dem Zeitpunkt nicht mehr möglich war, mußten sie dem Haushalt 1978 zugeführt werden. Die restlichen 220 Stellenforderungen (ebenfalls für beide HS) blieben dem Haushalt 1979 vorbehalten.[510]
Im Februar 1978 wurde vom Sonderbeauftragten festgestellt, "daß die permanenten Belastungen der Fachbereiche durch die Prüfung nach Auffassung der HSBw eine Erhöhung des Stellenumfangs für wissenschaftliche Mitarbeiter notwendig" mache.[511]
1980 klagte der Präsident der Hochschule in München gegenüber dem Sonderbeauftragen in Bonn erneut, "daß schon der Haushaltsentwurf selbst unseren dringenden Stellenbedarf nicht berücksichtigt". Die "Befürchtung, die reduzierte Stellenzahl könne am Ende noch einmal dezimiert werden, hat sich leider in der schlimmst denkbaren Weise bewahrheitet".[512]

Ähnlich schwierig wie bei der Personalausstattung gestalteten sich auch die Planungen für die räumliche Ausstattung der Hochschule. Von seiten der Hochschule selbst war die Senatskommission für Raum und Bauangelegenheiten (RBK) als Organisations- und Koordinierungsorgan zuständig. Schon Ende Mai 1974 konnte die Kommission mit einem erstaunlichen Erfolg aufwarten. Mit dem Nachweis, daß die vorgesehenen ingenieurwissenschaftlichen Studiengänge keineswegs mit der vom Gründungsausschuß zugrunde gelegten personellen Ausstattung realisiert, d.h. in der Universitätslandschaft anerkannt werden konnten, war es ihr nämlich gelungen, den Umfang der vom BMVg vorgesehenen Gesamt(bau)fläche für die Münchener Hochschule von 33000qm auf 45000qm in der ersten Baustufe zu steigern.[513]
Die Kommission fühlte sich darüber hinaus auch für die Fragen der Ausstattung verantwortlich, weil diese erheblichen Einfluß auf die Raumgestaltung hatten und eine andere Kommission hierfür nicht vorgesehen war. Der Bundesminister der Verteidigung schloß mit der Firma Siemens einen Rahmenvertrag ab, der - ähnlich wie in Hamburg - die Firma verpflichtete, "die Hochschule bei der Geräteausstattung zu beraten und die Raumbücher für

---

hebung ist oben in Kapitel 3.4. aufgeführt.

510 Ergebnisvermerk SB/HSBw vom 30.6.1977 über die Besprechung beim ParlSts am 29.6.77, BAMA Bw 2/14361.

511 Vermerk SB/HSBw an ParlSts vom 20.2.78 über offene Einzelfragen von grundsätzlicher Bedeutung, BAMA Bw 2/13338.

512 Engerth an Servatius vom 16.5.80, BAMA Bw 2/14361.

513 Sitzung der Senatskommission für Raum- und Bauangelegenheiten am 28.5.74, Archiv Straub.

die Bauplanung zu erstellen". Hier war innerhalb des Lehrkörpers deshalb eine gewisse Skepsis vorhanden, weil man befürchtete, daß Siemens über die Beratertätigkeit hinaus auch Einfluß auf spätere Beschaffungen nehmen könnte. Von vornherein wurde klargestellt, daß das BMVg bezüglich der Geräteausstattung von der falschen, jedoch vom Gründungsausschuß stillschweigend geduldeten Annahme abgehen mußte, an der Fachhochschule der Luftwaffe sei ausreichend Gerät auch für die Hochschule vorhanden. Tatsächlich reichte das Gerät nicht einmal für die Fachhochschule selbst aus. Dort waren die Studentenzahlen so stark angewachsen, daß ein ordentliches Studium gar nicht mehr möglich war. Von den in den ersten Jahren an der HSBwM installierten Fachbereichsräten jeweils für den hochschul- und den kleineren fachhochschulbezogenen Teil jedes Fachbereichs profitierte auf diese Weise, entgegen den ursprünglichen Vorstellungen, auch der Juniorpartner.

Siemens sollte also auch eine Bestandsaufnahme der Geräteausstattung der Fachhochschule sowie die Beratung über deren Ergänzung und Erneuerung übernehmen. In der Stettenkaserne, im Münchner Stadtteil Neuhausen, wo sich die Provisorien der Fachbereiche Wirtschafts- und Organisationswissenschaften, Pädagogik und Bauingenieurwesen befanden, wollte das Unternehmen ein sog. "Beratungsteam" aufstellen, das die einzelnen Nutzungsbereiche mit den Fachbereichen durchsprechen und mit der Bestandsaufnahme beginnen sollte. Für den Fachbereich Bauingenieurwesen war zusätzlich als Unterauftragnehmer die Firma Dorsch vorgesehen. [514]

Für die Planung der Labor- und Werkhallengeräteausstattung sollte im Auftrag des BMVg speziell ein Vertreter der Firma Siemens tätig sein, und für die Architektur- und Ingenieurarbeiten (auch in Hamburg!) erhielt das Architektur- und Planungsbüro Heinle, Wischer und Partner in Stuttgart (HWP) den Zuschlag.[515] In dessen Räumen fanden im Beisein von Vertretern des Finanzbauamts, der Oberfinanzdirektion, des Wehrbereichskommandos VI, des Aufstellungsstabes, des BMVg und der RBK der Hochschule selbst unregelmäßig sogenannte "Phasenbesprechungen" statt, während derer der jeweilige Fortgang der Planungen und sämtliche Details beraten wurden. Hier ging es um Bau und Gestaltung der Labore und ihre Ausstattung, um die projektierte Mensa und die Studenten-Wohnbereiche, um Abriß, Umbau und Neubau von Gebäuden, um Termine und Verträge aller Art.

Obwohl der Vorsitzende der Raum- und Baukommission und seine Stellvertreter ständig eingeladen wurden, war ihr Einfluß sehr unterschiedlich.

---

514 Sitzung der Senatskommission für Raum- und Bauangelegenheiten am 5.4.74, Archiv Straub.

515 8. Phasenbesprechung HSBw München am Donnerstag, den 21.3.1974, 9.30 Uhr im Büro HWP, Stuttgart, Schottstr. 110/112, Archiv Straub.

Generell läßt sich feststellen, daß die Mitwirkung der Raum- und Baukommission in Fragen der Laborausstattung und der Unterbringung des wissenschaftlichen Personals effektiv war. In Fragen der Architektur der Neu- und Umbauten und deren vielfältigen Konsequenzen war sie hingegen gleich Null.[516] .
Erste Entwürfe von HWP für die Ausgestaltung des sog. "Hirschkäfers", des Gebäudes, in dem überwiegend die technischen Fachbereiche untergebracht werden sollten, fanden nicht ohne weiteres das Wohlgefallen der Hochschulvertreter. So monierte man die fehlende Austauschbarkeit ("Flexibilität") der Büro- und Komplexräume und fand, daß letztere für die zu erwartenden Studentenzahlen zu aufwendig seien. Außerdem sollten danach 55% der 10000 qm (pro Stockwerk) nicht und 10% nur bedingt natürlich beleuchtbar sein.[517]
Außerordentlich kompliziert und schwierig gestaltete sich die Berechnung des Raumbedarfs der Fachbereiche und der Hochschule insgesamt. Hier konnte zwischen dem BMVg bzw. HWP zum einen und der Hochschule zum anderen lange keine Einigung gefunden werden. Wie die Personalausstattung errechnete sich auch der Raumbedarf nach den Richtwerten der Bund-Länder-Kommission (bzw. wurde errechnet). Wie im Falle der Personalausstattung waren auch sie für die öffentlichen Universitäten zugeschnitten, berücksichtigten also nicht das HSBw-spezifische "Kleingruppenkonzept" und den damit verbundenen Mehrbedarf an Räumen. Wie enorm hier die Diskrepanz zwischen den Vorstellungen des BMVg (mit HWP) und denen der Hochschule waren, zeigt eine "Raumbedarfsforderung für den Endausbau der HSBw München", die die RBK Anfang des Jahres 1974 im Entwurf vorlegte. Der Raumabschätzung wurde die Personalplanung, die sachliche Ausstattung für Forschung und Lehre und das - von allen anderen Hochschulen in der Bundesrepublik Deutschland abweichende - Lehrkonzept zugrundegelegt. Dabei wurde betont, daß eine Fixierung des Endausbaus deshalb besonders schwierig sei, weil sich die vom BMVg ausgegebenen Daten wie Studentenzahlen und STAN immer änderten - z.B. bei ET und PÄD - oder ganze Fachrichtungen in Frage gestellt wurden wie tatsächlich Maschinenbau und zeitweise Vermessungswesen. Nur bei deutlicher Erweiterung der Zusagen für die Ausstattung durch den Träger, so betonten die Autoren des Berichts, "wird man die Ansichten von einer echten Hochschule zwischen dem BMVg einerseits und dem Bayerischen Staatsministerium für Unterricht und Kultus und dem Lehrkörper der HSBw andererseits

516 Schriftl. Auskunft Straub vom 21.3.94.
517 Vermerk Straub vom 8.5.74 über vorbereitende Sitzung am selben Tag zur 11. Phasenbesprechung am 9.5.74, Archiv Straub.

deckungsgleich machen können".[518] Nur bei Erfüllung der Auflagen des Kultusministeriums erkannte dieses nämlich die Hochschule als vollwertig an, daher mußte der Endausbau am Maßstab des Genehmigungsbescheids gemessen werden. Dabei ging es in erster Linie um die materiellen und räumlichen Voraussetzungen für die Forschung - nicht zuletzt auch, weil ohne diese keine Professoren gewonnen werden konnten.
Die Grundlage für die Flächenberechnung der Fachbereiche durch das BMVg bildeten bestimmte von der Firma HWP erstellte Umrechnungszahlen. Sie ergaben ein "Minimalprogramm", das nicht unterschritten werden durfte, damit der Lehrbetrieb überhaupt verantwortet werden konnte.[519] Dagegen sah der Bericht der HSBwM den einzig richtigen Ansatzpunkt für das Personal als Einflußgröße für den Raumbedarf darin, daß

- die Fachbereiche soviel Lehrpersonal bereit halten mußten, wie zur Abdeckung des zu vermittelnden Lehrstoffs unter Berücksichtigung des Lehrkonzepts notwendig war,
- das BMVg einen angemessenen Anteil an Forschung gestattete, was auf Kosten des Lehrdeputats ging und daher nur durch ein Mehr an Stellen zusammen mit zusätzlichen Büroflächen erreicht werden konnte,
- die Stellen für wissenschaftliche Mitarbeiter berücksichtigt wurden und
- der Drittmittelforschung samt Ausstattung ein angemessener Platz eingeräumt wurde.[520]

Die Drittmittelforschung war bis dahin vom BMVg eher stiefmütterlich behandelt worden. Beispielsweise hatte das Ministerium die dafür vorgesehenen und in einem Siemens-Gutachten vom Herbst 1973 ausgewiesenen Flächenforderungen einfach um 20-30% gekürzt, mit der Begründung, die Drittmittelforschung solle getrennt von der lehrbezogenen Forschung behandelt und die dafür notwendigen Flächen erst in der 2. Baustufe berücksichtigt werden.[521]
Unter Berücksichtigung der genannten Punkte und aufgrund der Angaben der Fachbereiche gelangte man also zu einer Raumbedarfsforderung von 83250 qm - mehr als dreimal soviel, wie BMVg und HWP mit 26457 qm angesetzt hatten. Dabei differierten die Zahlen weniger bei PÄD, INF oder dem Hochschuldidaktischen Zentrum, als vielmehr bei WOW (5778 statt 1133) und ganz besonders bei den technischen Fachbereichen BAUV

518 HSBw München an BMVg, Abt. U, betr. Raumabschätzung für den Ausbau der HSBw, Entwurf o.D., Archiv Straub.

519 Sitzung der Senatskommission für Raum- und Bauangelegenheiten am 2.5.74, Archiv Straub.

520 HSBw München an BMVg, Abt. U, betr. Raumabschätzung für den Ausbau der HSBw, Entwurf o.D., S. 5 Archiv Straub.

521 Sitzung der Senatskommission für Raum- und Bauangelegenheiten am 5.4.74, Archiv Straub.

(17089 statt 4610), ET (13052 statt 4002) und LRT 25000 statt 5839). Lediglich für den Fachbereich Maschinenbau, der nach den Plänen des BMVg zunächst als eigener ständiger Hochschulstudiengang vorgesehen war, dann aber aus o.a. Gründen aufgegeben wurde, entfielen Flächenforderungen. Allerdings wurde diese Einsparung in Höhe von 5669 qm dafür genutzt, daß dem Fachhochschul-Studiengang Maschinenbau der dringend erforderliche Ausbau auf 5000 qm Nutzfläche ermöglicht werden konnte.[522]

Die Zahlen verdeutlichen, in welchem Maße die Vorstellungen des BMVg und der Hochschule auseinanderklafften, selbst wenn man berücksichtigte, daß die BMVg-Angaben nur die erste Baustufe betrafen, die die Forschung kaum berücksichtigte. Auch muß bei einer derartig krassen Diskrepanz nach der Rolle des Gründungsausschusses gefragt werden, der offenbar nicht in der Lage war, den Mindestbedarf technisch-universitärer Fachbereiche an Ausstattung in angemessener Weise zu berücksichtigen.

Insgesamt war die Zusammenarbeit zwischen den vielen beteiligten Stellen überaus kompliziert und funktionierte naturgemäß nicht problemlos. Dies lag einmal an einem erheblichen Mangel an Koordinierung durch das Verteidigungsministerium. So erfuhr die Hochschule von dem erwähnten Siemens-Gutachten zur Berechnung der Flächen für Drittmittelforschung vom Herbst 1973 erst während der Sitzung der Raum- und Baukommission im April 1974.[523]

Es lag aber auch an den ständig schwankenden Zahlen, die von den STAN-Verhandlungen aus Bonn kamen sowie daran, daß die meisten Fachbereiche im Frühjahr 1974 keine konkreten Vorstellungen von dem hatten, was sie eigentlich benötigten und wollten.

Ganz abgesehen davon machte sich deutlich bemerkbar, daß die ganz frühen Planungen des BMVg - zumindest für die technischen Fachbereiche - wohl eher auf eine Art Fachhochschule abgezielt hatten und die Weichen hinsichtlich der Personal- und Sachmittelausstattung entsprechend gestellt worden waren, ohne daß die früh berufenen Professoren darüber informiert waren. Dies zu revidieren, bereitete Schwierigkeiten. Erst Erkundungen einzelner Professoren bei den entsprechenden Fakultäten z.B. der Technischen Universität München ermöglichten es, daß konkrete Zahlen als Grundlage für die Diskussionen zur Ausstattungsplanung in den Sitzungen des PLH, der RBK und der Phasenbesprechungen eingebracht werden konnten.[524]

Aber die von Bonn im ersten Jahr nach Studienbeginn der Hochschule zuge-

---

522 Mündl. Auskunft Straub vom 16.3.94 sowie HSBw München an BMVg, Abt. U, betr. Raumabschätzung für den Ausbau der HSBw, Entwurf o.D., Archiv Straub.

523 Sitzung der Senatskommission für Raum- und Bauangelegenheiten am 5.4.74, Archiv Straub.

524 Mündl. Auskunft Prof. Straub vom 16.3.94.

teilten Mittel waren angesichts der Tatsache, daß technische Fachbereiche vollkommen neu aufgebaut und nach dem neuesten Stand der Forschung ausgestattet werden sollten, verschwindend gering. 2 Millionen DM standen beispielsweise am 20.6.74 zur Verteilung im Laborbereich aller Fachbereiche bereit[525] - und dies nur deshalb, weil der Professor, dessen Investitionsliste über diesen Betrag vom BMF genehmigt worden war, seine Berufung überraschend abgelehnt hatte.[526] Davon fielen auf PÄD 185, WOW 170, die zentralen Bereiche wie Physik-, Sprachen-, Rechen- und Hochschuldidaktisches Zentrum sowie die Bibliotheken 225 und die Verwaltung 35 TDM. Als den technischen Fachbereichen, die teures Gerät davon beschaffen mußten, verblieben INF 250, LRT 405, ET 430 und BAUV 300 TDM.[527] Im Oktober 1974 standen im PLH die Investitionsmittel für 1975 zu Diskussion. Höchstens 7 Millionen DM, schätzte der PLH-Vorsitzende, würden zur Beschaffung von Laborgeräten zugewiesen werden. Nach Diskussion beschloß der Ausschuß, daß es einerseits im Interesse der Flexibilität bei der Gerätebeschaffung nötig sei, Gerätelisten mit höherem Gesamtbetrag als die avisierten 7 Millionen DM vorzulegen. Andererseits sollten die knappen Mittel zugunsten einer realen Planungsgrundlage und Prioritätensetzung folgendermaßen auf die Fachbereiche verteilt werden [in Mio DM]: LRT 2, BAUV 1,5, ET 2, Physikzentrum 0,5, INF 0,3, PÄD 0,4 und WOW 0,3.[528]

Diese unverhältnismäßig niedrigen Summen, ihre unregelmäßige, nicht immer gesicherte Zuteilung und die durch das kameralistische Prinzip öffentlicher Haushaltsführung gegebene Tatsache, daß Mittel, die bis Ende eines Haushaltsjahres nicht ausgeschöpft waren, verfielen bzw. in den Haushaltstopf des Bundes zurückflossen, erschwerte insbesondere den technischen Fachbereichen die Aufbauplanungen. Dies wird deutlich, wenn man an einige, z.B. für LRT typische Großgeräte wie Windkanäle o.ä. denkt, deren Planung, Herstellung und Inbetriebnahme alleine schon mehrere Jahre benötigt. Nicht rechtzeitig gelieferte Geräte mußten von Sperrkonnten gezahlt, Bankbürgschaften mußten in Anspruch genommen, und die anfallenden Zinsen mußten auch wieder verrechnet werden.

Grundsätzlich mußten Beschaffungslisten der Hochschule von BMF und BMVg genehmigt werden. Hierbei kam es, wie der PLH beklagte, häufig zur willkürlichen und einseitigen Auswahl aus den eingereichten Listen durch

---

525 5. Sitzung des Senatsausschusses für Planung und Haushalt am 20.6.1974, Archiv Senatssekretariat.

526 Auskunft Straub vom 21.3.94.

527 5. Sitzung des Senatsausschusses für Planung und Haushalt am 20.6.1974, Archiv Senatssekretariat.

528 7. Sitzung des Senatsausschusses für Planung und Haushalt am 3.10.1974, Archiv Senatssekretariat.

die beiden Ministerien.[529] Zudem war es ratsam, Listen für Eigenbeschaffungen zu erstellen, die möglichst nicht einen Betrag von 50000 DM überschritten, weil nur dann eine direkte Beschaffung durch die Hochschule möglich war.[530] Für große Anschaffungen erteilte das Verteidigungsministerium auch Verpflichtungsermächtigungen, d.h. die anfallende Summe wurde zugesagt, aber erst im Augenblick des Fälligwerdens überwiesen.
Aus all diesen Gründen wurde über die Erteilung eines Generalunternehmer (GU)-Vertrages an die Firma Siemens nachgedacht. Siemens war ohnehin durch Bedarfsschätzungen in Form von Gutachten in die Gerätebeschaffung der HSBw involviert. So erarbeitete die Firma u.a. im April 1975 ein Gutachten mit Schätzungen über den Investitionsbedarf für Geräte im Zeitraum von 1976 bis 1980.[531]
Es gab weitere wichtige Gründe, die den Abschluß eines Generalunternehmer-Vertrags nahelegten. Das Bundesamt für Wehrtechnik und Beschaffung in Koblenz, das mit Amtshilfe durch die Beschaffungsstelle 1 der Bundeswehr in Erding bis dahin die Beschaffungen für die HSBw im wesentlichen durchführte, war mit dieser Aufgabe völlig überfordert.[532] Außerdem bedurfte das Parlament in Bonn einer Kontrollinstanz und gleichzeitig eines Verantwortlichen, als welche sich der renommierte und in der Ausstattung technischer Hochschulen ausgewiesene Konzern Siemens bestens eignete.[533]
Die Beratungen über einen Generalunternehmer-Vertrag für die Beschaffung von Laborgeräten (nur um diese sollte es sich zunächst handeln) waren in der ersten Hälfte des Jahres 1975 in der Abteilung Unterkunft (U) im BMVg aufgenommen worden. Von Seiten der HSBwM hatten der Präsident, der Kanzler sowie die Professoren Straub und Steinkamm teilgenommen. Dabei wurden nicht nur inhaltliche Probleme des GU-Vertrages diskutiert, sondern auch Verfahrensfragen. So legte die Hochschule Wert darauf, bei allen finanziellen Entscheidungen des Hochschulträgers einbezogen zu werden. Zudem sollten die Leistungen der Firma Siemens bei den Gerätebeschaffun-

---

529 7. Sitzung des Senatsausschusses für Planung und Haushalt am 3.10.1974, Archiv Senatssekretariat.

530 6. Sitzung des Senatsausschusses für Planung und Haushalt am 8.8.1974, Archiv Senatssekretariat.

531 Dieses Gutachten stieß allerdings auf den heftigsten Widerstand des Vertreters von LRT im PLH, der die dort für seinen Fachbereich enthaltenen Zahlen als reine "Phantasieprodukte" bezeichnete. Außerdem fehlten in den Berechnungen die gesamten baurelevanten Geräte für ET und die Geräte des Fachhochschulstudiengangs BAU. Für andere Fachbereiche mußten die Zahlen korrigiert werden. 2. Sitzung des Senatsausschusses für Planung und Haushalt am 10.4.75 und 5. Sitzung am 17.7.75, Archiv Senatssekretariat.

532 Nach eigenem Bekunden des damaligen Ersten Direktors des BWB, Ortwin Hellwig. Mündl. Auskunft Steinkamm vom 24.3.94.

533 Mündl. Auskunft Zirwas vom 23.3.94.

gen (von der Anforderung bis zur Abnahme) eindeutig von den durch die Hochschule zu erbringenden Zuarbeiten abgegrenzt, Verantwortlichkeiten und spätere Garantieleistungen der Firma eindeutig festgelegt und die Kosten, die durch die Beauftragung eines GU entstehen, nicht zu Lasten der Hochschul-Haushaltsmittel verrechnet werden.[534]
Am Entwurf des GU-Vertrages waren das Bundesamt für Wehrtechnik und Beschaffung (BWB) sowie die Hochschullehrer Straub und Steinkamm beteiligt.[535] Der Entwurf war vom Bundeswirtschaftsminister zustimmend behandelt worden und lag jetzt in revidierter Fassung zur Entscheidung beim BMVg. Dabei wollte der Sonderbeauftragte erst die Stellungnahme der Hochschulen abwarten, und die Hausabteilung glaubte, ohne die vorherige Zustimmung des Bundesfinanzministers auch nicht zustimmen zu können. Im Juli 1975 war die Frage der Bereitstellung von Haushaltsmitteln noch völlig offen, und der Zeitpunkt des Vertragsabschlusses lag in ferner Zukunft. Die Vertreter der Oberfinanzdirektion (OFD) und der Abteilung U im BMVg waren sich einig, daß der Vertrag wegen des Baufortschritts zu diesem Zeitpunkt und wegen des notwendigen Einbaus der baurelevanten (Labor-) Geräte eigentlich schon im Mai hätte abgeschlossen werden müssen. Daher wurde die OFD vom BMVg ermächtigt, Siemens im Wege eines Vorvertrages einzuschalten.[536] Voraussetzung war die Festlegung des finanziellen Rahmens des GU-Vertrages. Dieser war im Mai 1975 auf einer Sitzung in Bonn, an der Vertreter aller am Aufbau der HSBw beteiligten Dienststellen, der Architekten und der Hochschulen selbst teilnahmen, im Grundsatz entschieden worden. Ausschlaggebend war die zu jenem Zeitpunkt als einzige vorliegende Investitionsplanung für alle Institute des Fachbereichs Luft- und Raumfahrttechnik. Sie orientierte sich an den damaligen Vorstellungen der Technischen Universität München für deren Luft- und Raumfahrtbereich, wie er in Garching installiert werden sollte. An die Gesamt-Investitionssumme für LRT, die vom Hochschulträger bis zu einer Höhe von 60 Mio. DM (ohne Zuschläge) als Planungsrichtwert akzeptiert wurde, schlossen sich die anderen Fachbereiche in München und Hamburg ausnahmslos an.[537]
Entscheidend bei dem Generalunternehmer-Vertrag war, daß Siemens nur die *gesamte* Gerätebeschaffung übernehmen wollte. Dafür räumte die Firma den HSBw besonders gute Konditionen ein. U. a. sollten alle Rabatte der Lieferfirmen an die Hochschulen weitergegeben werden. Noch nicht geklärt

534 7. Sitzung des Senats am 9.7.75, Anlage 6 zum Protokoll, Archiv Senatssekretariat.
535 Mündl. Auskunft Straub vom 21.3.94.
536 5. Sitzung des Senatsausschusses für Planung und Haushalt am 17.7.75, Archiv Senatssekretariat.
537 Schriftliche Auskunft Straub vom 5.4.94.

war aber das Problem der Sicherungsmaßnahmen bei Übergabe der Geräte sowie die Trennung von baurelevantem und nicht-baurelevantem Gerät und damit die Frage, ob Siemens beide oder nur eines von beiden liefern sollte. Die Verantwortung für die Verhandlungen um den GU-Vertrag blieben zunächst noch bei der Senatskommission für Raum- und Bauangelegenheiten, die ihrerseits gebeten wurde, den Vorsitzenden des Senatsausschusses für Planung und Haushalt - also den Kanzler - mit einzubeziehen.[538] Später, in der Durchführung, ging sie auf das sog. GU-Exekutivorgan über, das sämtliche an der Geräteausstattung beteiligten Institutionen zusammenführte. Vorsitzender war in den ersten vier Jahren Armin A. Steinkamm.[539]
Im Oktober 1975 stand dann fest, daß Siemens mit der Beschaffung aller Laborgeräte für die HSBwM beauftragt wurde, die von der Hochschule gewünschte Trennung zwischen baurelevantem und nicht-baurelevantem Gerät jedoch nicht durchgesetzt werden konnte und Siemens infolgedessen beides beschaffte.
Vereinzelt wurde von seiten der Hochschule beklagt, daß die Gerätebeschaffungen durch die Unkosten und Gewinnanteile des Generalunternehmers um 21,5% teurer wurden, als wenn die Hochschule selbst beschaffte und daß dieser Aufschlag zu Lasten der Investitionsmittel ging.[540] Dabei wurde übersehen, daß die Vorteile bei weitem überwogen. Bis zum Abschluß des Vertrages bestand im Grunde keinerlei gesicherte und vom BMF sanktionierte alternative Finanzierungsplanung, vielmehr wurde willkürlich beschafft, und die dabei zu verzeichnenden Verluste waren höher als die durch den GU-Vertrag abzuführenden Gewinnanteile für Siemens.
Ein sprechendes Beispiel dafür, welche Konsequenzen die ungesicherten Finanzierungsverhältnisse haben konnten, ist das Folgende: In der auf dem Neubiberger Gelände zu errichtenden großen Werkhalle sollten die drei völlig unterschiedlichen Fachbereiche ET, LRT und BAUV zusammengefaßt werden. Dies war nur möglich, so ergaben ausführliche Diskussionen, wenn man sich auf die als gesichert geltende Grundlage genehmigter Gerätelisten und Raumausstattungsblätter verlassen konnte und vor allem zur Abschirmung der sich gegenseitig störenden Fachbereiche raumhohe Trennwände angebracht wurden. Die vertragliche Unsicherheit hinsichtlich der Gerätebeschaffung und -abwicklung einschließlich der Funktionsprüfungen und der Abnahme durch einen Generalunternehmer sowie die Tatsache, daß der mit Siemens abgeschlossene Vorvertrag am 19.12.1975 ablief und ein endgültiger Vertrag nicht in Sicht war, ließ das Vorhaben schließlich scheitern. "Aus

538 Ebd.
539 Schriftl. Auskunft Steinkamm vom Juni 1994.
540 6. Sitzung des Senatsausschusses für Planung und Haushalt am 15.10.75, Archiv Senatssekretariat.

konstruktiv-statischen Gründen, aus den Zwängen der einheitlichen Klimatisierung und aus Kostengründen" konnten die einmal geforderten und zugesagten Trennwände nicht mehr ermöglicht werden. Das hatte beispielsweise für das Institut für Wasserbau bei BAUV die Konsequenz, daß wissenschaftlich exakte Messungen nahezu undurchführbar wurden. Strömungsmaschinen und Strahltriebwerke des Fb LRT wurden auf Drängen der RBK und gegen den starken Widerstand des Architekten aus der Werkhalle ausgelagert, wobei bis Ende 1975 nicht klar war, wann dies geschehen würde und in welchen Baukörper sie verlagert werden sollten.[541]

Diese und ähnliche Vorgänge konnten durch einen GU-Vertrag vermieden und damit die Situation in den technischen Fachbereichen insgesamt entscheidend verbessert werden.

Im April 1976 waren endlich die Weichen gestellt. Der Haushaltsausschuß des Deutschen Bundestages hatte für beide Hochschulen der Bundeswehr 138 Mio. DM freigegeben. Nach Abzug des Planungs- und Beschaffungshonorars für Siemens als Generalunternehmer sowie von "Überhangkosten", z.B. für bereits 1976 vom BMVg finanzierte Investitionsgüter, war eine Gesamtsumme vom 126,2 Mio. DM für die Lieferung von Laborgeräten vorgesehen, also die gesamte Ausstattung für die Jahre 1976 - 1979. Einzelheiten der Verteilung waren noch zu klären.[542]

Entscheidend für die Entwicklung beider Hochschulen in München und Hamburg war die Sitzung im BMVg (bei FüS I 12) am 11. Juni 1976, auf der das Ministerium über die Aufteilung der GU-Mittel entschied. Aus Hamburg nahmen Präsident Ellwein und der Leiter der dortigen Planungsgruppe teil; München war durch die Professoren Straub und Zirwas[543] vertreten. Die Entscheidung des BMVg über den Aufteilungsschlüssel von 65% für München und 35% für Hamburg hatte Signalwirkung. Abgesehen von marginalen Korrekturen im Laufe der Jahre werden die Investitionsmittel über

541 Rede des Vorsitzenden der RBK, Zirwas, gehalten vor dem Parlamentarischen Staatssekretär bei dessen Besuch in München am 12.12.75, Archiv Zirwas. - Im Zuge der Neubesetzung der Professur für Strömungsmaschinen/Strahlantriebe Anfang 1980 entstanden entsprechend ausgestattete Hallen im südlichen Teil des Neubiberger Geländes.

542 3. Sitzung des Senatsausschusses für Planung und Haushalt am 21.4.76, Archiv Senatssekretariat. Parallel dazu beschloß der Senat der Hochschule eine "Planungsgesamtsumme" von rund 176 Mio. DM als Grundlage für die zukünftige Verteilung von Investitionsmitteln der HSBwM.

543 Prof. Karl Zirwas, LtdRegBDir, war Gründer und Leiter der Münchner Fachhochschule des Heeres gewesen, hatte die Leitung der Fachbereichsgruppe II des FHS-Zweiges der HSBwM übernommen und war dann Leiter des Fb BAU/FH. Er gehörte dem Münchner Aufstellungsstab an und war ab 22.1.75 Vorsitzender der Raum- und Baukommission des Senats.

den Generalunternehmer bis heute nach diesem Schlüssel auf beide Hochschulen verteilt.[544]
Dem Anteil für die HSBwM von 81,57 Mio. DM für die Beschaffung von nicht-baurelevantem Gerät stand ein Soll-Wert von 157 Mio. (von Siemens, ohne FHS) bzw. von 175,824 Mio. DM (gemäß Senatsbeschluß, WHS und FHS, ohne Regiekosten) für den Zeitraum 1973 - 1981 gegenüber.[545] Allerdings war nicht geklärt, inwieweit die Fachhochschulen daran beteiligt waren. Der Senat nahm "die vom BMVg getroffene Entscheidung über die Höhe der der HSBw München bis 1979 im Rahmen des GU-Vertrages zur Verfügung stehenden Investitionsmittel" zur Kenntnis. Er wies aber gleichzeitig darauf hin, daß dadurch eine Reduktion der vorgesehenen Mittel eintreten könnte, "die in einigen Fachbereichen zu einer dem Ausbildungsauftrag nicht angemessenen Minderung oder Aussetzung der geplanten Laboreinrichtungen führen" würde - eine Befürchtung, die sich eben gerade dank des Vertrages und seiner Fortschreibung im Laufe der Jahre als gegenstandslos herausstellen sollte. Darüber hinaus bestätigte das Gremium die prozentuale Aufteilung der Summe auf beide Hochschulen sowie die zeitliche Zuweisung der Beträge.[546]
Ausschlaggebend für den Senatsbeschluß war die vorherige Verabschiedung der Vorlage des stellvertretenden PLH-Vorsitzenden über die Aufteilung der Investitionsmittel auf die universitären technischen Fachbereiche der HSBwM.[547] Auch dieser Verteilungsschlüssel gilt bis auf geringfügige Korrekturen noch heute. Er gewährleistet nicht nur eine weitgehende Planungssicherheit, sondern ermöglicht es darüber hinaus, den Fachhochschul-Sektionen der entsprechenden integrierten Fachbereiche die dringend notwendigen Gerätebeschaffungen bereitzustellen.[548]
Ein großer Vorteil des GU-Vertrages war, daß, im Gegensatz zu der Zeit davor, die Mittel von einem auf das andere Jahr übertragbar waren.
Zwar gab es in der Folgezeit aus den Reihen der Hochschule immer wieder Kritik an der Vereinbarung - so fand man z.B., daß Siemens durch zu hohe Zuschläge auf Nicht-Siemens-Geräte eindeutig bevorzugt wurde[549] - aber insgesamt kann wohl gesagt werden, daß von nun an eine sehr viel realisti-

---

544 Schriftl. Auskunft Straub vom 5.4.94.

545 5. Sitzung des Senatsausschusses für Planung und Haushalt am 21.6.76, Archiv Senatssekretariat.

546 6. Sitzung des Senats am 23.6.76, Archiv Senatssekretariat.

547 Anhang zum Protokoll der PLH-Sitzung am 21.6.76 sowie Anhang zum Protokoll der Senatssitzung am 23.6.76, Archiv Senatssekretariat.

548 Schriftliche Auskunft Straub vom 5.4.94.

549 6. Sitzung des Senatsausschusses für Planung und Haushalt am 20.10.76, Archiv Senatssekretariat.

schere Grundlage für die kurz- und mittelfristige Finanzplanung der Hochschule(n) geschaffen worden war.

In diesem Sinne ist dem GU-Vertrag die gleiche Bedeutung für die Befriedung der Hochschule nach innen beizumessen wie dies für das "Sonthofener Modell" im Bereich der Zuteilung wissenschaftlicher Mitarbeiter auf die Fachbereiche gilt, weil er bis heute Grundlage für die Verteilungsquoten ist.

Zusammenfassung

Drei zentrale Anliegen lassen sich aus der Fülle von Versuchen, das Hochschulsystem der Bundesrepublik Deutschland zu reformieren, herauskristallisieren:

1. die Reform der Lehrkörper- und Personalstruktur,
2. die inhaltliche Studienreform und
3. die Verkürzung der durchschnittlichen Studiendauer über "Regelstudienzeiten".[550]

Obwohl das Hochschulrahmengesetz inzwischen eine Regelstudienzeit vorsieht (§ 10(4) HRG 1986) und Angaben zur Studienreform macht (§ 8(1) HRG 1986), konnten an den öffentlichen Universitäten weder diese noch andere Reformziele mit letzter Konsequenz durchgesetzt werden. Andererseits wird angesichts des wachsenden Studentenberges und sich drastisch verknappender Mittel gerade die Regelstudienzeit immer wieder als effizientestes Mittel zur Lösung der Probleme diskutiert.

An den beiden Universitäten der Bundeswehr in München und Hamburg dagegen wird seit nunmehr 21 Jahren erfolgreich nach einem Reformkonzept studiert. Es sieht Studienjahre zu drei Trimestern mit curricular strukturierten Studiengängen vor und ermöglicht die Erlangung eines Diploms innerhalb von durchschnittlich nur dreieinhalb Jahren, das mit dem an den Landesuniversitäten vergebenen kompatibel ist. Nicht nur die Regelstudienzeit konnte hier also realisiert werden. Die Studiengänge wurden, als ein wesentlicher Punkt innerhalb des Konzepts zur Errichtung der Bundeswehruniversitäten, inhaltlich reformiert und bis heute ständig überprüft und weiterentwickelt.

Mit Fug und Recht kann also im Hinblick auf die Hochschulreform von einer gewissen Vorreiterrolle der Hochschulen der Bundeswehr geredet werden - auch wenn die reformerischen Ziele nicht oder nur in geringem Umfang von den zivilen Hochschulen in der Bundesrepublik rezipiert wurden.

Die Realisierung des "Projekts Hochschulen der Bundeswehr" mit der zusätzlichen Besonderheit, daß es sich um Hochschulen des Bundes unter der akademischen Fachaufsicht der Länder handelt, konnte in der Tat nur im Zuge eines teilweise schmerzlichen Prozesses erreicht werden. Im Falle Münchens erfolgte die Anerkennung des Studienkonzepts erst am Ende harter Auseinandersetzungen zwischen Bund und Land, die in erster Linie durch die distanzierte Haltung Bayerns gegenüber dem im Entwurf vorliegenden Hochschulrahmengesetz mit den, wie das Land meinte, seine Kul-

550 Ulbricht/Zimmermann, Ingenieurwissenschaftliche Reformstudiengänge, S.1f.

turhoheit bedrohenden Elementen gekennzeichnet waren. Letztlich spiegelte die Kontroverse zwischen dem Bund und Bayern über die Ausgestaltung der Rahmenbestimmungen für Struktur und Organisation der Hochschule der Bundeswehr München des Verteidigungsministeriums die hochschulpolitischen Positionen in der gleichzeitig zwischen dem Bund und den Ländern in Bonn auf vielen Ebenen (Anhörungsverfahren, Bundesrat, Ausschuß für Bildung und Wissenschaft etc.) geführten Auseinandersetzung um das Hochschulrahmengesetz wider. Bayern mußte befürchten, daß die Hochschule der Bundeswehr in München der gegnerischen Partei als Speerspitze diente. Das Land "konnte sich kaum leisten, in München Positionen aufzugeben, die in Bonn rigide verteidigt wurden" (Radbruch). Entscheidend war in diesem Kontext die Frage der "Paritäten-Lösung". Bayern favorisierte hier, daß die Professoren grundsätzlich in allen Hochschulgremien über die Mehrheit verfügen sollten. Dagegen sah bekanntlich der Entwurf des Hochschulrahmengesetzes, im Sinne einer Stärkung der Gruppen- gegenüber der Ordinarien-Universität, eine prozentual stärkere Beteiligung auch der wissenschaftlichen und nichtwissenschaftlichen Mitarbeiter sowie der Studenten vor.
Aber nicht nur dieser Dissens zwischen den Verhandlungspartnern erschwerte die Gründung der Hochschule, von außen trat massive Kritik unterschiedlichster Färbung an dem Konzept hinzu. Sie kam vor allem aus den Kreisen konservativer Militärs, der akademischen Selbstverwaltungseinrichtungen, der öffentlichen Universitäten, der Parteien und Gewerkschaften. Nur ein bis ins Detail ausgearbeitetes, vom Bundeskabinett frühzeitig sanktioniertes Reformmodell und eine genau feststehende Terminierung seiner Realisierung konnten ihr die Spitze nehmen.
Die Hochschulen selbst, das konnte am Beispiel München gezeigt werden, hatten in diesem Prozeß - zumindest in den ersten Jahren - einen hohen Preis zu zahlen. Sie fühlten sich, wie Altpräsident Engerth es formulierte, eher als "Versuchskaninchen" denn als "Vorreiter". Die zur Verfügung stehende Zeit hätte schon für den Aufbau einer Hochschule alten Musters kaum gereicht. Die Realisierung eines ganz neuen Hochschultyps ohne Vorbilder war in dem vorgegebenen Zeitraum schier unmöglich und verlangte den Hochschulmitgliedern "der ersten Stunde" ein immenses Arbeitspensum und die Lösung kaum lösbarer Probleme ab. Häufig mangelte es außerdem an der notwendigen Unterstützung durch den Träger. Wenigstens einmal, im Februar 1975, stand das "Reformprojekt", nach den Worten Engerths, wegen der mangelhaften personellen Ausstattung kurz vor dem "unglücklichen Scheitern".
An die Offizierstudenten stellt das Studium mit Regelstudienzeit, straffer Planung und Organisation und die Notwendigkeit der Anerkennung der Diplome durch das Land höchste Anforderungen. Sie können bis zu einem

gewissen Grade ebenfalls Vorlesungen, Seminare und Dozenten auswählen, haben aber nicht im gleichen Maße wie ihre Kommilitonen an den zivilen Universitäten die Möglichkeit, ihr Studium frei zu gestalten (die ingenieurwissenschaftlichen und medizinischen Studiengänge sind heute allerdings auch an den öffentlichen Hochschulen weitgehend curricular strukturiert). Vielmehr stehen sie unter dem zeitlichen Druck, das Diplom möglichst in nur dreieinhalb Jahren erreichen zu müssen (die Höchststudiendauer beträgt 4 Jahre). Eine "Campus-Universität der kurzen Wege" mit preiswerter Wohnung, Mensa, Lehrgebäuden und Laboren, Bibliotheken und Sportanlagen sowie eine intensive Betreuung nach dem sogenannten Kleingruppenkonzept und die finanzielle Unabhängigkeit dadurch, daß sie als Soldaten ein regelmäßiges Einkommen beziehen, erleichert dieses.
Obwohl die Absolventen, wenn sie sich für die Laufbahn des Zeitoffiziers entschieden haben, nach Beendigung des Studiums noch einmal für 5 bzw. 7 Jahre in die Truppe zurückkehren müssen und somit ein gewisser Abstand zwischen Studienende und dem Eintritt ins Berufsleben entsteht, haben sie dennoch hervorragende Wiedereinstiegschancen, weil sie zusätzlich Erfahrungen auf den Gebieten der Menschenführung, Organisation und Ausbildung erwerben konnten und hierdurch in Führungs- und Entscheidungsfähigkeit geschult sind. Damit konnte eine der wichtigsten Prämissen in der militärsoziologischen Argumentation für ein akademisches Studium für Offiziere bestätigt werden. Dennoch auftretende Schwierigkeiten bei der Arbeitsplatzsuche können durch den Berufsförderungsdienst der Bundeswehr aufgefangen werden, der den am Ende der 12-jährigen Verpflichtungszeit aus der Bundeswehr ausscheidenden Offizieren Weiterbildungsmöglichkeiten anbietet und finanziert. Eines der Angebote ist beispielsweise das zweijährige "Wirtschaftswissenschaftliche Aufbaustudium" der Fakultät für Wirtschafts- und Organisationswissenschaften mit den Abschlüssen des "Diplomwirtschaftsingenieurs" und des "Diplomwirtschaftsinformatikers" für Ingenieurabsolventen.
Im Sinne der eingangs erwähnten permanenten Studienreform hat in den vergangenen Jahren eine Erneuerung einzelner Studiengänge bzw. eine Erweiterung des Angebots an Studiengängen insgesamt stattgefunden. Unter anderem hat die Fakultät für Sozialwissenschaften 1988 einen Studiengang "Staats- und Sozialwissenschaften" mit dem Abschluß "Diplomstaatswissenschaftler" eingerichtet.
In der Fakultät für Luft- und Raumfahrttechnik hat 1989 die neue Studienrichtung "Ingenieurplanungstechnik" den Studienbetrieb aufgenommen, in dem neben den ingenieurwissenschaftlichen Anteilen Lehrverstaltungen in Personalmanagement und -führung, Arbeitspsychologie, Projektmanagement

und rechnerunterstütztes Planen vermittelt werden.[551] Bei der Konzeption dieses Studiengangs ging man davon aus, daß in Führungspositionen der Industrie ein Bedarf an Kenntnissen auf dem Gebiet wirtschaftswissenschaftlicher Planungsmethoden, zusätzlich zur ingenieurwissenschaftlichen Ausbildung von Nutzen ist. Es handelte sich hier um ein bundesweit alleinstehendes Pilotprojekt, das inzwischen auch an anderen Hochschulen Nachahmer gefunden hat.
Innerhalb der Fakultät für Pädagogik wurde 1991 der neue Studiengang "Sportwissenschaft" eingerichtet. Um die Umwelttechnik stärker als bisher im Studiengang Bauingenieurwesen zu verankern, schuf man stattdessen 1992 die Studienrichtung "Bauingenieurwesen und Umwelttechnik".

Die Universitäten der Bundeswehr sind inzwischen fester Bestandteil der Hochschullandschaft der Bundesrepublik Deutschland. Unzählige Kooperationen mit zivilen Universitäten wie auch mit außeruniversitären Forschungseinrichtungen legen Zeugnis davon ab. Die Tatsache, daß sie 1985 den Status von Universitäten zuerkannt bekamen, verdeutlicht zusätzlich, daß sie das Etikett von nachgeordneten Dienststellen des Bundesministeriums der Verteidigung nicht verdienen.
Nimmt man als einen wesentlichen Indikator für die Qualität universitärer Forschung den prozentualen Anteil der eingeworbenen Drittmittel am Gesamthaushalt einer Hochschule, so kann sich die Universität der Bundeswehr München mit fast 50% (1991: 48%) durchaus sehen lassen. "Drittmittelkönige machen überall Quellen auf" schrieb die Süddeutsche Zeitung am 10. August 1993. In der Reihenfolge der Höhe ihrer Anteile handelt es sich bei den bedeutendsten Geldgebern u.a. um die Deutsche Forschungsgemeinschaft (DFG), die Volkswagenstiftung, die Industrie, das Bundesministerium für Forschung und Technologie und das Verteidigungsministerium. Allerdings stößt die Expansion auf dem Gebiet der Drittmittel inzwischen an strukturbedingte Grenzen wie Raum-, Hilfskraft-, Verwaltungspersonal- und Schreibkräftemangel.
Insbesondere zur Deutschen Forschungsgemeinschaft, der größten deutschen Selbstverwaltungseinrichtung der Wissenschaft, unterhält die Hochschule ein sehr enges Verhältnis. Zahlreiche Forschungsprojekte laufen an ihren Fakultäten, viele ihrer Professoren sind Mitglieder in den Auswahlgremien der Gesellschaft. 1989 wurde ein von der Fakultät für Luft- und Raumfahrttechnik in Kooperation mit der Schwesterfakultät an der Technischen Uni-

---

[551] Dieter Straub, Ingenieurplanungstechnik als zukunftsweisende Erweiterung des Ingenieurstudiums, in: Berthold Färber/Harald Fritzsche, Qualifikationsanforderungen an den Ingenieur von morgen. Ergebnisse eines Symposions an der Universität der Bundeswehr München, München 1992.

versität München gestellter Antrag auf Einrichtung eines Sonderforschungsbereichs "Transatmosphärische Flugsysteme" genehmigt.
Gerade aber mit der DFG ergeben sich auch Schwierigkeiten, die aus dem Umstand resultieren, daß die Universitäten der Bundeswehr zum Ressort des Verteidigungsministeriums gehören. So wird ihnen bis heute die Mitgliedschaft in der DFG mit der Begründung verweigert, sie könnten ihren wissenschaftlichen Nachwuchs nicht aus den eigenen Reihen rekrutieren. In der Tat verlassen die diplomierten Zeitoffiziere die Hochschulen und kehren für den Rest ihrer 12-jährigen Verpflichtungszeit in die Truppe zurück. Nur in ganz wenigen Fällen, vornehmlich bei Berufsoffizieren, eröffnet der Verteidigungsminister Absolventen die Möglichkeit, an den Universitäten zu verbleiben und zu promovieren. Künftig soll dieser Weg jeweils dem Jahresbesten eines Studiengangs offen stehen. Ansonsten entstammt der wissenschaftliche Mittelbau den zivilen Universitäten im näheren oder weiteren Umkreis. Die Universität der Bundeswehr München konnte zwar einen Sonderforschungsbereich einrichten, grundsätzlich aber wird die Beteiligung an DFG-Sonderforschungsbereichen zunehmend dadurch erschwert, daß die für eine solche Kooperation unabdingbaren zusätzlichen Personalressourcen nicht mehr zur Verfügung stehen.

Abkürzungen

ABS	Arbeitsbereich Sozialwissenschaften
AWF	Allgemeinwissenschaftliche Wahlpflichtfächer
AL P	Leiter der Abteilung Personal im BMVg
BA	Berufungsausschuß
BAMA Bw2	Bundesarchiv-Militärarchiv, Bestand Bw2
BAUV	Bauingenieur- und Vermessungswesen
BayFHSG	Bayerisches Fachhochschulgesetz
BayHschG	Bayerisches Hochschulgesetz
BayHschLG	Bayerisches Hochschullehrergesetz
BBesG	Bundesbesoldungsgesetz
BEBGenInsp	Beauftragter für Erziehung und Bildung in den Streitkräften beim Generalinspekteur
BET	Bauingenieurwesen und Elektrotechnik
BLK	Bund-Länder-Kommission
BMBW	Bundesministerium für Bildung und Wissenschaft
BMF	Bundesministerium der Finanzen
BMVg	Bundesministerium der Verteidigung
BMWF	Bundesministerium für Wirtschaft und Finanzen
BO	Berufsoffizier
BOW	Betriebs- und Organisationswissenschaften
BRH	Bundesrechnungshof
BRK	Bayerische Rektorenkonferenz
BStMUK	Bayerisches Staatsministerium für Unterricht und Kultus
BV	Bayerische Verfassung
BW	Betriebswirtschaft
DFG	Deutsche Forschungsgemeinschaft
E-BayHSchG	Entwurf Bayerisches Hochschulgesetz
E-HRG	Entwurf Hochschulrahmengesetz
EGA	Erziehungs- und gesellschaftswissenschaftliche Anleitung/Anteile des Fachstudiums
ET	Elektrotechnik
ETA	Erziehungs- und technikwissenschaftliche Anteile des Fachstudiums
Fb	Fachbereich

FbGr	Fachbereichsgruppe
FHS	Fachhochschule
FHSH	Fachhochschule des Heeres
FHSLw	Fachhochschule der Luftwaffe
FuN	Senatsausschuß für Forschung und wissenschaftlichen Nachwuchs
FüH	Führungsstab des Heeres
FüL	Führungsstab der Luftwaffe
FüM	Führungsstab der Marine
FüS	Führungsstab der Streitkräfte
GA	Gründungsausschuß
GenInsp	Generalinspekteur
GG	Grundgesetz
GHS	Gesamthochschule
HASdB	Handakte des Sonderbeauftragten für die Hochschulen/ Universitäten der Bundeswehr beim BMVg
HDZ	Hochschuldidaktisches Zentrum
HOS	Heeresoffizierschule
HRG	Hochschulrahmengesetz
HSBw	Hochschulen der Bundeswehr
HTL	Höhere Technische Schule der Luftwaffe
HWP	Heinle, Wischer & Partner
INF	Informatik
LMU	Ludwig-Maximilians-Universität München
LRT	Luft- und Raumfahrttechnik
LtrHSGr	Leiter der Hochschulgruppe beim BEBGenInsp
LtrHSPlGr	Leiter der Hochschulplanungsgruppe beim BEBGenInsp
LuSt	Senatsausschuß für Lehre und Studium
MB	Maschinenbau
OSLw	Offizierschule der Luftwaffe
OSP	Organisations- und Stellenplan
PÄD	Pädagogik
ParlSts	Parlamentarischer Staatssekretär
PlGrHSBw	Hochschul-Planungsgruppe im BMVg

PLH	Senatsausschuß für Planung und Haushalt
ParlSts	Parlamentarischer Staatssekretär
RB	Rahmenbestimmungen für Struktur und Organisation der HSBw
RBK	Raum- und Baukommission (=Senatskommission für Raum- und Bauangelegenheiten)
RefLtr	Referatsleiter
RuB	Senatskommission für Raum- und Bauangelegenheiten
SaZ	Soldat auf Zeit
SG	Soldatengesetz
SOWI	Sozialwissenschaften
SoWiInstBw	Sozialwissenschaftliches Institut der Bundeswehr
STAN	Stärke- und Ausrüstungsnachweisung
StOV	Standortverwaltung
TSK	Teilstreitkraft
TUM	Technische Universität München
TWS	Trimesterwochenstunden
UniBw	Universität der Bundeswehr
WBV	Wehrbereichsverwaltung
WHS	Wissenschaftlicher Hochschulstudiengang
WInstEBSK	Wissenschaftliches Institut für Erziehung und Bildung in den Streitkräften
WM	wissenschaftlicher Mitarbeiter
WOW	Wirtschafts- und Organisationswissenschaften
WR	Wissenschaftsrat
WRK	Westdeutsche Rektorenkonferenz
ZWE	Zentrale wissenschaftliche Einrichtung

Anhang

1. Zusammensetzung des Gründungsausschusses für die Hochschule der Bundeswehr München

Prof. Dr. Thomas *Ellwein*
Direktor des Wissenschaftlichen Instituts für Erziehung und Bildung in den Streitkräften
Prof. Dr. Karl *Forster*
Universität Augsburg (Theologie)
Prof. Dr. Edmund *Heinen*
Universität München (Betriebs- und Organisationswissenschaften)
Prof. Dr. *Meinke*
Technische Universität München (Elektrotechnik)
Prof. Dr. Harry *Ruppe*
Technische Universität München (Luft- und Raumfahrttechnik)
Dr.-Ing.habil. Wilhelm *Bechteler*
Wiss. Institut für Erziehung und Bildung in den Streitkräften
Prof. Dipl.-Ing. Franz Rudolf *Thomanek*
Technische Universität München (Maschinenbau)
Dr. jur. Armin A. *Steinkamm*
München (Rechtswissenschaften)
Maj Dipl.-Kaufm. Jürgen *Kuhlmann*
Wiss. Institut für Erziehung und Bildung in den Streitkräften
LRBD Dr.-Ing. Sigurd *Hufnagel*
Fachhochschule der Luftwaffe Neubiberg (Luft- und Raumfahrttechnik)
Prof. Dr.-Ing. Horst *Engerth*
Technische Universität München (Maschinenbau) zugleich für Technische Universität München
Prof. Dr. Hubert *Glaser*
Universität München (Pädagogik)
OLt Fritz-Henning *Kurz*
Universität München
Lt d.R. Ulrich *Feneberg*
Universität Regensburg
MinDir Dr. Frhr. *von Stralenheim*
Oberst i.G. Dr. Bodo *Hahn*
BEBGenInsp GenMaj Karl-Hermann *Friedrich* und dessen Stellvertreter LtrPlGr HSBw MinRat Dr. Hans Viktor *Böttcher* sowie als Sekretär Maj Dr. phil. Eckart *Opitz*

2. *Teilnehmer an der konstituierenden Sitzung des Gründungsausschusses für die Hochschule der Bundeswehr München am 1.2.1973*

Bundesminister der Verteidigung Georg *Leber*
Staatssekretär im Bay. Staatsministerium für Unterricht und Kultus Erwin *Lauerbach*
Parlamantarischer Staatssekretär beim BMVg Karl-Wilhelm *Berkhan*
Staatssekretär a.D. *Birckholtz*
GenMaj *Frodl*
OTL i.G. *Carstens*
Prof. Dr. Thomas *Ellwein*, WInstEBSK
Prof. Dr. Horst *Engerth*, Vorsitzender der Bayerischen Rektorenkonferenz
Prof. Dr. Karl *Forster*, Universität Augsburg
Prof. Dr. Hubert *Glaser*, Universität München
Prof. Dr. Edmund *Heinen*, Universität München
Prof. Dr. Harry *Ruppe*, Techn. Universität München
Prof. Dipl.-Ing. Franz Rudolf *Thomanek*, Techn. Universität München
Wiss.Dir. Dr.-Ing.habil. Wilhelm *Bechteler*, WInstEBSK
OTL Dipl.-Betriebswirt Dr. Jürgen *Kuhlmann*, WInstEBSK
LRBD Dr.-Ing. Sigurd *Hufnagel*, FHSLw
Dr.jur. Armin *Steinkamm*, München
O i.G. Dr. Bodo *Hahn*, BMVg - Fü S I 7
MinRat *Weininger*, Bayer. Staatsministerium für Unterricht und Kultus
MinDirig Dr. Johannes *von Elmenau*, Bayer. Staatsministerium für Unterricht und Kultus
OLt Fritz-Hennig *Kurz*, 5./FHSLw Neubiberg
Lt d.R. Dipl.-Kfm. Ulrich *Feneberg*, Bayreuth
GenMaj Karl-Hermann *Friedrich*, BMVg - BEBGenInsp
MinRat Dr. Hans Viktor *Böttcher*, BMVg - BEBGenInsp LtrPlGrHSBw
Eckhardt *Opitz*

3. *Mitglieder und Sachverständige der Berufungsausschüsse für die Hochschule der Bundeswehr München*

Pädagogik:

Vorsitzender:	Prof. Dr. Glaser, Universität München
	Prof. Dr. Schiefele, Universität München
	Prof. Dr. Forster, Universität Augsburg
	Prof. Dr. Lohff, Universität Göttingen
	Prof. Dr. Lobkowicz, Rektor der Universität München
Sachverständige:	Prof. Dr. Nipperdey, Universität München
	Prof. Dr. Dietrich, Universtität München
	Prof. Dr. Bühl, Universität München
Wiss. Mitarbeiterin:	WissRR'in Busak, WInstEBSK
Sekretär (AufstStab):	WissDir Dr. Nieschmidt, WInstEBSK

Wirtschafts- und Organisationswissenschaften:

Vorsitzender:	Prof. Dr. Heinen, Universität München
	Prof. Dr. Recktenwald, Universität Erlangen/Nürnberg
	Prof. Dr. Knöpfle, Universität Augsburg
	Prof. Dr. Bühl, Universität München
Wiss. Mitarbeiter:	Maj Dipl.-Kfm. Kuhlmann, WInstEBSK
Sekretär (AufstStab):	ORR'in Dr. Bernhardt

Informatik:

Vorläufiger Vorsitz.:	Prof. Dipl.-Ing. Thomanek, Techn. Universität München
	Prof. Dr. Bauer, Techn. Universität München
	Prof. Dr. Hanssmann, Universität München
	Prof. Dr. Mertens, Universität Erlangen/Nürnberg
Wiss. Mitarbeiter und Sekretär (AufstStab):	Maj Dipl.-Math. Schorn, FHSLw Neubiberg / 2. L

Bauingenieur- und Vermessungswesen:

Vorläufiger Vorsitz.:	Prof. Dr. Ellwein, WInstEBSK
	Prof. Dr. Knittel, Techn. Universität München
	Prof. Dr. Giesecke, Techn. Universität Stuttgart
	Prof. Dr. Finsterwalder, Techn. Univ. München

Wiss. Mitarbeiter und Sekretär (AufstStab):	Maj Dipl.-Ing. Ziegler, TopBttr Ulm

Elektrotechnik:

Vorsitzender:	Prof. Dr. Meinke, Techn. Universität München
	Prof. Dr. Schüssler, Universität Erlangen/Nürnberg
	Prof. Dr. Lange, Techn. Universität Hannover
	Prof. Dr. Saal, Techn. Universität München
Sachverständige:	Prof. Dr. Maecker, Techn. Universität München
	Prof. Dr. Lorenzen, Techn. Universität München
	Prof. Dr. Müller, Techn. Universität München
Wiss. Mitarbeiter:	---

Luft- und Raumfahrttechnik:

Vorsitzender:	Prof. Dr. Ruppe, Techn. Universität München
	Prof. Dr. Magnus, Techn. Universität München
	Prof. Dr. Truckenbrodt, Techn. Universität München
	Prof. Dr. Rodenacker, Techn. Universität München
	Prof. Dr. Vortmeyer, Techn. Universität München
Sachverständiger:	Prof. Dr. Meinke, Techn. Universität München
Sekretär (AufstStab): (vorläufig)	WissDir Dr. Niermann
Wiss. Mitarbeiter: ---	

4. Leitung der Hochschule/Universität der Bundeswehr München

Präsidenten:

O i.G. Dr. Gerhard *Wachter* ("vorläufiger Leiter der HSBwM") 15.8.1973 - 30.6.1974
Prof. Dr. Horst *Engerth* 1.7.1974 - 30.6.1982
Prof. Dr. Rudolf *Wienecke* 1.7.1982 - 30.6.1987
Prof. Dr. Jürgen Frhr. *von Kruedener* 14.6.1987 - 18.3.1993
Prof. Dr. Rudolf *Avenhaus* ("mit der Wahrnehmung der Geschäfte beauftragt") 19.3.1993 - 31.3.1994
Dr. Hans Georg *Lößl* ab 1.4.1994

Kanzler:

Dr. jur. Gerhard *Selmayr* 01.10.1973 - 30.11.1978
Albrecht *Anders* 1.12.1978 – 31.1.1994
Hans *Lerch* ab 1.10.1994 (1.2.1994 - 30.9.1994 ständiger Vertreter)

Leiter Studentenbereich:

OTL Dipl.-Kfm. Eberhard *Schmidt* 01.10.1973 – 15.10.1974
OTL *Münx* 16.10.1974 – 30.4.1977
OTL Dipl.-Ing. *Ibel* 01.5.1977 – 30.11.1979
O Dipl.-Ing. Ernst *Hueber* 01.12.1979 – 30.9.1986
O Dipl.-Ing. Karl-Heinz *Steffek* 01.10.1986 – 30.9.1992
O Dipl. sc.pol. Dieter *Budde* ab 01.10.1992

Sonderbeauftragte der Hochschulen/Universitäten Bw beim BMVg:

GenMaj Karl-Hermann *Friedrich* ("BEBGenInsp") 1.4.1972 - 30.9.1974
Dr. Hans Viktor *Böttcher* 1.10.1974 - 28.2.1978
Dr. Kurt *Servatius* 1.3.1978 - 31.10.1982
Fritz *Fumi* 1.11.1982 - 31.1.1986
Dr. Ulrich *Rosenow* ab 1.2.1986

Namensregister

Quellen und Literatur

1. Quellen

Bundesarchiv - Militärarchiv Freiburg (BAMA)
Bestand Bw 2: Akten des Führungsstabs der Streitkräfte (FüS)/BMVg

Archiv der Universität der Bundeswehr München (Archiv UniBwM)
Bestand Präsidialbereich (PräsBer)
Bestand Senatssekretariat

Handakten des Sonderbeauftragten für die Universitäten der Bundeswehr beim BMVg (HASdB)

Handakten LtMinRat Pause, Bay. Staatskanzlei (HA Pause)

Nachlaß Prof. Klaus von Schubert, Privatarchiv (NL KvS)

2. Literaturauswahl

Bald, Detlef: Sozialgeschichte der Rekrutierung des Deutschen Offizierskorps von der Reichsgründung bis zur Gegenwart, Bonn 1977 (=Schriftenreihe Innere Führung. Reihe Ausbildung und Bildung, Bd. 29).

Bald, Detlef: Liberale Traditionen der Erziehung in der deutschen militärischen Geschichte, in: Europäische Wehrkunde 7 (1978), S. 345-349.

Bald, Detlef: Soziale Herkunft und Soziale Mobilität des Deutschen Offizierskorps 1900-1978, in: Zoll, Wie integriert ist die Bundeswehr?

Baudissin, Wolf Graf von: Soldat für den Frieden - Entwürfe für eine zeitgemäße Bundeswehr, hrsg. und eingel. von Peter von Schubert, München 1970.

Becher, Brigitte / Bethge, Horst / Bentin, Wolfgang u.a.: Integration oder Auflösung der Bundeswehrhochschulen? Köln 1975.

Beck, Leo: Fachhochschulstudiengänge der Luftwaffe zukünftig an der Hochschule der Bundeswehr München, in: Truppenpraxis 7 (1976), S. 493-500.

"Bei uns können Sie in Ruhe studieren!" Hgg. Bund demokratischer Wissenschaftler (BdWi), Sektion Hbg., in Zusammenarbeit mit der "Initiative Hamburger Bürger kontra BwHs" und Kerngruppe "Bildung und Militarisierung", Universität Hamburg, Hamburg 1/1973.

Bloos, Lutz: Freie Studienplätze wecken Begehrlichkeiten. Verteidigungsministerium sperrt sich gegen eine Öffnung, in: VDI-Nachrichten 10 (1991), S. 21.

Böttcher, Hans Viktor: Hochschulen der Bundeswehr und Bundesministerium der Verteidigung - Eine Untersuchung zur Frage der Beziehungen zwischen der staatlichen Verwaltung und den Hochschulen der Bundeswehr sowie der organisatorischen Folgerungen, ms. vervielfältigt, Bonn 1978.

Bolz, Heinrich: Soldat und Student. Offizierausbildung und Konfliktbereiche an Bundeswehrhochschulen, Heidelberg 1983.

Bonnemann, Arwed: Studenten an der HSBwH, München 1982.

Bornemann, Jürgen: Bildungsreform in den Streitkräften (nicht veröff. Diplomarbeit, Fachbereich WOW, HSBwH, Hamburg 1980.

Bredow, Wilfried von: Asymmetric images of the enemy, in: Journal of political and military sociology, 9 (1981).

Bredow, Wilfried von: Zeit der Gewöhnung, in: Zoll, Wie integriert ist die Bundeswehr?

Brockmann, F.: Helmut Schmidts neues Bildungskonzept, in: Blätter für deutsche. und internationale Politik, 9 (1971), S. 913ff.

Bryde, Brun-Otto: Aufgabe und Aufbau der Universität der Bundeswehr, in: Beilage zum Hochschulkurier 18 (Mai 1991).

Büchele, Johanna u.a. (Antimilitarismus-Projektgruppe der Judos, Bad.-Württ.): Militarisierung des Bildungswesens am Beispiel bundeswehreigener Hochschulen, Frankfurt 1973 (=Texte zur Demokratisierung, H.7).

Cope, R. L.: Political Education in West Germany - Achievements and Problems, in: Legislative Studies Vol. 5, No.1 (1990).

Craig, Gordon A.: The politics of the prussian army 1640-1945, Oxford U.P., N.Y. 1975, p.468.

Dillkofer, Heidelore / Ellwein, Thomas / Habermeyer, Werner / Kuhlmann, Jürgen / Sahner, Wilhelm / Zoll, Ralf: Wirtschafts- und Verwaltungswissenschaften – Curriculum für die Hochschulen der Bundeswehr, Opladen 1975.

Ellwein, Thomas: Klerikalismus in der deutschen Politik, München 1955 (=Heiße Eisen, Bd.1).

Ellwein, Thomas: Erziehungswissenschaftliches Handbuch, Bd. 1: Das Erziehen als gesellschaftliches Phänomen, Königstein 1969.

Ellwein, Thomas: Die Zukunft des Soldaten und seine Ausbildung, in: Neues Hochland 1 (1972), S. 81ff.

Ellwein, Thomas / Müller, Achatz von / Plander, Harro (hrsg. i.A. des Gründungsausschusses der HSBwH) Hochschule der Bundeswehr zwischen Ausbildungs- und Hochschulreform. Aspekte und Dokumente der Gründung in Hamburg, Opladen 1974.

Ellwein, Thomas / Huber, Ludwig / Zoll, Ralf: Zur politischen Praxis von Wissenschaft. Entwicklung der Curricula für die Hochschulen der Bundeswehr, Opladen 1975.

Ellwein, Thomas / Lippert, Ekkehard / Zoll, Ralf: Politische Beteiligung in der Bundesrepublik Deutschland, Göttingen 1975 (=Kommission für wissenschaftlichen und sozialen Wandel, 89).

Ellwein, Thomas (Hg.): Die ersten 3 Jahre. HSBwH Okt. 1973–Okt. 1976, Hamburg 1977.

Ellwein, Thomas: Struktur von Bildung und Ausbildung in der Bundeswehr, in: Bildung und Erziehung 32 (1979) 4, S. 305-313.

Ellwein, Thomas: Nachdenkliches zu den Töchtern. Ein Interview mit Thomas Ellwein, in Beilage zum Hochschulkurier 17 (1990).

Ellwein, Thomas: Offizier und Student. Die Gründung der Bundeswehrhochschulen 1973, in: Information für die Truppe 10 (1993), S. 4-9.

Etzold, Sabine: Denker, Kämpfer, Saboteure (Interview mit Thomas Ellwein zum 20jährigen Jubiläum der Universitäten der Bundeswehr), in: Die Zeit 44 (1993), S.50.

Flechsig, Karl-Heinz / Huber, Ludwig / Plander, Harro: Gesamthochschule - Mittel oder Ersatz für Hochschulreform? Stuttgart 1975.

Fleckenstein, B.: Das Werden der Bürgerarmee, in: Zoll, Wie integriert ist die Bundeswehr? S. 117.

Gessenharter, Wolfgang et.al.: Rechtsextremismus als normativ-praktisches Forschungsproblem, Weinheim/Basel 1978.

Gessenharter, Wolfgang / Fröchling, Helmut / Nacken, Winfried: Planung und Zielwandel in der Hochschulreform. Zur Problematik oder Berufsbezogenheit der wissenschaftlichen Ausbildungsgänge an den HSBw. [Als Manuskript gedruckt, Hamburg 1977 sowie in Kurzform: Studienreform und Praxisbezug an der HSBw, in: APuZG B6 (1978), S. 27-41.

Gessenharter, Wolfgang / Plander, Harro / Reuter, Lutz-Rainer: 10 Jahre HSBw Hamburg. Aufgaben – Entwicklungen – Perspektiven, München 1985 (=Innenpolitik in Theorie und Praxis, 11).

Hackl, Othmar: Die Bedeutung der geisteswissenschaftlichen Fächer für ein Studium an den HSBw, in: Politische Studien, Sonderheft 1 (1973), S. 78-87.

Haeberlin, Friedrich / Nieschmidt, Peter: Zum Problem von Regelstudienzeit in Studienjahren. Überlegungen zur Funktion eines Hochschuldidaktischen Zentrum im Rahmen eines Studienberatungssystems, in DUZ/HD 18 (1973), S. 769-771.

Herrguth, Jürgen:, Deutsche Offiziere an öffentlichen Hochschulen, München 1979.

Hochschule der Bundeswehr Hamburg (Hg.): Die zweiten drei Jahre 1976-1979, Hamburg 1980.

10 Jahre *Hochschule der Bundeswehr Hamburg*, hrsg. Präsident der HSBwH, Hamburg 1983.

Hochschulen der Bundeswehr, Sonderheft 1/1973 der Politischen Studien, München 1973.

Die *Hochschulen der Bundeswehr*, hrsg. Bundesminister der Verteidigung, Bonn 1974.

Die *Hochschulen der Bundeswehr*, hrsg. BMVg - Führungsstab der Streitkräfte/Sonderbeauftragter für die HSBw, Bonn 1979.

Hoffmann, Alfred / Hüther, Jürgen: Hochschuldidaktisches Konzept der Hochschule der Bundeswehr München, in: Bildung und Erziehung 32 (1979) 4, S. 334-342.

Homuth, Horst: 15 Jahre Universität der Bundeswehr Hamburg, in: Uniform 1(1988).

Huber, Helmut / Zoll, Ralf: Vermessungswesen. Ein Curriculum, Opladen 1976.

Huber, Ludwig u.a.: Schulreform durch Curriculum-Revision, Stgt. 1972.

Ilsemann, Gero von: Streitkräfte in der Demokratie - Innere Führung gestern und heute, in: 30 Jahre Bundeswehr 1955 - 1985. Friedenssicherung im Bündnis, S. 313-342, Hg. Militärgeschichtliches Forschungsamt Freiburg, Mainz 1985.

Klein, Paul / Lippert, E. / Schneider, Paul / Zoll, Ralf (Hgg.): Zur empirischen Kontrolle von Lernprozessen – Begleitstudien zum Grundlehrgang der Fortbildungsstufe C, München 1975, ND 1976 (=Sozialwissenschaftliches Institut der Bundeswehr, Berichte Heft 1).

Knoll, Joachim H.: Bildung in der Bundeswehr, in: Bildung und Erziehung 32 (1979) 4, S. 293-304.

Knopp: Bundeswehr und Universitäten, in: Schriftenreihe Innere Führung - Reihe Politische Bildung, Heft 16 (1977), S. 42 ff.

Krause, Fred H.: Das Konzept der Inneren Führung und die Hochschulen der Bundeswehr. Realisierung einer Prämisse, konsistente Weiterentwicklung oder Diskontinuität, Diss. phil., Bochum 1976.

Kutz, Martin: Reform und Restauration der Offiziersausbildung der Bundeswehr. Strukturen und Konzeptionen der Offizierausbildung im Widerstreit militärischer und politischer Interessen, Baden-Baden 1982 (=Militär, Rüstung, Sicherheit, Bd. 8).

Landeck, Klaus-Jürgen: Akzeptanz der erziehungs- und gesellschaftswissenschaftlichen Anteile des Studiums an der HSBwH. Materialien und Ergebnisse aus 6 Gruppendiskussionen mit Studenten, Hamburg 1982.

Landeck, Klaus-Jürgen: Studienabbruch im Fachbereich WOW, UniBw Hamburg 1984.

Liebau, Wulf-Eberhard: Akademiker in Uniform, Hamburg/Heidelberg 1976.

Lippert, E. / Zabel, Rosemarie, Die Neuordnung der Ausbildung und Bildung in der Bundeswehr – Eine Bibliographie 1970-1976, Bonn 1977 (=Schriftenreihe Innere Führung. Reihe Ausbildung und Bildung, Bd. 29).

Lippert, Ekkehard / Zabel, Rosemarie: Bildungsreform und Offizierkorps. Zu den Auswirkungen der Neuordnung von Ausbildung und Bildung in der Bundeswehr auf das Rekrutierungsmuster des Offiziernachwuchses, Bonn 1977 (=Schriftenreihe Innere Führung. Reihe Ausbildung und Bildung, Bd. 29).

Lippert, Ekkehard: Sozialisation in der Bundeswehr: der Einfluß des Wehrdienstes auf soziale und politische Einstellungen der Wehrpflichtigen, München 1976.

Loquai, Heinz: Qualifikations- und Selektionssysteme für Eliten in bürokratischen Organisationen. Eine soziologische Analyse der Ausbildung und Auswahl deutscher Generalstabs- und Admiralstabsoffiziere, Freiburg 1980.

Maizière, Ulrich de: Zur Vorgeschichte der Bundeswehrhochschulen - Ein Beitrag aus der Sicht eines militärischen Zeitzeugen, in: Beilage zum Hochschulkurier 22 (1993).

Massing, Otwin: Konkretionen politischer Theorie und Praxis, in: FS für Carlo Schmid, hrsg. von Adolf Arndt u.a., Stuttgart 1972.

Massing, Otwin: Reform im Widerspruch. Bundeswehr und Hochschulausbildung: Wer reformiert wen? Modelle – Konzepte – Erfahrungen, Gießen 1977/78.

Neuordnung der Ausbildung und Bildung in der Bundeswehr. Gutachten der Bildungskommission an den Bundesminister der Verteidigung [Hrsg. Bildungskommission beim BMVg], Bonn 1971.

Offizierstudium auf dem Prüfstand – Anspruch und Wirklichkeit der Bundeswehrhochschulen, (=dienen und gestalten, 14).

Partizipation als Lernziel – Curriculare Modellvorstellungen und Materialien zum Hochschul-Studium. Das Problem erziehungs- und gesellschaftswissenschaftlich dimensionierter Fachstudiengänge an den HS-Bw, hrsg. Arbeitsgruppe "Anleitstudium", Pullach 1975.

Pöggeler, Franz / Wien, Otto (Hgg.): Soldaten der Demokratie. Die Bundeswehr in Gesellschaft und Staat, Frankfurt 1973.

Radbruch, Hans Eberhard: Der Soldat und die akademische Freiheit, in: Die Bundeswehr (1973), S. 596.

Radbruch, Hans Eberhard: Bürokratisierung der Verteidigung? in: Pöggeler/Wien, Soldaten, S. 315ff.

Radbruch, Hans Eberhard / Schwarzmeier, Peter: Die Hochschulen der Bundeswehr. Organisation und Struktur, in: Information für die Truppe 5 (1973), S. 11-25.

Radbruch, Hans Eberhard: Das Ausbildungs- und Bildungssystem der Bundeswehr, in: Ralf Zoll (Hg.), Wie integriert ist die Bundeswehr? Zum Verhältnis von Militär und Gesellschaft in der Bundesrepublik Deutschland, München 1979.

Radbruch, Hans Eberhard: Studium inbegriffen: 15 Jahre Universitäten der Bundeswehr, in: Information für die Truppe 10 (1988), S. 26.

Raffert, Joachim: Hochschulbildung der Bundeswehr, in: DUZ 3 (1972), S. 119.

Rosen, Claus Frhr. von: Die Baudissin'sche Konzeption "Innere Führung" als pädagogische Forderung an die Bundeswehr, in: Bildung und Erziehung 32 (1979) 4, S. 314-323.

Schatz, Heribert: Der parlamentarische Entscheidungsprozeß, Meisenheim 1970.

Schubert, Klaus von (Hg.): Sicherheitspolitik der Bundesrepublik Deutschland 1945-1977, Teil 1 und 2, Köln 1978.

Schubert, Klaus von: Hochschulen der Bundeswehr - warum? in: Politische Studien, Sonderheft 1 (1973), S. 14-23.

Schubert, Klaus von: Sicherheitspolitik und Bundeswehr, in: Benz, Wolfgang (Hg.): Die Geschichte der Bundesrepublik Deutschland, Bd 1: Politik, S. 279-323, Frankfurt 1989.

Schubert, Klaus von: Wiederbewaffnung und Westintegration. Die innere Auseinandersetzung um die militärische und außenpolitische Orientierung der Bundesrepublik 1950-1952, Stuttgart 1970 (= Schriftenreihe der VfZ, Bd. 20).

Schulz, Karl-Ernst (Hg.): Die Neuordnung von Bildung und Ausbildung in der Bundeswehr. Eine Zwischenbilanz nach 10 Jahren, Baden-Baden 1982.

Showalter, Dennis E.: The Bundeswehr of the FRG, in: Defense of Western Europe Auburn House, Dover 1987.

Sommer, Theo: Wiederbewaffnung und Verteidigungspolitik, in: Richard Löwenthal / Hans-Peter Schwarz: Die 2. Republik. 25 Jahre Bundesrepublik Deutschland - Eine Bilanz, Stgt. 1974.

Sommer, Theo: Soldat für den Frieden - Zum Tode von Wolf Graf Baudissin, in Die Zeit 24 (1993), S. 5.

Sozialwissenschaftliches Institut der Bundeswehr: Curricula für die Hochschulen der Bundeswehr, in: APuZG B 15/16 (1974).

Steinkamm, Armin A.: Rechtsfragen zur Errichtung einer Bundeswehrhochschule im Freistaat Bayern, in: Politische Studien, Sonderheft 1 (1973), S. 88-102.

Steinkamm, Armin A. (Hg.): Acht Jahre Hochschulen der Bundeswehr. Eine Bestandsaufnahme - Referate und Diskussionsbeiträge des Hearings des Wehrpolitischen Arbeitskreises der CSU am 11.11.1981 in München.

Taulin, A. / Radbruch, H.-E. / Link, M. / Portner, D. / Schwarzmeier, P. (Hgg.): Ausbildung und Bildung in den Streitkräften. Eine Information für Staatsbürger in Zivil und Uniform über die beruflichen Möglichkeiten für Soldaten der Bundeswehr (Loseblatt-Sammlung), Regensburg 1976.

Thompson, Wayne C. / Peltier, Marc D.: The Education of Military Officers in the Federal Republic of Germany, in: Armed Forces & Society, Vol. 16 No. 4 (1990).

Ulbricht, Kurt / Zimmermann, Peter: Ingenieurwissenschaftliche Reformstudiengänge in der Bewährung. Studienorganisation – Studienerfolg – Studienerfahrungen. Eine Inhaltsanalyse, Alsbach/Bergstraße 1981 (= Leuchtturm-Schriftreihe Ingenieurpädagogik, Bd. 14).

Ulbricht, Kurt / Zimmermann, Peter: Studienorientierung und Evaluation in der Ingenieurpädagogik, Frankfurt/, Bern, New York, Paris 1987 (= Studien zur Hochschulbildung, Bd. 6).

Urbach, Dieter: Militärische Ausbildung an der Universität? in: DUZ 9(1972), S. 368 ff.

Wagemann, Eberhard: Wissenschaft und Offizierausbildung, in: Wehrwissenschaftliche Rundschau 2 (1977), S. 33-35.

Weise, Thomas Georg: Die Hochschulen der Bundeswehr als Körperschaften des öffentlichen Rechts, in: Zeitschrift für Recht und Verwaltung der Wissenschaftlichen Hochschulen, Bd. 11 (1978), S. 244-261.

Weise, Thomas Georg: Die HSBw Hamburg. Eine hochschulrechtliche Untersuchung, Köln 1979 (zugl. jur. Diss. Universität Hamburg).

Westdeutsche Rektorenkonferenz: Stellungnahme zum Problem der Hochschulen der Bundeswehr, in: DUZ 3(1972), S. 188f sowie 14 (1972), S. 589.

Wörner, Manfred: Die Bundeswehrhochschulen - Eine Zwischenbilanz, in: Politische Studien 206 (1972), S. 586.

Zimmermann, Peter: Sechs Jahre Hochschulen der Bundeswehr, in: Wehrtechnik 6 (1980), S. 50-62.

Zimmermann, Peter: Die Hochschulen der Bundeswehr. Ein Reformmodell in der Bewährung, in: APuZG 16 (1982), S. 17-42.

Zoll, Ralf (Hg.): Wie integriert ist die Bundeswehr? Zum Verhältnis von Militär und Gesellschaft, München 1979.

Zoll, Ralf: Civil Education in the Military: the German Case, München 1982.